Jörg Rogge

Die deutschen Könige im Mittelalter

Geschichte kompakt

Herausgegeben von
Gabriele Haug-Moritz, Martin Kintzinger, Uwe Puschner

Herausgeber für den Bereich *Mittelalter:*
Martin Kintzinger
Berater für den Bereich *Mittelalter:*
Heribert Müller, Bernd Schneidmüller, Stefan Weinfurter

Jörg Rogge

Die deutschen Könige im Mittelalter

Wahl und Krönung

Einbandgestaltung: schreiberVIS, Seeheim

Die Deutsche Bibliothek verzeichnet diese Publikation
in der Deutschen Nationalbibliografie;
Detaillierte bibliografische Daten sind im Internet über
http://dnb.de abrufbar.

Die Herausgabe des Werkes wurde durch
die Vereinsmitglieder der WBG ermöglicht.
Gedruckt auf säurefreiem und alterungsbeständigem Papier
Satz: Lichtsatz Michael Glaese GmbH, Hemsbach
Printed in Germany

ISBN-13: 978-3-534-15132-5
ISBN-10: 3-534-15132-1

Inhaltsverzeichnis

Geschichte Kompakt – Mittelalter

In der Geschichte, wie auch sonst,
dürfen Ursachen nicht postuliert werden,
man muss sie suchen. (Marc Bloch)

Das Interesse an Geschichte wächst in der Gesellschaft unserer Zeit. Historische Themen in Literatur, Ausstellungen und Filmen finden breiten Zuspruch. Immer mehr junge Menschen entschließen sich zu einem Studium der Geschichte, und auch für Erfahrene bietet die Begegnung mit der Geschichte stets vielfältige, neue Anreize. Die Fülle dessen, was wir über die Vergangenheit wissen, wächst allerdings ebenfalls: Neue Entdeckungen kommen hinzu, veränderte Fragestellungen führen zu neuen Interpretationen bereits bekannter Sachverhalte. Geschichte wird heute nicht mehr nur als Ereignisfolge verstanden, Herrschaft und Politik stehen nicht mehr allein im Mittelpunkt, und die Konzentration auf eine Nationalgeschichte ist zugunsten offenerer, vergleichender Perspektiven überwunden.

Interessierte, Lehrende und Lernende fragen deshalb nach verlässlicher Information, die komplexe und komplizierte Inhalte konzentriert, übersichtlich konzipiert und gut lesbar darstellt. Die Bände der Reihe „Geschichte kompakt" bieten solche Information. Sie stellen Ereignisse und Zusammenhänge der historischen Epochen des Mittelalters und der Neuzeit verständlich und auf dem Kenntnisstand der heutigen Forschung vor. Hauptthemen des universitären Studiums wie der schulischen Oberstufen und zentrale Themenfelder der Wissenschaft zur deutschen und europäischen Geschichte werden in Einzelbänden erschlossen. Beigefügte Erläuterungen, Register sowie Literatur- und Quellenangaben zum Weiterlesen ergänzen den Text. Die Lektüre eines Bandes erlaubt, sich mit dem behandelten Gegenstand umfassend vertraut zu machen. „Geschichte kompakt" ist daher ebenso für eine erste Begegnung mit dem Thema wie für eine Prüfungsvorbereitung geeignet, als Arbeitsgrundlage für Lehrende und Studierende ebenso wie als anregende Lektüre für historisch Interessierte.

Die Autorinnen und Autoren sind jüngere, in Forschung und Lehre erfahrene Wissenschaftler und Wissenschaftlerinnen. Jeder Band ist, trotz der allen gemeinsamen Absicht, ein abgeschlossenes, eigenständiges Werk. Die Reihe „Geschichte kompakt" soll durch ihre Einzelbände insgesamt den heutigen Wissenstand zur deutschen und europäischen Geschichte repräsentieren. Sie ist in der thematischen Akzentuierung wie in der Anzahl der Bände nicht festgelegt und wird künftig um weitere Themen der aktuellen historischen Arbeit erweitert werden.

Kai Brodersen
Gabriele Haug-Moritz
Martin Kintzinger
Uwe Puschner

I. Einleitung

Während des Hoch- und Spätmittelalters (911 bis 1486) wurden im deutschen Reich 40 Fürsten zu Königen erhoben (siehe Chronologie am Schluss des Buches). Diese Könige waren jedoch nicht alle sofort allgemein anerkannt. Zwar gab es durchaus die reibungslose Übergabe der Königsherrschaft vom Vater auf den Sohn, aber ebenso die Absetzung von Söhnen, die schon Mitkönige waren, durch ihre Väter. Zudem wurden Gegenkönige erhoben, gewählte und geweihte Könige abgesetzt und es fanden Doppelwahlen statt. Der Tod eines Königs bedeutete immer Unsicherheit, in der Zeit der Thronvakanz konnten ehrgeizige Fürsten ihre Ansprüche auf den Thron erheben und die einflussreichen geistlichen Fürsten wie die Erzbischöfe von Mainz, Köln und Trier, die ja nicht Könige werden konnten, trafen Absprachen und schmiedeten Bündnisse, wollten Stimmen und Zustimmung für „ihren" Favoriten sichern. Denn das römisch-deutsche Reich entwickelte sich nicht zu einer Erbmonarchie, sondern war (spätestens) seit dem 13. Jahrhundert auch formal ein Wahlreich – die Könige wurden von Adligen und Fürsten erhoben. Die Könige waren jedoch keine Könige „von Deutschland", sondern trugen seit Beginn des 12. Jahrhunderts regelmäßig den Titel *rex Romanorum,* römischer König. Die römisch-deutschen Könige verfügten über keinen genau definierbaren Herrschaftsraum und die Schwerpunkte der Königsherrschaft im Reich verschoben sich im Verlauf des Mittelalters mehrmals.

Als *rex Romanorum* hatte der König die Aufgabe, das „Römische Reich", das letzte der vier Weltreiche, zu erhalten. Denn er war zudem der künftige Kaiser. Seit der Kaiserkrönung des Franken Karl im Jahr 800 und wieder mit der Kaiserweihe des Sachsen Otto I. 962 war Rom und das Papsttum ein wesentlicher Bezugspunkt für die Könige. Es waren die Päpste, die den römisch-deutschen König zum Kaiser weihten. Einige Päpste haben aus dieser Aufgabe die Ansicht abgeleitet, sie sollten die Wahl des Königs beeinflussen. Zeitweise wurde sogar postuliert, dass nur durch die Bestätigung des Papstes (Approbation) eine Königswahl gültig sei. So haben die Päpste im 13./14. Jahrhundert – zum Teil mit Erfolg – versucht, auf die Erhebung beziehungsweise Wahl des römisch-deutschen Königs Einfluss zu nehmen. Der Rombezug und das Kaisertum haben sowohl die Erhebung der Könige als auch deren Politik stark beeinflusst. Allerdings können im Folgenden die Könige als Kaiser nur insofern behandelt werden, als das Verhältnis von Papsttum und Kaisertum die Erhebungen von Fürsten zu römisch-deutschen Königen betroffen hat.

Reich – ein Wahlreich

Das Reich blieb im Hoch- und Spätmittelalter im Wesentlichen ein Wahlreich, auch wenn bei der Auswahl der Königskandidaten durchaus erbrechtliche Überlegungen eine Rolle spielten. Entscheidend war aber letztlich die Anerkennung des Königs durch die Fürsten des Reiches in Form eines wie auch immer gestalteten Anerkennungs- oder Erhebungsaktes. Bei jeder einzelnen Thronerhebung waren die aktuellen politischen Konstellationen, die Kräfteverhältnisse und der Ehrgeiz der Akteure für den Ausgang einer Thronvakanz ausschlaggebend – so gesehen war jede Erhebung ein singulärer

Vorgang. Betrachtet man jedoch die Erhebungen über den langen Zeitraum von 911 bis 1486, dann werden Kontinuitäten und Strukturen dieser Praxis ebenso erkennbar wie Wandlungen und Entwicklungen. Die Erhebungen der römisch-deutschen Könige waren Kettenhandlungen. Dazu gehörte die Nominierung eines Kandidaten, in der Form a) einer Designation durch den Vater (beziehungsweise Vorgänger) oder b) durch Vorabsprachen der Wahlberechtigten. Es folgte eine „Wahl" (*electio*) durch den hohen Adel und die Fürsten beziehungsweise durch die zur Wahl berechtigten Personen. Die Form dieser „Wahl" entwickelte sich im Verlauf der Jahrhunderte von einer allgemeinen Königshuldigung zu einer rechtsförmlichen Stimmabgabe, also einer Kur. Zu einer Königserhebung gehörte auch die Zustimmung zu dieser „Wahl" durch das bei dem Wahlvorgang anwesende Volk in Form einer Akklamation oder *Vulbort*. Die Weihe, Krönung und Thronsetzung des gewählten Kandidaten beendeten schließlich den Erhebungsvorgang.

Über die Jahrhunderte entwickelte sich die Wahl als geregelte Stimmabgabe zum entscheidenden Merkmal für die Erhebung eines Königs. Diese Königserhebung durch Wahl unterscheidet das deutsche Reich von den Monarchien in Frankreich und England, wo sich im Wesentlichen das Erbprinzip bei der Herrschaftsweitergabe von einem König auf den anderen durchgesetzt hatte. Die Erhebung von römisch-deutschen Königen durch Wahl hatte spezielle verfassungsrechtliche und politisch-praktische Probleme zur Folge, denn es war nicht immer genau klar, welcher Personenkreis wählen durfte, wie die Wahl durchgeführt werden sollte und nach welchem Prinzip abgestimmt werden sollte. Das Mehrheitsprinzip setzte sich erst im Verlauf des 13. Jahrhunderts durch und es dauerte bis zur Mitte des 14. Jahrhunderts, bevor endgültig und rechtsverbindlich geklärt war, wer zu dem illustren Kreis der Königswähler gehörte.

Schwerpunkt der Darstellung: die Wahlpraxis

Die folgende Darstellung der Königserhebungen im römisch-deutschen Reich behandelt vor allem offene Nachfolgesituationen. Solche Situationen entstanden, wenn eine Königsdynastie in der männlichen Linie ausgestorben war oder wenn kein Konsens über einen Nachfolger erzielt werden konnte. Dabei kann den aktuellen politischen Hintergründen, die zu diesen Ereignissen führten, nicht ausführlich nachgegangen werden. Das Ziel der Ausführungen ist es vielmehr, anhand der Wahlpraxis die Strukturen der Königserhebungen über die fünfhundert Jahre zu beschreiben und zu analysieren sowie die Veränderungen im Zusammenwirken der zentralen Elemente bei den Erhebungen herauszuarbeiten. Hinter der Untersuchung und Darstellung der Wahlpraxis treten hier die theoretischen Reflexionen, juristischen Diskussionen und intellektuellen Debatten der Zeitgenossen zum Problem der Königserhebungen im Reich zurück. Sie werden nur punktuell einbezogen, weil sie von den jeweiligen Akteuren – Wähler und Gewählte – so gut wie nicht rezipiert wurden. Die politischen Akteure in den jeweiligen Entscheidungssituation werden beobachtet, um daran vorsichtige Überlegungen zur allmählichen Ausbildung von Verfassungsstrukturen anzustellen, die der Historiker vielleicht zu erkennen meint, während die politischen Akteure in ihrer Zeit sie aber kaum bewusst und zielgerichtet entwickelt haben.

II. Königserhebungen 911–1124: „Wahlen“ in Form von Huldigungen

1. Die Erhebung Konrads I. 911

Im September 911 starb Ludwig das Kind, der letzte Karolinger im ostfränkischen Reich. Im Alter von sechs Jahren war er seinem Vater, Kaiser Arnolf (887–899), im Jahr 900 auf den Thron nachgefolgt. Bei seinem Tod mit siebzehn oder achtzehn Jahren hinterließ er keinen Nachfolger. Die Großen des ostfränkischen Reiches mussten einen neuen König erheben. Sie verständigten sich auf den Franken Konrad, der als enger Vertrauter der Karolinger galt. Im November 911 wurde er in Forchheim (zwischen Bamberg und Nürnberg) von Abgesandten des Adels der vier großen Stämme – Franken, Sachsen, Schwaben und Bayern – zum König erhoben, also in einer nicht weiter bekannten Weise gewählt. Nach der Wahl wurde Konrad vermutlich von Erzbischof Hatto von Mainz gesalbt. Allerdings ist die Salbung König Konrads nicht eindeutig belegt. Widukind von Corvey, der Hauptzeuge für diese Vorgänge, berichtet in seiner Sachsengeschichte von der Salbung nur beiläufig. Die auf der ostfränkischen Synode (Kirchenversammlung) in Hohenaltenheim 916 Versammelten sprachen von dem König als *christus Domini*, als „Gesalbten des Herren“, was indessen im übertragenen Sinn gemeint sein könnte und an die alttestamentarische Königsvorstellung anknüpfte. Widukind von Corvey behauptet auch, dass die Franken und Sachsen zuerst den mächtigen sächsischen Herzog Otto den Erlauchten gebeten hätten, sich erheben zu lassen. Der habe jedoch aus Altersgründen abgelehnt. Widukind ist der Meinung, dass schon 911 eigentlich die Sachsen die Nachfolge der Karolinger im Ostreich antreten sollten. Vermutlich behauptet Widukind deshalb, dass Otto trotz seiner Absage weiterhin die höchste Gewalt – *summum imperium* – ausgeübt habe. Herzog Otto ist im folgenden Jahr (912) gestorben und hinterließ einen Erben, den späteren König Heinrich I.

E

Widukind von Corvey
geboren um 925 trat Widukind vor 942 in das Benediktinerkloster Corvey an der Weser ein. Dort entstand zwischen 967 und 973 seine Sachsengeschichte, die er Mathilde, der Tochter Kaiser Ottos I. und Äbtissin in Quedlinburg, gewidmet hat. Nach 973 ist Widukind im Kloster gestorben.

Stammesherzöge als Machtfaktoren

Im Zusammenhang mit der Erhebung von Konrad, über deren Ablauf keine genauen Informationen vorliegen, sind die folgenden Aspekte besonders hervorzuheben: Die Ostfranken hatten ein Zusammengehörigkeitsgefühl entwickelt, das sie in dieser Situation gemeinsam handeln ließ, und das sie dazu bewogen hatte, eben nicht den noch regierenden Karolinger im Westen (Karl den Einfältigen, 898 – abgedankt 923) einzuladen, dem Kind Ludwig nachzufolgen. In Ostfranken konnten sich die Herzöge dank eines schwachen Königtums um 900 als politische Machtfaktoren etablieren. Sie erhoben gemeinsam einen König aus ihrer Mitte, der das ostfränkische Sonderungsbewusstsein personifizierte. Die Stammesverbände befanden sich in einem Formierungsprozess, der insbesondere in den bedrohten Grenzgebieten des ostfränkischen Reiches (Angriffe der Ungarn) dazu führte, dass sich – wie in Sachsen und in Bayern – im Wettkampf um die Führung des Stammes Familien durchsetzten, die sich durch die Organisation des Grenzkampfes bewährt hatten. Weil diesen Familien deshalb von den anderen Familien Kraft und Autorität zur Führung zugebilligt wurden, konnten sie sich schließlich an die Spitze der Stammesverbände setzen. Die Familie, sie sich in Sachsen durchgesetzt hatte, war nun eben die Familie Ottos des Erlauchten, die Liudolfinger. Im Reich hatte diese Konstellation wesentliche strukturelle Folgen, denn die Stammesherzöge waren nicht nur die wichtigsten Königsmacher, sondern auch tendenziell die Gegenspieler der Könige, wenn diese versuchten, die Stammesherzogtümer enger in das Reich, also in ihre Herrschaft zu integrieren und die Herzöge auf das Königtum zu verpflichten. Doch diese Entwicklung konnte am Beginn des 10. Jahrhunderts keiner der Akteure vorhersehen.

2. Die Designation Herzog Heinrichs von Sachsen 918

Konrad I. – ein glückloser König

Die Regierungszeit von König Konrad war gekennzeichnet von Konflikten mit den Stammesherzögen, gegen die er sich letztlich nicht durchsetzen konnte. In den Jahren 917 und 918 stand der König jedoch nicht nur einer starken Fürstenopposition gegenüber, die er mit Gewalt nicht brechen konnte, sondern der militärische Erfolg, der wie kein anderer Faktor zur Legitimation der Herrschaft eines Königs beitrug, blieb ihm auch gegen die äußeren Feinde versagt. Es gelang ihm nicht, die jährlich wiederkehrenden Einfälle der Ungarn zu verhindern oder die Reiter zu besiegen. Dazu kamen noch territoriale Einbußen, wie der Verlust des Elsasses an den westfränkisch-karolingischen König Karl den Einfältigen oder von Basel an König Rudolf von Burgund. Im Sommer 918 zog König Konrad noch einmal nach Bayern, um gegen Herzog Arnulf zu kämpfen. Auf diesem Feldzug erlitt er eine Verwundung, an deren Folgen er im Dezember des Jahres starb. Vor seinem Tod traf Konrad jedoch noch Verfügungen über seine Nachfolge. Er ließ seinen Bruder Eberhard zu sich rufen und beauftragte ihn, die Insignien der königlichen Macht an den Herzog Heinrich von Sachsen zu übergeben.

Q

Widukind von Corvey, Sachsengeschichte, Buch I, Cap. 25
(Übersetzung in: Rotter/Schneidmüller, Sachsengeschichte; S. 67)

Ich fühle Bruder, dass ich dieses Leben nicht länger behalten kann, da Gott es so befiehlt und eine schwere Krankheit mich bedrückt. Darum überlege bei dir selbst, sorge, was dich hauptsächlich angeht, für das ganze Frankenreich, und beachte meinen brüderlichen Rat. Wir können, Bruder, Truppen aufstellen und ins Feld führen, wir besitzen Burgen, Waffen, die königlichen Insignien und alles, was königliche Würde erfordert, aber wir haben kein Glück und keine Eignung.

Das Glück, Bruder, ist mit der hervorragendsten Befähigung an Heinrich übergegangen, die Entscheidung über das Reich liegt bei den Sachsen. Deshalb nimm diese Abzeichen, die heilige Lanze (hat erst Heinrich erworben, J. R.), die goldenen Armspangen mit dem Mantel, das Schwert und die Krone der alten Könige, gehe zu Heinrich und mache Frieden mit ihm, damit du ihn immer zum Verbündeten hast. Denn warum ist es nötig, dass das Frankenvolk mit dir vor ihm zusammensinkt? Er wird wahrhaftig König sein und Kaiser über viele Völker. Nach diesen Worten starb der König, ein tapferer und mächtiger Mann, im Krieg wie im Frieden hervorragend, freigebig, mild und mit allen Vorzügen ausgestattet.

Das war am 23. Dezember 918; begraben wurde König Konrad vermutlich in Fulda (nach Widukind in Weilburg an der Lahn). Widukind erzählt diese Geschichte aus der Perspektive des gesicherten Königtums der sächsischen Liudolfinger. Er schrieb um 967/68, als Otto I., der zweite Herrscher aus dieser Familie, bereits zum Kaiser aufgestiegen war und sich auf dem Höhepunkt seiner Macht befand. Dass Eberhard auf die Krone verzichtete und sie nach dem Rat seines Bruders an Heinrich weitergab, soll verdeutlichen, dass König Konrad keine Chance für seinen Bruder sah, sie für seine Familie zu sichern und gegen die sächsischen Herzöge zu behaupten. Die Designation des mächtigen Sachsenherzogs erschien Konrad wohl als einzige Möglichkeit, um den Frieden und die Eintracht im Reich zu sichern, denn Herzog Heinrich verfügte über die Macht, sich gegen die anderen Herzöge zu behaupten. Die größte Leistung Konrads, der mit seiner Politik gegen die Herzöge gescheitert war, war es, sein Scheitern zu erkennen und – sterbend – seinem mächtigsten Rivalen die Krone zu übersenden. Ob der sächsische Herzog Heinrich an der Entscheidung Konrads irgendwie beteiligt war oder sich gar selbst als Nachfolger ins Gespräch gebracht hatte, ist nicht zu entscheiden. Ebensowenig ist bekannt, wie Eberhard die Entscheidung seines Bruders aufgenommen hat, ob er freiwillig oder gezwungen den Auftrag Konrads angenommen hat. Nur dass er dies getan hat, ist belegt, wenn man Widukind von Corvey glauben darf. Nach seiner Darstellung rief nämlich Eberhard in Fritzlar Heinrich vor dem „ganzen Volk der Franken und Sachsen" zum König aus. Der so erhobene Heinrich lehnte die ihm vom Mainzer Erzbischof Heriger angebotene Salbung ab. Er begründete dies damit, dass es ihm genüge, aufgrund von Gottes Wohlwollen und des Willens der Versammlung König genannt zu werden und dazu ausgerufen zu werden. Die Salbung und Krönung hingegen solle Würdigeren als ihm zuteil werden. Daraufhin reckten die Versammelten ihren rechten Arm gegen den Himmel und riefen mehrfach laut den Namen des neuen Königs.

Heinrich I. – ein König ohne Salbung

Das Verhalten Heinrichs, insbesondere die Ablehnung der Salbung, wird heute nicht mehr damit erklärt, dass er von der Kirche unabhängig, kein „Pfaffenkönig" sein wollte. In der jüngsten Forschung, namentlich von Gerd Althoff, wird vielmehr betont, dass der Zeremonie wohl Absprachen zwischen dem Erzbischof Heriger von Mainz und Heinrich vorausgegangen waren. Sie inszenierten diese Szene, um eine bestimmte Aussage öffentlich zu machen. Mit der Ablehnung der Salbung demonstrierte Heinrich, dass er sich nicht durch besondere Auszeichnung über die Herzöge setzen wollte, wie sein Vorgänger Konrad es versucht hatte. Es war gleichsam sein Angebot an die Großen, sie nicht mit Gewalt zu unterwerfen, sondern mit ihnen nach einem Kompromiss für die Gestaltung ihres Verhältnisses und einem Interessenausgleich zu suchen. Die Herrschaftspraxis Heinrichs I. unterstützt diese Interpretation. Der König versuchte in der Regel vor der Anwendung von militärischer Gewalt durch Verhandlungen und Kompromissbereitschaft den Konsens der Großen für seine Politik zu erlangen. In diesem Zusammenhang war der Abschluss von Freundschaftsbindungen, die Heinrich etwa mit Herzog Burkhard von Schwaben und Eberhard, dem Bruder seines Vorgängers Konrad, abschloss, von besonderer Bedeutung. Eine Freundschaftsbindung (*amicitia*) war eine künstliche Verwandtschaft, die zu gegenseitiger Unterstützung verpflichtete und eine gewisse Gleichrangigkeit anzeigte.

Die Erhebungen von Konrad I. und Heinrich I. sind nicht ausreichend gut überliefert, sodass sich daraus nur wenige Informationen über ihren Ablauf und die Wählerschaft gewinnen lassen. Klar ist jedoch geworden, dass die späteren Berichterstatter der Huldigung durch die Großen entscheidende Bedeutung bei den Königserhebungen zumaßen.

3. König Heinrichs I. Hausordnung von 929

König Heinrich I. gelang es während seiner Regierungszeit (919–936), die äußere Bedrohung des Reiches durch die Ungarn (Burgenbau sowie Aufbau einer schweren, gepanzerten Reiterei) abzuwehren. Diese Erfolge, insbesondere sein Sieg 933 bei Riade an der Unstrut, überzeugten seine Zeitgenossen davon, dass er Gott auf seiner Seite hatte und er der rechtmäßige König war, dem die Großen des Reiches Folge zu leisten hatten. Dazu gehörten die politisch wichtigen Herzöge von Schwaben (mit Elsass), Franken (mit Hessen) und Bayern sowie Lothringen, die der König schon vorher durch Freundschaftsbündnisse und Lehensbeziehungen an das Königtum gebunden hatte. Für die Zukunft des jungen sächsischen Königtums war nun die entscheidende Frage, wie die Nachfolge geregelt werden würde. Nach karolingischer Tradition hätte Heinrich I. nämlich sein Reich unter seinen Söhnen aufteilen müssen. Aber Heinrich I. brach mit der karolingischen Tradition. Er ließ seine vier Söhne aus zwei Ehen nicht gleichberechtigt erben, sondern bestimmte einen von ihnen als Alleinerben, nämlich Otto, den ältesten Sohn aus seiner zweiten Ehe mit Mathilde. Die erste Ehe hatte er annullieren lassen, wodurch der aus dieser Ehe hervorgegangene Sohn Thankmar († 936) den Anspruch eines vollberechtigten Erben verlor.

König Heinrichs I. Nachfolgeregelung

König Heinrich I. entschied sich vermutlich schon 929 (Boshof nimmt 936 an) für eine Individualsukzession anstelle einer Herrschaftsteilung nach karolingischer Praxis, als er seinen jüngsten Sohn Brun zur geistlichen Ausbildung dem Bischof von Utrecht übergab (als Geistlicher schied Brun aus der Erbengemeinschaft aus), seinen ältesten Sohn Otto mit der englischen Königstochter Edgith vermählte und Bestimmungen über das Wittum für seine Frau Mathilde traf. Der zweite Sohn Heinrich (etwa acht Jahre alt) durfte weltlich bleiben, erhielt aber keinen bestimmten Aufgabenbereich; er war vielleicht als „königliche Personalreserve" (Johannes Fried) für den Fall gedacht, dass Otto noch vor seinem Vater sterben würde. Das Königtum von Heinrich I. war zu diesem Zeitpunkt so weit gefestigt, dass er den Konsens der Herzöge für seine Hausordnung erhielt. Heinrich I. suchte sie 929/30 der Reihe nach auf, um ihre Zustimmung einzuholen und sich seine Entscheidung über seinen Nachfolger auf dem Thron bestätigen zu lassen. In welcher Form er das tat, ist unklar. Vielleicht nahm er den Fürsten den Eid ab, seinen Sohn nach seinem Tod als Nachfolger anzuerkennen. Kurz vor seinem Tod im Juni 936 erklärte der König in seinem Testament noch einmal ausdrücklich Otto I. zu seinem Nachfolger. Nach Widukind von Corvey (Sachsengeschichte Buch I, Cap. 41) designierte (*designavit*) er seinen Sohn Otto als König.

4. Die Königskrönung Ottos I. 936

Fünf Wochen nach dem Tod Heinrichs I., am 7. August 936, fand in Aachen Ottos Erhebung zum König durch Vertreter der Franken und Sachsen, aber wohl nicht aller Stämme des ostfränkischen Reiches, statt. Durch die demonstrative Bestätigung von Heinrichs I. Designation durch die Versammlung verbesserte Otto I. seine Legitimation.

Q

Widukind von Corvey, Sachsengeschichte, Buch II, Cap.1
(Übersetzung in: Rotter/Schneidmüller, Sachsengeschichte; S. 105)

Nachdem also der Vater des Vaterlandes und der größte wie beste König Heinrich gestorben war, wählte sich das ganze Volk der Franken und Sachsen seinen Sohn Otto, der bereits vorher vom Vater zum König designiert worden war, als Herrscher aus. Als Ort der allgemeinen Wahl nannte und bestimmte man die Pfalz Aachen ... Und als man dorthin gekommen war, versammelten sich die Herzöge und obersten Grafen mit der übrigen Schar vornehmster Ritter in dem Säulenhof ... setzten den neuen Herrscher auf einen dort aufgestellten Thron, huldigten ihm, gelobten Treue, versprachen ihm Unterstützung gegen alle seine Feinde und machten ihn nach ihrem Brauch zum König ... (In der Basilika wartete schon der Erzbischof mit Priestern und Volk. Als Otto erschien, nahm ihn der Erzbischof an die Hand und führte ihn vor den Altar und) sagte: „Seht, ich bringe euch den von Gott erwählten und von dem mächtigen Herren Heinrich einst designierten, jetzt aber von allen Fürsten zum König gemachten Otto; wenn euch diese Wahl gefällt, zeigt dies an, indem ihr die rechte Hand zum Himmel emporhebt". Da streckte das ganze Volk die Rechte in die Höhe und wünschte unter lautem Rufen dem neuen Herrscher viel Glück.

Streit der Erzbischöfe

Vor der Übergabe der Insignien an den König und den Vollzug der Weihe hätte es fast einen Eklat gegeben, denn der Erzbischof Ruotbert von Trier (931–956) stritt mit dem Kölner Erzbischof Wigfrid um das Recht der Weihe. Der Trierer berief sich darauf, dass sein Sitz älter als der des Kölners sei; der Kölner hielt dagegen, dass Aachen in der Kölner Kirchenprovinz liege.

Aber weil sie beide die persönliche Überlegenheit des Mainzer Erzbischofs Hildibert anerkannten, übergab der schließlich König Otto das Schwert sowie die Spangen, legte ihm den Mantel um und überreichte danach das Zepter und den Stab. Dann wurde er mit dem heiligen Öl gesalbt und gekrönt. Schließlich führten zwei Bischöfe Otto zum Thron. Abgeschlossen wurde die Erhebung mit einer Messfeier und einem Krönungsmahl in der Pfalz.

Die ausführliche Beschreibung der Weihezeremonie durch Widukind wird neuerdings als eine Rückprojektion der Krönung Ottos II. 961, die der Autor miterlebt hatte, angesehen, weil der Schreiber keine Königin erwähnt (Hagen Keller). Otto I. aber war 936 verheiratet, Otto II. 961 hingegen noch nicht. Ist damit der Bericht wertlos? Für unsere Fragen nicht, denn welchen Grund hätte Otto gehabt, seinen Sohn ganz anders krönen zu lassen, als er es 25 Jahre vorher wurde? Die beiden Erhebungen gleichen sich vermutlich in ihren Grundzügen und Widukind benutzte seine Kenntnis von 961, um die Erhebung von 936 detailliert zu schildern. Aber auf jeden Fall fügte er die Elemente einer Königserhebung, die am königlichen Hof für entscheidend gehalten wurden, zu einer schlüssigen Erzählung zusammen.

5. Die zentralen Aspekte der Königserhebungen im 10. Jahrhundert: Erbrecht, Wahlrecht, Gottesgnadentum

In der Schilderung von Widukind werden die zentralen Elemente deutlich, die das Königtum und das Reich konstituiert haben, nämlich Erbrecht, Wahlrecht und Gottesgnadentum. Diese drei Begriffe bilden in ihrer gegenseitigen Verbindung und Ergänzung auch das Kräftefeld, in dem sich die Könige seit Otto I. bewegten. Vor der feierlichen Krönung in Aachen kam ein erbrechtliches Moment zur Wirkung, denn Heinrich designierte Otto und bestimmte ihn zum einzigen Erben am Reich und Nachfolger. Was aber heißt Designation? Genau genommen wählte Heinrich einen seiner Söhne aus und schlug ihn als Nachfolger den Großen des Reiches zur Annahme vor. Aber dadurch allein war Otto noch nicht König. Der Wille des Vaters allein war nicht ausschlaggebend für die Nachfolge, denn der Sohn benötigte die förmliche Anerkennung durch die Großen des Reiches. Otto wurde von den Großen zum König gemacht, berichtet Widukind, leider ohne zu sagen wie. Aber immerhin: Die aktive Beteiligung der Fürsten ist konstitutiv und deutet auf ihr Recht zur Mitsprache bei der Königseinsetzung hin. Die Großen des Reiches, genauer die Franken und Sachsen, erwarteten Otto in der Säulenhalle vor dem Münster. Die Herzöge und andere Große erhoben den in fränkischer Tracht erschienenen Otto auf einen eigens errichteten Thron und huldigten ihm mit Handgang und Treueeid. So machten sie ihn nach ihrer Sitte zu ihrem König (*more suo fecerunt eum regem*).

König als *vicarius christi*

Anschließend wurde Otto in die Kirche geführt, wo das Volk durch Akklamation seine Zustimmung zur Wahl der Großen gab. Der Schlusspunkt im Münster von Aachen erfolgte am Altar und bestand aus mehreren Akten:

Übergabe der Insignien, Salbung und Krönung durch die Erzbischöfe von Mainz und Köln und Thronsetzung auf dem Karlsthron. So wurde ihm mit der Salbung die sakrale Würde des Amtes verliehen, er wurde zum *vicarius christi*, zum Stellvertreter des Herrn. Nach dem Gottesdienst fand noch ein Krönungsmahl statt, bei dem Herzöge als Inhaber von königlichen Hofämtern fungierten: Giselbert von Lothringen als Kämmerer, Eberhard von Franken als Truchsess, Hermann von Schwaben als Mundschenk und Arnulf von Bayern als Marschall. Das war schon ein Hinweis auf Ottos Absichten zur Neukonzeption des Herzogsamtes, das er stärker als sein Vater in den Dienst des Königtums stellte. König Heinrich I. hat mit seiner Hausordnung von 929 die Unteilbarkeit des Reiches verfügt und durch Designation des ältesten Sohnes die Individualsukzession eingeführt. Für diese Neuerung hat er die Anerkennung der Fürsten (das heißt der Herzöge von Bayern, Schwaben, Franken, Lothringen) erhalten. Liturgisch abgesichert und legitimiert wurde diese Familienordnung dann durch die Salbung. Das Prinzip des sakralen Königtums – es kann immer nur einen Gesalbten des Herrn geben – schloss die anderen Mitglieder der Dynastie von der Herrschaftsnachfolge aus.

Bei der Nachfolgeregelung folgte Kaiser Otto I. der Praxis seines Vaters und ließ im Mai 961 auf einem Hoftag in Worms seinen Sohn Otto II. (* 955, † 983) durch die anwesenden Großen zum Mitkönig und Nachfolger erheben. Anschließend wurde Otto II. in Aachen gekrönt, wo ihm auch die Lothringer huldigten. Nach dem Tod Ottos I. am 7. Mai 973 in Merseburg huldigten die dort anwesenden Großen Otto II. noch einmal, was man wohl als eine Bestätigung der Erhebung vom Mai 961 werten kann.

Im Mai 982 trafen in Verona wichtige Große des Reiches mit Otto II. zusammen, um über wichtige Fragen zu beraten. Anwesend war auch der dreijährige Sohn Ottos II., der bei dieser Gelegenheit von der Versammlung zum König erhoben wurde. Die Erzbischöfe Willigis von Mainz und Johannes von Ravenna begleiteten das Kind dann über die Alpen nach Aachen, wo es Weihnachten 983 gesalbt wurde. Auch in diesem Fall sicherte der Vater zu seinen Lebzeiten die Nachfolge auf dem Thron für den Sohn. Die Erhebung von Otto III. in Ravenna war die einzige Königswahl südlich der Alpen. Möglicherweise wollte Otto II. mit dieser Maßnahme das erst seit 951 zum ottonischen Reich gehörende Italien aufwerten, die Gleichwertigkeit der Reichsgebiete demonstrieren. Darauf deutet auch die Begleitung des kleinen Otto III. durch einen deutschen und einen italienischen Erzbischof hin.

6. Die Königserhebung Heinrichs II. 1002

Kaiser Otto III. starb am 23. Januar 1002 in der Burg Paterno, unweit von Rom, am *morbus italicus* (Fieber, innere Geschwüre), ohne einen Erben zu hinterlassen. Anders als sein Vater Otto II. und sein Großvater Otto I. hatte er keine Gelegenheit, durch die Designation eines Sohnes eine Vorentscheidung für seine Nachfolge zu treffen. Deshalb waren die Großen des Reiches gefordert. Sie mussten aus ihren Reihen einen geeigneten Kandidaten ermitteln. Allerdings gab es keine klaren Regeln oder ein Verfahren für die Herrschaftsnachfolge, denn bis dahin stand immer ein Sohn des Königs als Nachfolger zur Verfügung. Man konnte keiner Norm oder einem Vorbild bei der Erhebung des neuen Königs folgen.

Kaiser Otto III. wollte in Aachen, seinem bevorzugten Aufenthaltsort, beigesetzt werden, und deshalb formierten seine Begleiter in Italien einen Trauerzug, der die Leiche des Kaisers über die Alpen nach Norden begleitete. Die Nachricht von der Rückkehr des toten Königs Otto aus Italien verbreitete sich schnell im Reich. Herzog Heinrich IV. von Bayern, der Urenkel König Heinrichs I., empfing den Leichenzug bei Polling (in der Nähe von Weilheim). Bischof Thietmar von Merseburg berichtet in seiner Chronik, dass Heinrich versucht habe, die hochadeligen Begleiter des Leichenzuges in Einzelgesprächen und durch Zwang dazu zu bewegen, ihn zu ihrem Herren und König zu wählen.

Q

Thietmar von Merseburg, Chronik, Buch IV., Cap. 50
(Übersetzung in Trillmich, Thietmar, S. 167)

Auch übernahm er die Leiche des Kaisers und die kaiserlichen Insignien mit Ausnahme der Lanze, die Erzbischof Heribert von Köln heimlich an sich gebracht und vorausgesandt hatte. Der Erzbischof wurde vorübergehend in Haft genommen, durfte dann aber unter Hinterlassung seines Bruders als Bürge (d. h., Bischof Heinrich I. von Würzburg wurde in Geiselhaft genommen) weiterziehen und schickte die heilige Lanze bald zurück. Mit Ausnahme von Bischof Siegfried (von Augsburg) war er wie alle, die der Leiche des Kaisers folgten, damals nicht für den Herzog; er suchte das auch gar nicht zu verbergen, sondern erklärte, er werde bereitwillig dem zustimmen, dem der bessere und größere Teil des Volkes sich zuwenden werde (*melior et maior populi tocius pars*).

Verhandlungen über die Nachfolge von Otto III.

Nach Thietmars Darstellung neigten die Fürsten also dazu, den Nachfolger von Kaiser Otto III. in einer Wahl zu bestimmen. Diese Tendenz muss Herzog Heinrich bekannt gewesen sein und deshalb versuchte er, bei den Fürsten für sich zu werben. Daneben erwies er dem toten Kaiser besondere letzte Ehren. Herzog Heinrich setzte durch, dass die Eingeweide Ottos III. in Augsburg in der Kapelle des heiligen Ulrich bestattet wurden und gab erst danach die Leiche frei. Bis an die Grenze seines Herzogtums begleitete er den Zug. Der Leichnam Ottos III. und seine Begleitung erreichten Ostern 1002 Aachen. Am Ostersonntag wurde er im Dom in der Nähe des Grabes von Karl dem Großen beigesetzt. Zu der Begräbnisfeier hatten sich auch geistliche und weltliche Große des Reiches versammelt, die weiter über die noch offene Nachfolgefrage verhandelten. Eine Mehrheit wollte Herzog Heinrich von Bayern verhindern, denn er sei für das Königsamt aus vielerlei Gründen ungeeignet. Welche Gründe dies waren, verrät der Chronist Thietmar nicht, aber wir kommen auf einige mögliche Vorbehalte noch zu sprechen.

In Aachen zeichnete sich eine breite Unterstützung für Herzog Hermann von Schwaben ab, denn seine Milde gefiel dem größten Teil des hohen Adels. Herzog Hermann wurde allgemein zugetraut, als König das Gemeinwohl sichern zu wollen, also in der Praxis die Herrschaft und Autorität der Herzöge und Grafen nicht zu beschneiden. Allerdings gelang es Herzog Heinrich, den bayerischen Adel hinter sich zu versammeln, was wohl auf seine Politik als Herzog von Bayern in der Nachfolge seines Vaters ab 995 zurückzuführen ist. Heinrichs Politik war durch die Konzentration der gesamten Rechts- und Friedenswahrung wie auch der reform-religiösen Führung in Bayern auf den Herzog als höchste Gewalt gekennzeichnet. Außer von seinen Bayern wurde Heinrich noch von den Grafen von Luxemburg unterstützt, aus deren Familie seine Gattin Kunigunde stammte.

Ekkehard I. von Meißen – ein erfolgloser Thronbewerber

Als ernsthafter Bewerber um die Krone galt außer den Herzögen Heinrich und Hermann auch der Markgraf Ekkehard I. von Meißen, der sich aber nicht durchsetzen konnte, weil er in seinem Stamm auf Widerstand traf. Das bedeutet, dass die Sachsen nicht einmütig für einen Kandidaten standen, was wiederum die Chancen Heinrichs und Hermanns vergrößerten. Markgraf Ekkehard wollte sich allerdings der Entscheidung seiner Stammesgenossen nicht beugen und okkupierte mit einigen Anhängern in der Pfalz Werla die für die Schwestern Kaiser Ottos III. vorgesehenen Plätze an der Tafel und verspeiste deren Mahl. Damit demonstrierte er zwar seinen Anspruch auf den Thron, provozierte aber auch den Zorn der Schwestern und der anderen Gäste. Ekkehard wandte sich einige Tage später nach Westen, um mit der süddeutschen Opposition gegen Herzog Heinrich von Bayern in Kontakt zu treten, und wurde unterwegs vom Hildesheimer Bischof wie ein König empfangen, aber schon am 30. April 1002 in Pöhlde ermordet. Ob der Anschlag seine Ursache in dem provozierenden und beleidigenden Verhalten Ekkehards in Werla hatte oder ob andere Gründe vorlagen, weiß unser Gewährsmann Thietmar nicht zu berichten – und so werden wir das vermutlich niemals erfahren. Erfolgreicher war hingegen der Kandidat Herzog Heinrich von Bayern. Obwohl es noch immer keinen Wahltermin gab, begab er sich nach Mainz, um sich ohne vorherige offizielle Wahlversammlung krönen zu lassen und so vollendete Tatsachen zu schaffen.

Q

Thietmar von Merseburg, Chronik, Buch V, Cap. 11
(Übersetzung in Trillmich, Thietmar, S. 205)

Heinrich kam „zu Anfang des Monats Juni mit den Großen der Bayern und Ostfranken nach Worms, um dort über den Rhein zu setzen und in Mainz die Königsweihe zu empfangen. Das suchte Herzog Hermann zu verhindern und verschloss ihnen jeden Zugang, wobei ihm der hochgehende Rhein zustatten kam. Herzog Heinrich aber beriet mit den Seinen hierüber, wandte sich dann scheinbar nach Bayern zurück, als glaube er nicht mehr an einen Übergang, und begab sich nach Lorsch (Reichsabtei gegenüber Worms) … Dann zog er schnell auf Mainz und setzte unbehelligt über den Rhein. Hier wurde er am 6. Juni von allen ihm Ergebenen zum König gewählt und von Willigis, dem Erzbischof des dortigen Stuhls, unter Assistenz seiner Suffraganbischöfe nach Empfang der Königssalbung gekrönt, während alle Anwesenden Lobgesänge zu Ehren Gottes anstimmten."

Bemerkenswerter Weise fand aber keine Thronsetzung in Aachen statt. Dieser Teil der Königserhebung war seit Otto I. ein wichtiger Bestandteil der Gesamthandlung und wurde auch in der Liturgie (so etwa im Mainzer Krönungsordo von 960/62) verlangt. Aber Aachen lag im Herrschaftsbereich des Erzbischofs von Köln, der zu diesem Zeitpunkt noch nicht zu den Anhängern Heinrichs zählte. Erzbischof Willigis von Mainz fand aber einen Ersatz, um die Einsetzung oder Einweisung des neuen Königs in die Herrschaft zu symbolisieren. In der Vita des heiligen Bernward von Hildesheim wird berichtet, dass nach der Wahl und vor der Krönung Heinrich die Heilige Lanze und mit ihr *regimen et regiam potestatem* (Herrschaft und Königsgewalt) empfing. Er wurde also in Mainz mit der Lanze genauso in die Herrschaft eingewiesen wie es bisher durch die Thronsetzung in Aachen geschehen war. Damit war die Nachfolgefrage faktisch zu Gunsten von Herzog Heinrich von Bayern entschieden.

Aufwertung der Salbung

Hier ist eine neue Gewichtung der verschiedenen Elemente erkennbar, die im Zusammenwirken eine Erhebung rechtmäßig machen und dem Herrscher Legitimität verleihen. Und zwar wurde die Salbung gegenüber der Designation beziehungsweise Wahl aufgewertet. Heinrich II. gab der Salbung, die sich bisher eher affirmativ verstehen ließ, einen konstitutiven Rang für ein Königtum, das von Gott hergeleitet war und unter dessen Schutz stand. Heinrich II. vertrat eine Amtsauffassung, die das Königtum in die Tradition des Alten Testaments stellte. Er knüpfte in seinem Herrschaftsverständnis zum einen an Moses an, der dem Volk die Gesetze Gottes überbrachte, und zum anderen an den ersten gesalbten König, Saul, dem Gott selbst mit der Salbung sein Volk (die Israeliten) anvertraut hatte. Der Gesalbte des Herrn war beauftragt, die Geschicke des Volkes zu lenken und es zu leiten. Als König „erbte" Heinrich gleichsam die Herrschaft Gottes auf der Erde – aber nur als sein beauftragter Stellvertreter. Diese Auffassung setzte sich also 1002 gegen die nur zaghaft ventilierten Vorstellungen, eine Wahlentscheidung zum zentralen Merkmal der Legitimation zu machen, durch.

Heinrich II. wird als König anerkannt

Heinrich II. handelte seit seiner Salbung und Krönung in Mainz als König und als solcher zog er im Juli 1002 nach Merseburg, um von den dort versammelten Sachsen die Anerkennung seiner Königsherrschaft zu erlangen. Herzog Bernhard von Sachsen (973–1011) fragte ihn vor der Versammlung, was er ihnen zugestehen wolle. Darauf habe der König geantwortet, dass er nicht gegen ihren Wunsch und Willen, sondern nur mit ihrer Zustimmung vor ihnen im Königsornat erschienen sei. Er versprach dann, das Recht der Sachsen nicht antasten zu wollen, sondern zeitlebens streng zu beachten und ihre Wünsche so weit wie möglich zu berücksichtigen. Nach dieser Erklärung des Königs ergriff Herzog Bernhard die Heilige Lanze und legte sie Heinrich II. in die Hände, die Sachsen leisteten dem König einen Treueeid und es gab eine Festkrönung. In der älteren Forschung wurde dieser Akt in Merseburg als „Nachwahl" bezeichnet und als eine Station der „Königserhebung in Etappen" bewertet. In der aktuellen Forschung wird darin die nachträgliche Anerkennung eines Königs gesehen, der längst sein Amt ausübte. Am 8. September 1002 war der König in Aachen und nahm endlich auf dem Thron Karls des Großen Platz. Dort huldigten ihm die Lothringer und der Erzbischof Heribert von Köln. Herzog Hermann von Schwaben, der noch nach Heinrichs Krönung versuchte, ihn mit militärischer Macht zu schlagen, fand danach keine Unterstützung mehr und ergab sich am 1. Oktober 1002 in Bruchsal. Er bat den König als reuiger Sünder barfüßig um

Verzeihung; König Heinrich II. vergab ihm und setzte ihn wieder als Herzog ein.

Was waren die Gründe für Heinrichs Erfolg? Der Herzog von Bayern war davon überzeugt, der einzige wirklich berechtigte Kandidat zu sein, weil er aus dem bayerischen Zweig der Ottonen stammte. Er war der Urenkel von König Heinrich I. und der Enkel von jenem Heinrich, der 929/30 zugunsten von Otto I. von der Thronfolge ausgeschlossen worden war und mit dem Herzogtum Bayern abgefunden wurde. Die familiäre Bindung an die bisherige Königsfamilie war für Heinrich 1002 wohl ausschlaggebend dafür, sich gleichsam für den geborenen Nachfolger Ottos III. zu halten. Die meisten anderen Fürsten sahen aber nicht die zwingende Notwendigkeit, einen engen Verwandten des verstorbenen Kaisers zu erheben, und deshalb musste Heinrich seine Ansprüche direkt und ohne auf eine Wahlversammlung zu vertrauen (er konnte nicht sicher sein, gewählt zu werden) auf andere Weise, durch die sakrale Komponente eben, durchsetzen. Dass Heinrich seinen Anspruch auf den Thron dann tatsächlich verwirklichen konnte, lag an seinem Rückhalt in Bayern und an seinem Bündnis mit Erzbischof Willigis von Mainz (975–1011) und Bischof Burchard von Worms (1000–1025). Erzbischof Willigis sah um 1000 die Dominanz der Mainzer Kirche durch die Rompolitik Ottos III. in Gefahr, der das Erzbistum offensichtlich unter die päpstliche Autorität zwingen und von Rom aus lenken wollte. Burchard von Worms war aus dem Mainzer Domkapitel hervorgegangen und stand auf der Seite des Mainzer Erzbischofs. Es war wohl deshalb kein Zufall, dass Heinrich Anfang Juni 1002 versuchte, bei Worms den Rhein zu überqueren. Heinrich habe nach der Vita des Wormser Bischofs den beiden geistlichen Würdenträgern versprochen, alles zu tun, was sie wollten, wenn sie ihn unterstützen würden, damit er König werden könne. Durch das Bündnis des künftigen Königs mit dem ehrwürdigen Erzbischof Willigis erhielt der Herrschaftsanspruch Heinrichs II. konkrete kirchliche und liturgische Unterstützung. Keiner seiner Konkurrenten hatte eine vergleichbare Unterstützung und Konzeption für die Legitimation einer Königsherrschaft unabhängig von der wie auch immer gestalteten „Wahl". Schließlich profitierte Heinrich auch davon, dass für eine Wahl, die ja von der Mehrheit der Fürsten darunter Erzbischof Heribert von Köln (auch ein Kontrahent von Willigis) angestrebt wurde, die Formen und Regeln fehlten, so dass die Fürsten keine Handlungsgemeinschaft bildeten.

7. Die Wahl und Erhebung Konrads II. 1024

König Heinrich II. starb am 13. Juli 1024 in der Pfalz Grone bei Göttingen und wurde in Bamberg beigesetzt. Er war kinderlos und konnte, wie schon Otto III., keinen Sohn zu seinem Nachfolger designieren. Die geistlichen und weltlichen Großen standen wie 1002 wieder vor der Frage: Wie lösen wir die Nachfolge? Dieses Mal gelang es, die schon 1002 virulente Idee einer Wahl des neuen Königs auf einer Wahlversammlung auf Reichsebene zu realisieren. Allerdings war man sich auch jetzt über den Ablauf und die

Form nicht ganz klar. Es gab kein Verfahren, an dem sich die Fürsten hätten orientieren können. Und es ist wohl kein Zufall, sondern als Reaktion auf die Erfahrungen mit dem strengen, die Königsherrschaft insbesondere gegenüber den Herzögen intensivierenden Heinrich II. zu werten, dass die Fürsten bei der Kandidatenauswahl vor allem Wert auf die klassischen Herrschereigenschaften legten: *clementia*, *misericordia* und *humilitas*. Der Erhebungsvorgang – von der Kandidatenauswahl bis zur Krönung – ist von Wipo, dem Kaplan von Konrads Sohn Heinrich III., in den *Gesta Chunradi* geschildert worden. Wipo schrieb mit einer gewissen Berichtsabsicht, so dass es wichtig ist, sich über sein Verhältnis zu seinem Helden, nämlich König Konrad, zu informieren.

E

Wipo

Geburtsdatum und Ort sind unbekannt, gestorben ist er nach 1046. Wipo wurde von Konrad in die Hofkapelle aufgenommen und diente auch Heinrich III. als Kaplan; möglicherweise war er auch ein Erzieher von Konrads Sohn. Seine *Gesta Chunradi* entstanden in den Jahren 1040 bis 1046, waren Konrads Sohn Heinrich III. gewidmet und hatten wohl auch erzieherisch-didaktische Funktionen im Zusammenhang mit der Ausbildung von Heinrich III.

Unsicherheit im Reich nach Heinrichs II. Tod

Mit Heinrich II. war die sächsisch-ottonische Dynastie im Mannesstamme erloschen. Es entstand ein Machtvakuum, in das ambitionierte Fürsten drängten, die sich für geeignete Nachfolger hielten. Die Gefahr von militärischen Konflikten wuchs, der Zusammenhalt des Reiches war gefährdet, denn die Integration der verschiedenen Gewalten, von Laienfürsten und Bischöfen, war längst nicht abgeschlossen. Ein starker König, auf den hin sich die anderen Gewalten orientieren konnten, musste erhoben werden, man brauchte eine sich von den anderen Fürsten abhebende Person, die in der Lage war, den Frieden zu sichern und Konflikte auszugleichen. In dieser Situation, als nach Wipo der Staat (*res publica*) durch den Verlust des Vaters verunsichert war und Unfrieden drohte, ergriffen erlauchte Fürsten – von Wipo als „die Lebenskräfte des Reiches“ (*vires et viscera regni*) bezeichnet – die Initiative, um diesen Zustand zu beenden. Auch die Kaiserin Kunigunde, Heinrichs Witwe, habe zusammen mit ihren Brüdern zur Sicherheit im Reich beigetragen. Was aber haben die Fürsten unternommen?

Wahlversammlung in Kamba

Innerhalb von sechs Wochen nach Heinrichs Tod organisierten sie eine Wahlversammlung in Kamba am Rhein. Sie fand am 2. September 1024 statt und aus ihr ging der Salier Konrad II. als neuer König hervor. Wipos Bericht über die Vorgänge in Kamba wird von einer streng faktengeschichtlich ausgerichteten Forschung als tendenziös kritisiert. Er habe die tatsächlichen Ereignisse entstellt, insbesondere Konflikte nicht mitgeteilt, um die Wahl Konrads als eine einstimmige Entscheidung der Fürsten und Stämme zu präsentieren, die auf göttliche Inspiration hin den geeignetsten Kandidaten gewählt hätten. Tatsächlich aber waren die Sachsen, wie auch andere wichtige Gruppen, nicht in Kamba anwesend. Deshalb wird gefolgert, dass Wipo einen fiktiven Wahlvorgang beschrieben habe, der für die Fragen nach der Entwicklung der Wahlverfahren und dem Verhältnis von Wählern und Gewähltem wenig beitragen kann.

Eine andere mögliche Deutung ist jedoch, dass Wipo vorhandene Tendenzen und Auffassungen darüber, wer König werden könne und wie derje-

Konrad und Konrad – zwei Salier als Königsanwärter

nige erhoben werden müsse, in idealtypischer Weise überzeichnet hat (Stefan Weinfurter). Dazu gehörten Vorstellungen darüber, welche Qualitäten ein König haben musste. Dem Kandidaten musste zugetraut werden, die aktuelle Situation schnell zu sichern und die Einheit des Reichs zu festigen. Zudem sollte der zukünftige König in der Lage sein, die Integration der großen Fürsten in das Reich weiter voranzubringen. Legt man diese Kriterien an, dann sprachen für die Salier ihr entwickeltes Hausbewusstsein und ein fortschrittlicher Herrschaftsausbau in ihrem Herrschaftsbereich. Sie verfügten über eine herausragende Machtstellung am Mittelrhein und waren durch Heiraten mit lothringischen und fränkischen Adelsfamilien verbunden. Außerdem erfüllten sie erbrechtliche Voraussetzungen, weil sie über Liudgard, eine Tochter Ottos des Großen, mit dem alten Königshaus verwandt waren. Wenn man annimmt, dass schon bei der Vorauswahl die Fürsten auf bestimmte Merkmale der Kandidaten Wert legten, dann ist es nicht erstaunlich, dass sich während der Beratungen der Kandidatenkreis im Jahr 1024 (wenn es überhaupt andere gab) letztlich auf zwei Mitglieder der salischen Dynastie, die beide den Namen Konrad führten, verengte. Der ältere Konrad war etwa 35 Jahre alt, der jüngere, der auch den Hauptteil des salischen Erbes innehatte, etwa 22 Jahre alt. Zwischen den beiden Vettern, die gemeinsam das salische Haus repräsentierten, musste also eine Entscheidung getroffen werden. Aber wie? Bisher war es noch bei keiner Erhebung zu einer Stichwahl zwischen zwei Kandidaten gekommen und schon 1002 war die Idee einer Wahl nicht zuletzt daran gescheitert, dass die Fürsten keinen Wahlmodus, also kein Verfahren zur Verfügung hatten. Laut Wipo wurde dieses Problem folgendermaßen gelöst. Er behauptet, dass fast alle Fürsten den älteren Konrad wegen seiner Tüchtigkeit und Rechtschaffenheit zum König wünschten, aber wegen der Macht des jüngeren Konrad hielten sie sich mit ihrer Meinung zurück und machten sie nicht öffentlich. Die Situation geklärt habe der ältere Konrad, der seinen jüngeren Vetter beiseite nahm und ihn ermahnt habe, nicht in Streit zu geraten, denn sie beide seien ja aufgrund des Willens der Versammlung als die geeignetsten Kandidaten nominiert worden, wofür sie Gott danken sollten. Sie seien die Sprossen eines einzigen Stammes, entstammten einem Haus (*domus*) und sollten sich deshalb nicht verfeinden.

Q

Wipo, Gesta Chunradi, Cap. 2
(Übersetzung in Trillmich, Quellen, S. 543)

Konrad schlug vor: „Merke ich, dass des Volkes Stimme dich wünscht, dich zu seinem Herrn und König begehrt, dann werde ich dir diese Gunst nicht durch Intrigen schmälern; ich will dich vielmehr freudiger noch als die anderen wählen, weil ich glaube, dir näher zu stehen als sie. Hat jedoch Gott mich ausersehen, so zweifle ich auch nicht am gebührenden Entgegenkommen deinerseits. Der jüngere Konrad stimmte damit überein und zum Zeichen der Entscheidung küsste der ältere Konrad den jüngeren".

Die Erhebung des älteren Konrad

So, wie von Wipo berichtet, hat der ältere Konrad die Rede wohl kaum gehalten; jedoch muss auf irgendeine Weise eine interne Klärung der Kandidatenauswahl im salischen Haus erfolgt sein. Die beiden Salier waren bereit, den Willen Gottes, der sich in einer Wahlentscheidung manifestieren würde, zu akzeptieren. Und so konnte eine förmliche Kur durchgeführt werden, bei der Erzbischof Aribo von Mainz (1021–1031) sein Erststimmrecht ausübte und den älteren Konrad zu seinem Herren und König, zum Lenker und Schützer des Reiches wählte. Diesem Spruch schlossen sich die anderen Erzbischöfe und die übrigen Herren der geistlichen Stände ohne zu zögern an. Dann wandte sich der jüngere Konrad, der eine Zeitlang mit den Lothringern verhandelt hatte, um und erwählte den Älteren zu seinem Herren und König. Der König Konrad ergriff seine Hand und ließ ihn neben sich sitzen. Dann wiederholten alle aus den verschiedenen Königreichen einzeln immer wieder den gleichen Kürspruch (*verba electionis*). Das Volk rief Beifall, alle stimmten einmütig der Königswahl der Fürsten zu, alle wünschten dem älteren Konrad Glück. Schließlich – so Wipo – übergab ihm die Kaiserinwitwe Kunigunde die königlichen Insignien und bevollmächtigte ihn dadurch zur Herrschaft, so weit ihr Geschlecht das vermochte (*quantum huius sexus auctoritatis est*).

Die Versammlung traf also eine einmütige Entscheidung zugunsten des älteren Konrad. Aber wohl nur deshalb, weil die Sachsen nicht anwesend waren und Erzbischof Pilgrim von Köln sowie die Lothringer, die vermutlich den jüngeren Konrad unterstützt hatten, sich nicht an der Abstimmung beteiligten und schon vorher abgezogen waren. Es lassen sich vier Phasen bei dieser Erhebung unterscheiden: 1. Auswahlverfahren, aus dem die beiden Salier als Bewerber um die Krone hervorgingen; 2. die Einigung der beiden Konrade, die Wahlentscheidung der *maior pars populi* anzuerkennen; 3. der Wahlvorgang (die Kur) mit der Stimmabgabe: *prima vox* des Mainzer Erzbischofs, dann Stimmabgabe der *principes*, schließlich Akklamation des *populus*; 4. die Übergabe der Herrschaftszeichen durch die Kaiserinwitwe Kunigunde. Die Abstimmung, also der „Wahlvorgang", war nur noch die Bestätigung der vorangegangenen Meinungsbildung. Er wurde von den Beteiligten als Dokumentation des göttlichen Willens verstanden. Und weil Gottes Wille von einer christlichen Ordnung der Welt verlangte, dass sich alle Laien einem König unterordneten, der sie lenken und schützen sollte, und dieser König eben durch Gottesgnadentum ins Amt gelangte, musste die Wahl einstimmig sein. Denn dadurch, dass alle für einen stimmten, wurde manifest, dass dieser Kandidat von Gott für das Königtum vorgesehen war.

Wipo verwendete alle Mühe darauf, Konrad als den geeignetsten Kandidaten erscheinen zu lassen, der nach seiner Wahl aber auch sofort die Erwartungen erfüllte, getreu dem Motto: „Ruhm setzt Demut voraus". Deshalb gehörte es zu den ersten Taten Konrads, dass er auf dem Weg in den Mainzer Dom, noch vor seiner Weihe und obwohl er von den Großen zur Eile gedrängt wurde, einem Bauern, einer Waisen und einer Witwe Gerechtigkeit widerfahren ließ, um sich – wenige Schritte weiter – eines unschuldig ins Elend Verstoßenen, der sich ihm in den Weg stellte, anzunehmen und dessen Fall einem Fürsten zu übertragen. Wahrscheinlich waren auch diese Akte abgesprochene Inszenierungen, aber sie sollten eine deutliche Botschaft vermitteln: Dieser König ist ein gerechter und gnädiger Herrscher, sein Streben nach Barmherzigkeit ist stärker als sein Verlangen nach der Weihe. Konrads Verhalten und Handeln auf dem Weg in den Mainzer Dom zur Krönung und Weihe war ein Beleg für die persönliche Qualität des

Gewählten, seine Eignung, Idoneität, für das Königsamt. Die Krönung und die Salbung stellten als liturgische Handlungen den neuen Herrscher unter göttlichen Schutz, machten ihn zu einem König aus der Gnade Gottes und verpflichteten ihn gleichzeitig zu einer Regierung, die sich an den göttlichen Geboten orientierte und für den Schutz der Kirche sorgte. Aus der Salbung ergaben sich also auch Pflichten und Anforderungen an den König – und das galt für jeden König. Darüber hinaus war die Salbung auch hilfsweise als ein die Herrschaft in erster Linie begründender Akt interpretierbar, so wie durch König Heinrich II. 1002. Im Fall von Konrad II. hatte jedoch eindeutig die Kur durch die Fürsten und die Akklamation durch das Volk den Ausschlag für die rechtliche Begründung seines Königtums gegeben. Die Wahl war auf Konrad gefallen, weil er großes Ansehen hatte, man ihn für geeignet hielt und er eine Machtstellung in den Gebieten um Worms und Speyer innehatte. Zudem hatte er gegenüber seinem Konkurrenten, dem jüngeren Konrad, den Vorteil, aus seiner 1016 geschlossenen Ehe mit Gisela, der Tochter Herzog Burchards II. von Schwaben, einen Sohn und Erben (Heinrich III. *1017) zu haben. Es bestand deshalb die Chance, dass Konrad einen Nachfolger haben und die Königsherrschaft stabil bleiben würde.

8. Gegenkönige im 11. Jahrhundert: Rudolf von Schwaben (1077) und Hermann von Salm (1081)

Heinrich IV. im Konflikt mit den Sachsen

Die Erhebung von zwei Gegenkönigen gegen den Salier Heinrich IV. durch oppositionelle geistliche und weltliche Fürsten war eine Folge der Konflikte, die um den Charakter der Königsherrschaft im Allgemeinen und die Herrschaftspraxis des Saliers in Sachsen seit Ende der 1060er Jahre geführt wurden. In Sachsen organisierte sich seit Anfang der 1070er Jahre eine Opposition gegen den König, der unter anderem Erzbischof Werner von Magdeburg, Bischof Burchard II. von Halberstadt und Otto von Northeim angehörten. Sie wehrten sich gegen eine Politik des Königs, mit der er versuchte, Sachsen stärker unter seine Kontrolle zu bringen und alte Rechte des Stammes durch neue Gesetze zu ersetzen. Besonderes Misstrauen weckte bei den Sachsen der von Heinrich IV. forcierte Bau von Höhenburgen, die zudem noch mit königlichen Gefolgsleuten aus Südwestdeutschland besetzt wurden. Kritisiert wurden auch die an den Königshof zu leistenden Abgaben wegen der häufigen Königsaufenthalte, denn der Hof musste aus dem Land versorgt werden. Die Gegenwart des Königs wurde zunehmend nicht mehr als eine Auszeichnung, sondern als eine Belastung empfunden. Alles in allem entsprach Heinrichs IV. Politik in den Augen der führenden Sachsen nicht dem Verhalten eines gerechten Königs, sie erschien vielmehr als „Tyrannis". Heinrich IV. war in ihren Augen kein gerechter Herrscher, sondern Friedensstörer und Gewalttäter, gegen den sie Widerstand leisten mussten. Im Jahr 1073 eröffneten die Sachsen den militärischen Konflikt und Heinrich musste von der Harzburg fliehen. Aber am 9. Juni 1075 gelang den Truppen des Königs ein Sieg über ein Heer aus Sachsen und Thüringern bei Homburg an der Unstrut. Heinrich IV. blieb seiner Linie treu und verweigerte den Gegnern eine milde Behandlung. Die Anführer wurden in Haft gehalten, ihre Lehen und Eigengüter eingezogen. So sah sich der König Mitte der 1070er Jahre im Vorteil, aber die Ursachen der Unzufriedenheit waren nicht beseitigt. Der Widerstandswille der Sachsen war ungebrochen.

Heinrich IV. im Konflikt mit Papst Gregor VII.

Ein weiteres Konfliktfeld für Heinrich IV. entstand durch die Auseinandersetzung mit Papst Gregor VII. um die Investiturfrage, also die Frage, ob der König Geistliche (Bischöfe, Äbte) in ihre Ämter einweisen dürfe (vgl. auch Kapitel III. 4). Die Kirchenreformer in Rom hielten diese Praxis für nicht zulässig und wollten die Kirche von Laieneinfluss befreien. Als nun Heinrich IV. entgegen seiner dem Papst gegebenen Absichtserklärungen 1075 in Mailand sowie in Fermo und Spoleto neue Bischöfe einsetzte, reagierte Gregor VII. (1073–1085) mit der Zurückweisung der Maßnahmen. Und als schließlich im Januar 1076 in Rom ein Schreiben des Königs eintraf, in dem der Papst aufgefordert wurde, sein Amt niederzulegen, reagierte Gregor VII., indem er im März 1076 in Form eines feierlichen Gebetes König Heinrich IV. für abgesetzt und exkommuniziert erklärte. Die dem Salier geleisteten Treueeide wurden für ungültig erklärt, niemand sollte Heinrich IV. mehr als König dienen. Das hatte es bis dahin nicht gegeben; der Papst tat in den Augen der Anhänger König Heinrichs IV. nichts anderes, als die Weltordnung schlechthin in Frage zu stellen.

Unterdessen formierte sich die Opposition in Sachsen, die Heinrich IV. 1073 und 1075 niedergeschlagen hatte, erneut. Und auch die süddeutschen Fürsten erklärten sich gegen den König und verbündeten sich mit dem Papst. Die Führer der Opposition und die Legaten des Papstes nahmen Verhandlungen über die Absetzung des Königs auf. Im Herbst 1076 lagen sich der König in Oppenheim und die Opposition in Tribur am Rhein gegenüber. Heinrich konnte verhindern, dass eine Neuwahl des Königs stattfand, weil er dem Papst versprach, gehorsam zu sein, Buße zu leisten und Genugtuung zu geben. Die Fürsten beschlossen aber, zur Neuwahl zu schreiten, wenn Heinrich IV. sich nicht binnen eines Jahres vom Bann lösen könnte. Gleichzeitig luden sie den Papst schon für den Februar 1077 zu Verhandlungen und einer Versammlung nach Augsburg ein, wo er über den Streit zwischen den Fürsten und Heinrich IV. richten sollte. Doch diese Versammlung fand nicht statt, denn nun ergriff Heinrich die Initiative und zog dem Papst, der sich auf den Weg von Rom nach Augsburg gemacht hatte, entgegen. Heinrich IV. und Gregor VII. trafen schließlich bei der Burg Canossa zusammen, in die sich der Papst von Mantua aus geflüchtet hatte, weil in seinem Lager unklare Vorstellungen über die Absichten des Königs herrschten. Gregor schloss einen Angriff des Königs, der von den oberitalienischen Bischöfen unterstützt wurde, nicht aus. Doch Heinrich war entschlossen, ohne die Anwendung von Gewalt den Papst umzustimmen, indem er ihn in seiner Funktion als Priester unter Druck setzte und sich als ein reuiger Sünder präsentierte, dem die Wiederaufnahme in die christliche Gemeinschaft nicht verwehrt werden durfte. Heinrich stand drei Tage barfuß und in einem Büßergewand vor dem Burgtor. Er flehte mit vielen Tränen den Papst um Erbarmen an. Die Beobachter der Situation hatten Mitleid mit dem Büßer und baten den Papst um Gnade für Heinrich. Sie waren über die Haltung Gregors VII. verwundert und einige meinten gar, er handle nicht wie ein strenger Papst, sondern beinahe so grausam wie ein Tyrann. So blieb dem Papst keine andere Wahl, als Heinrich vom Bann zu lösen und in die Gemeinschaft der Christen wieder aufzunehmen. Heinrich konnte somit wieder anerkannt als König agieren und – besonders wichtig – die Treue seiner Fürsten fordern. Er hatte damit auch der Opposition einen wichtigen Handlungsgrund genommen, denn deren Bündnis mit dem Papst hatte für sie allen Wert verloren.

Gegenkönig Rudolf von Schwaben

Doch der weltlich-politische Widerstand gegen Heinrich im Reich mit dem Schwerpunkt in Sachsen blieb auch nach Canossa groß, was sich nicht zuletzt darin manifestierte, dass die oppositionellen Fürsten trotz der Lösung Heinrichs IV. vom Bann im März 1077 Herzog Rudolf von Schwaben als Gegenkönig wählten. Die Opposition sah in Heinrich IV. nach wie vor einen Tyrannen und keine Integrationsfigur für das Reich mehr. Und es machte für sie offenbar keinen Unterschied, dass Heinrich IV. nun nicht mehr gebannt war und sie ihm wieder Treue und Gehorsam schuldeten. Es war ihr Bestreben, dem Reich einen Herrscher zu geben, mit dem alle einverstanden waren und der sich in seiner Herrschaftspraxis um den Konsens der Sachsen bemühte. Das Königtum sollte auf die Rechtswahrung verpflichtet werden. Weil Heinrich IV. dies hartnäckig verweigerte, sollte er abgelöst werden. So wurde die Wahl von den weltlichen Adeligen gegen den Rat der päpstlichen Legaten unternommen, die allerdings Schwierigkeiten hatten, die Entscheidung des Papstes in Cannossa zu vermitteln. Über die Versammlung, an der keineswegs alle Fürsten und Adeligen des Reiches, sondern nur Abgesandte aus Schwaben und Sachsen, einige Reformbischöfe und zwei Legaten des Papstes teilnahmen, berichten Paul von Bernried in seiner Vita Papst Gregors VII. und der Sachse Bruno in seinem „Buch vom Sachsenkrieg". Bruno gibt Auskunft über die Frage des Verhältnisses von König und Königswählern. Deutlich wird, dass nur in Form einer freien Wahl die Wahrung der sächsischen Stammesrechte und ein Gehorsamsversprechen des neuen Königs sichergestellt werden konnte.

Q

Bruno, Buch vom Sachsenkrieg, Cap. 91
(Übersetzung in Schmale, Quellen Heinrich IV, S. 335)

Auch wurde unter Zustimmung aller gebilligt und durch die Autorität des Papstes bestätigt, dass die königliche Gewalt niemandem, wie es bisher Brauch gewesen, als Erbe zufallen sollte; vielmehr solle der Sohn des Königs, auch wenn er noch so würdig sei, eher durch spontane Wahl als durch Sukzession König werden. Wenn der Sohn des Königs aber nicht würdig sei, oder das Volk ihn nicht wolle, so soll es in der Macht des Volkes stehen, den zum König zu machen, den es wolle.

Herzog Rudolf bestätigte diese Auffassung, mit der der Amtscharakter des Königtums betont wurde. Es ist dem Inhaber nur zur Verwaltung übergeben, es ist nicht in seinem Besitz. Die Legitimation für die Übernahme der Herrschaft beruht nicht auf dem Erbprinzip, sondern geht vom Wahlakt der Fürsten aus. Sie entscheiden demnach jedes Mal über den Nachfolger des Königs. Die Eignung, Idoneität, des Kandidaten wurde geprüft und auch der Amtsinhaber musste diese Eignung durch sein Handeln immer wieder unter Beweis stellen.

Dieser Aspekt wurde von den Fürsten schon 1053 angeführt. In dem Jahr erklärten sie sich nämlich nur unter diesem Vorbehalt bereit, den Sohn Heinrichs III. als seinen Nachfolger anzuerkennen. Zusammengenommen kann man aus den Bedingungen, die die Fürsten 1053 und 1076/77 an Thronanwärter und Erhebungsmodalitäten formulierten, erkennen, dass diese Fürsten eine bestimmte Vorstellung von ihrer Aufgabe im Reich hatten und eine bestimmte Vorstellung von dem Verhältnis zwischen Fürsten und Königtum. Sie verstanden sich als Träger des Reiches und hatten die Pflicht, einen ungeeigneten König abzusetzen. Herzog Rudolf bestätigte diese Ansichten und wurde am 26. März 1077 von Erzbischof Siegfried von Mainz geweiht. Er konnte sich jedoch nicht gegen König Heinrich IV. durchsetzen. Sein Handlungsspielraum als Gegenkönig blieb auf Sachsen beschränkt. Sein Ziel war es, seinen Rivalen auf dem Schlachtfeld zu stellen und dort zu besiegen. Im Oktober 1080 gewann er mit seinen Truppen gegen das Aufgebot von König Heinrich eine Schlacht an der Elster. Er wurde jedoch an der rechten Hand verwundet und ist an dieser Wunde gestorben. Weil Rudolf mit der rechten Hand König Heinrich IV. einen Treueeid geleistet hatte, den er mit seiner Erhebung zum Gegenkönig gebrochen hatte, sahen Zeitgenossen darin ein Gottesurteil. Rudolf wurde für die Auflehnung gegen den legitimen, von Gott gewollten König bestraft.

Gegenkönig Hermann von Salm

Sein Nachfolger als Gegenkönig, Graf Hermann von Salm, wurde am 6. August 1081 in Ochsenfurt von einer kleinen Fürstenversammlung (vermutlich nur Sachsen und Schwaben) erhoben und in Goslar am 26. Dezember 1081 von Erzbischof Siegfried von Mainz geweiht. Es ist nicht bekannt, ob auch Hermann auf die Erblichkeit der Königswürde in seiner Familie verzichten musste oder das schon vorausgesetzt wurde. Wenn man aber berücksichtigt, dass König Heinrich IV. im Jahr 1081 seine Königsherrschaft gerade durch die erbliche Würde (*hereditaria dignitas*) legitimiert sah, dann liegt es nahe, anzunehmen, dass die Wähler Hermanns das Prinzip der freien Wahl als ausschlaggebend für die Königserhebung ansahen und das Erbrecht einer Familie am Königsthron ablehnten. Aber Hermann und seine Wähler mussten nicht mehr gegen Heinrich IV. kämpfen, der es nicht wagte, noch einmal das Kernland des Widerstandes zu betreten. Seit 1085 hatte der König wieder Einfluss in Sachsen, aber er blieb auf Distanz und die Opposition konnte um 1100 zufrieden registrieren, dass sich das salische Königtum ganz aus Sachsen zurückgezogen hatte. Als Hermann 1088 starb, endete mit seinem Königtum höchstens eine Episode in der Reichsgeschichte. Aber es bleibt festzuhalten, dass seine Wahl ohne Rücksicht auf Verwandtschaft mit einer königsfähigen Dynastie erfolgte, das Prinzip von 1077 konsequent weiter entwickelt wurde. Aber weil die Stämme im Verlauf des 12. Jahrhunderts ihren Einfluss auf die Königswahl verloren, konnte das an die sächsische Stammestradition gebundene Wahlprinzip nicht direkt weiter wirken.

Heinrich IV. im Konflikt mit seinen Söhnen

Seit 1084 Kaiser, ließ Heinrich IV. 1087 seinen Sohn Konrad in Aachen zum König krönen. Der wechselte aber 1093 in das Lager der Gegner des Kaisers, nahm Verbindung mit Papst Urban II. auf und ließ sich zum König von Italien krönen. Warum? Am wahrscheinlichsten ist, dass Konrad seine Nachfolge im Reich gefährdet sah, weil die Reformer an der Kurie in Rom die Nachfolgeregelung seines gebannten Vaters nicht anerkennen würden.

Die salische Königsidee, die sich in den Generationen seit Konrad II. herausgebildet hatte, nach der die Königsherrschaft in der gottgewollten Erbfolge innerhalb des salischen Hauses weitergegeben werden sollte, verlor an Überzeugungskraft. Das salische Dynastiedenken und die Vorstellung vom Erbrecht als Legitimationsfaktor für die Thronfolge und Behauptung der Herrschaft waren in Gefahr, wenn der Sohn des Herrschers diese Legitimation als nicht ausreichend erachtete. Heinrich IV. ließ 1098 Konrad durch einen Fürstenbeschluss absetzen und an seiner Stelle seinen jüngeren Sohn Heinrich wählen und krönen. Der musste schwören, das Leben und die Sicherheit seines kaiserlichen Vaters nicht zu bedrohen und sich auch nicht in die Regierung einzumischen. Am 6. Januar 1099 wurde er in Aachen zum König Heinrich V. gekrönt. Heinrich V. jedoch stellte sich an die Spitze der letzten Opposition gegen den alten Kaiser, dem aus dem Hochadel die Bevorzugung der Ministerialität vorgeworfen wurde, und nahm ihn 1105 gefangen. Heinrich V. zwang seinen Vater zunächst, ihm die Reichsinsignien zu übergeben und dann Anfang 1106 in Ingelheim, auf den Thron zu verzichten. Am 5. Januar 1106 erhielt Heinrich V. von Erzbischof Ruthard in Mainz die Reichsinsignien und nahm die Huldigung der Adeligen entgegen. Damit hatte er offiziell die Regierung angetreten. Aber Kaiser Heinrich IV. gab nicht auf, konnte aus der Gefangenschaft entkommen und nach Lüttich flüchten. Wenn er noch Pläne hegte, um seinen Thron mit militärischer Gewalt zurückzuerobern, wurden diese durch eine Krankheit verhindert. Heinrich IV. starb am 7. August 1106 in Lüttich.

III. Königserhebungen 1125–1198: „Wahlen“ in Form von Stimmabgaben (Kur)

1. Die Erhebung Lothars III. von Süpplingenburg 1125

Kaiser Heinrich V. war im Mai 1125 ohne Söhne zu haben verstorben. Während seiner Beisetzung im Dom zu Speyer ergriffen die dort anwesenden Fürsten die Initiative und luden ihre Standesgenossen für den 24. August 1125 nach Mainz zu einer Wahlversammlung ein. In dem Einladungsschreiben, das wohl auf Initiative des Erzbischofs Adalbert I. von Mainz (1110–1137) verfasst und unter anderem auch von Herzog Friedrich von Schwaben unterschrieben wurde, wurden die geistlichen und weltlichen Fürsten aufgefordert, gemeinsam den Zustand des Reiches und die Nachfolgerfrage zu bedenken sowie die notwendigen Maßnahmen zu treffen. Weiter heißt es, dass die Fürsten es sich ganz besonders angelegen lassen sein sollten, einen Mann auf den Thron zu berufen, der so für die Kirche und das Reich Sorge trägt, dass sie künftig frei sei von dem so schweren Joch der Knechtschaft und wieder nach ihren eigenen Gesetzen leben dürfe. Im Klartext heißt das nichts anderes, als dass die einladenden Bischöfe und weltlichen Fürsten vorschlugen, einen Kandidaten zu wählen, der mit der Politik des letzten Saliers bräche. Über die Erhebung des neuen Königs liegt ein ausführlicher Bericht, die *Narratio de electione Lotharii Saxoniae ducis in regem Romanorum* eines ungenannten Augenzeugen für (von) Abt Chadaloh des Klosters Göttweig vor. Laut dieses Berichtes kamen von überall her die geistlichen und weltlichen Fürsten sowie Gesandte des Papstes zusammen, die – wie ein zeitgenössischer Beobachter meinte – nicht wie sonst durch die Gewalt des Kaisers, sondern die gemeinsame Pflicht zur höchsten Aufgabe – damit war die Königserhebung gemeint –, zu ihrem Kommen motiviert worden waren. Die Fürsten übernahmen Verantwortung für das Reich. Das war nach ihrem Selbstverständnis geboten, denn sie erhielten das Reich auch in dem Zeitraum vom Tod des einen Königs bis zur Erhebung seines Nachfolgers aufrecht und sie erhoben den neuen König.

Thronbewerber und Kandidaten

Im Jahr 1125 waren die wichtigsten und mächtigsten Fürsten, die sich auch insgeheim Hoffnungen auf den Thron machen konnten, der Markgraf Leopold von Österreich, Herzog Heinrich von Bayern und der Staufer Herzog Friedrich von Schwaben. Vor allem Herzog Friedrich hatte, folgt man dem Berichterstatter, die Hoffnung gewählt zu werden und erforschte in informellen Gesprächen, wer von den Fürsten für ihn stimmen würde. An der ersten offiziellen Wahlversammlung im August in Mainz nahm er hingegen nicht teil. Die Versammelten hörten zuerst eine Messe, um die Gnade des Heiligen Geistes herabzubeschwören. Danach versuchten die geistlichen und weltlichen Adligen ein neues Wahlverfahren durchzuführen und beriefen einen Wahlausschuss, bestehend aus je zehn Fürsten aus den Landschaften Bayern, Schwaben, Franken und Sachsen. Diese Vierzig sollten einen Wahlvorschlag machen, dem die anderen Wähler zustimmen wollten. Die Wahlmänner schlugen der Versammlung schließlich drei – wie sie meinten – durch Reichtum und Tüchtigkeit ausgezeichnete Männer vor:

Herzog Friedrich von Schwaben, Markgraf Leopold von Österreich und Herzog Lothar von Sachsen. Wer von diesen dreien allen Wählern genehm sei, der solle zum König erkoren werden. Herzog Friedrich war nicht anwesend, als der Vorschlag der Wahlmänner in der Versammlung mitgeteilt wurde. Die Herzöge Leopold und Lothar erklärten den versammelten Herren kniend und unter Tränen, dass sie die angebotene Würde nicht annehmen könnten.

Das Verhalten der beiden Herzöge Leopold und Lothar wurde vom geistlichen Beobachter und Berichterstatter der Vorgänge positiv gewürdigt, hingegen das Auftreten von Herzog Friedrich als „durch Ehrgeiz verblendet" abqualifiziert. Der Staufer kam nämlich, nachdem er von der Ablehnung seiner beiden Konkurrenten erfahren hatte, in die Versammlung, und erweckte den Eindruck, als wolle er sich zum König küren lassen. Da aber erhob sich Erzbischof Adalbert von Mainz und fragte die drei Fürsten, ob jeder von ihnen ohne Neid und Missgunst dem gemeinsam Erwählten ohne Widerspruch gehorchen wolle. In aller Demut versicherten Lothar und Leopold, nicht nach der Königswürde zu streben. Sie versprachen, jeden Gewählten als ihren Herren und König anzuerkennen. Als schließlich Herzog Friedrich gefragt wurde, ob er zur Ehre der Kirche und des Reiches sowie zu einem Beispiel für spätere freie Wahl sich auch so verhalten wolle, erklärte er, ohne Rücksprache mit seinen Ratgebern, die in seinem Lager zurückgeblieben waren, nicht antworten zu können und zu wollen. Dann zog er sich zurück. Die Fürstenversammlung befand, dass in diesem Auftritt der große Ehrgeiz des Herzogs und sein Machtstreben zum Ausdruck gekommen waren. Deshalb weigerten sich die Versammelten einstimmig, einen Fürsten zum König zu wählen, der schon vor seiner Erhebung so stolz und herrschsüchtig auftrat. Am nächsten Tag versammelten sich die Fürsten wieder, nur Herzog Friedrich von Schwaben und Herzog Heinrich der Schwarze von Bayern erschienen nicht. Wieder fragte der Erzbischof von Mainz Lothar und Leopold, ob sie denjenigen anerkennen würden, den die Versammlung wählen würde; beide blieben bei ihrer Haltung.

Q

Narratio de electione Lotharii Saxoniae ducis in regem Romanorum
(Übersetzung in: Deutsche Geschichte in Quellen und Darstellung I, S. 340 ff., Zitat S. 343)

Sie setzen sich zusammen auf einen Sitz wie Männer, die man nicht weiter beachten sollte, sondern die mit der Wahl eines anderen beschäftigt wären. Hierauf wurden die Fürsten ermahnt, im gemeinsamen Rat sorglich den Mann zu suchen, den sie mit Gott und zur Ehre der Kirche dem Reich als Oberhaupt geben könnten. Da riefen plötzlich viele Laien: Lothar sei König. Sie ergriffen den Lothar, hoben ihn auf die Schultern und in die Höhe. Der aber wehrte sich gegen den Königsruf und widersprach.

Es brach ein Tumult aus, Bischöfe und weltliche Fürsten wollten den Saal empört verlassen und andere drängten von außen hinein, weil sie den neuen König sehen und preisen wollten. Der Mainzer Erzbischof behielt die Übersicht und befahl, die Türen zu bewachen und niemanden ein oder aus zu lassen, bevor nicht die Versammlung ein geordnetes Ende genommen hätte. Diejenigen, die Herzog Lothar stürmisch zum König erhoben hatten, erklärten sich bereit, Genugtuung zu leisten. Damit entschuldigten sie sich für ihr Verhalten, das nicht auf Konsens, sondern auf die Überrumpelung der Versammlung angelegt war. Auf Drängen der bayerischen Bischöfe wurde auf einen weiteren Wahlvorgang verzichtet, weil der ohne Herzog Heinrich den Schwarzen nicht stattfinden dürfe. Vermutlich trat die Wahlversammlung erst drei Tage später wieder zusammen. Mit Sicherheit wurde in der Zwischenzeit intensiv verhandelt, um einen Konsens für Herzog Lothar zu erreichen. Am 30. August 1125 waren die Voraussetzungen für eine von Gott inspirierte Wahlentscheidung gegeben und Herzog Lothar von Sachsen wurde durch allgemeine Übereinstimmung und die Bitten der Fürsten zur Königswürde erhoben. Am 13. September 1125 wurde Lothar III. in Aachen gekrönt. Anschließend zeigte er Papst Honorius II. (1124–1130) seine Wahl und Krönung an. Der Papst bestätigte die Wahl. Das war eine Neuerung, die schon auf einen Anspruch hinwies, den die Päpste seit etwa 1200 offensiv vertreten sollten, nämlich die Prüfung des gewählten Königs, der ja vom Papst zum Kaiser geweiht werden sollte.

Die Erhebung Lothars III. – eine freie Wahl

Die Versammlung der Fürsten trat auch 1125 – wie schon 1024 – in dem Bewusstsein zusammen, für das Reich in der Pflicht zu stehen und sich auf einen neuen König verständigen zu müssen. Die Frage war nur, wer von den Fürsten die wesentlichen Voraussetzungen erfüllte beziehungsweise welcher den stärksten Anspruch geltend machen konnte. Der Anspruch des Kandidaten Herzog Friedrich II. von Schwaben gründete darauf, dass er der Neffe und Stellvertreter Kaiser Heinrichs V. war, von dem er auch Reichs- und Hausgut übertragen bekommen hatte. Aber es wurde deutlich, dass die Zugehörigkeit zur *stirps regia* (Königsdynastie) keine Garantie dafür war, von den Fürsten gewählt zu werden. Im Gegenteil scheint es so, dass Herzog Friedrich gerade diese Nähe zum letzten Kaiser, verbunden mit seinem arroganten Auftreten in Mainz, um seine Wahlchancen gebracht hat. Bei der Erhebung von 1125 haben – wie schon 1081 bei der Wahl Hermanns von Salm – geblütsrechtliche oder erbrechtliche Aspekte keine Rolle gespielt. Es war eine freie Wahl, in der Lothar zum König erhoben wurde (Ulrich Schmidt). Die Idee der freien Wahl war den versammelten Fürsten gegenwärtig und wohl auch die Grundlage für ihre Vorgehensweise. Der Erzbischof von Mainz forderte von Herzog Friedrich ja eine Garantie auf freie Wahlen in der Zukunft. Diese Auffassung wurde auch durch den Gewählten, also Herzog Lothar von Sachsen, unterstützt. Die Quellen wissen von Lothars Abstammung nichts und es wurde auch keine Genealogie des neuen Königs konstruiert, um verwandtschaftliche, erbrechtliche Ansprüche auf den deutschen Königsthron nachzuweisen. Ausschlaggebend für seine Wahl waren vermutlich andere Qualitäten, die der sächsische Herzog aus dem Hause der Süpplingenburger in seiner Person vereinte. Lothar war ein mächtiger Fürst, ein hartnäckiger Gegner des letzten salischen Kaisers und stand der Kirchenreform nicht entgegen. Der Status der Kirche und der Friede im Reich konnten am ehesten durch ihn gesichert werden, daher setzten sich auch die päpstlichen Legaten für ihn ein. Er erfüllte also am besten die in dem Einladungsschreiben für die Wahlversammlung geforderten Kriterien. Festzuhalten bleibt somit, dass die Krone im Jahr 1125 durch das freie Verfügungsrecht der Wähler an Lothar vergeben wurde.

Die Wähler machten erste Schritte auf dem Weg, ihre Willensbildung zu formalisieren, indem sie zunächst ein neues Wahlverfahren zu platzieren versuchten, in dem die vier mal zehn Fürsten (Wahlausschuss) den Wählerwillen zum Ausdruck bringen sollten und die Abstimmung stellvertretend für die Versammlung in einer *electio per compromissum* (eine Abstimmungsform, die zuerst 1095 im Kloster Zwiefalten bei einer Abtswahl belegt ist) organisiert werden sollte. Erstmals ist in den Quellen zur Königswahl ein Eindruck von dem Wahlverfahren fassbar, aber der Versuch, aus der Fürstenversammlung einen engeren Kreis von Wählern auszugliedern, war nicht erfolgreich. Festzuhalten im Hinblick auf das Erhebungsverfahren von Königen bleibt aber: 1. der Versuch, den Kreis der Wahlberechtigten zu begrenzen und ein fester umrissenes Wählergremium zu entwickeln. Allerdings waren die Auswahlkriterien nicht klar bestimmt. 2. die Tatsache, dass Fürsten überhaupt bereit waren, ihr persönliches Recht auf die Königserhebung an einen Wahlausschuss abzutreten (Jutta Schlick). Diese Bereitschaft war jedoch die Voraussetzung dafür, dass aus den Erhebungen eine Wahl mit Mehrheitsentscheidung werden konnte. Und 3. die Verpflichtung der Kandidaten, das Wahlergebnis anzuerkennen.

Dass sich der Herzog von Sachsen schließlich als König etablieren konnte und politisch erfolgreich war, lag wesentlich auch daran, dass es Lothar gelang, den Bayernherzog Heinrich den Schwarzen auf seine Seite zu ziehen, indem er seine Tochter Gertrud Heinrichs ebenfalls Heinrich genanntem Sohn als Ehefrau versprach. So wurden die großen Herzogtümer Bayern und Sachsen verbunden. Sie waren eine gute materielle Grundlage für die Königsherrschaft. Weil Lothar bei seiner Erhebung schon fünfzig Jahre alt war und keinen Sohn hatte, konnte der Bayer hoffen, dass sein Sohn die Königsnachfolge antreten würde.

2. Konrad III.: vom Gegenkönig (1127–1135) zum anerkannten Herrscher (1138–1152)

Konrad, der Bruder Herzog Friedrichs II. von Schwaben, des „Wahlverlierers" von 1125, wurde im Dezember 1127 in Nürnberg, nach seiner Rückkehr aus dem heiligen Land, zum Gegenkönig erhoben. Er – und wohl auch seine Wähler – haben sich dabei aber, so weit man das aufgrund der schlechten Quellenlage erkennen kann, nicht auf das Erbrecht berufen. Die Erhebung eines Gegenkönigs war eine Reaktion der staufischen Partei auf die Versuche von König Lothar III., das Erbe des letzten Saliers (Reichsgut und Hausgut) in seine Hand zu bringen. Dagegen wehrten sich Herzog Friedrich II. (der dafür noch 1125 in die Reichsacht kam) und seine Familie. Jedoch gelang es weder Herzog Friedrich II. noch seinem Bruder Konrad, gegen den König Lothar militärisch oder diplomatisch erfolgreich zu sein. Konrad ging nach Italien und wurde in Monza von Erzbischof Anselm von Mailand gesalbt und gekrönt. Allerdings gelang es ihm nicht, weitere Städte auf seine Seite zu bringen oder militärische Erfolge zu erzielen, sodass er um 1130 wieder in das Reich zurückkehrte. Aber auch hier blieben ihm die

Erfolge versagt, und so musste sich Konrad 1135, wie sein Bruder schon 1134, Kaiser Lothar unterwerfen. Barfuss und fußfällig bat er Lothar III., der seit Juni 1133 auch Kaiser war, während eines Hoftages in Mühlhausen um Verzeihung und Gnade, die ihm auch gewährt wurde. In den Quellen wird die Erhebung Konrads zum Gegenkönig und sein Handeln fast durchweg negativ bewertet. Er wird als Usurpator des königlichen Namens, als falscher König, gar als Tyrann bezeichnet. Ausnahmslos wurde der aus der freien Wahl von 1125 hervorgegangene Lothar als rechtmäßiger König anerkannt – der Gegenkönig musste sich sogar nach Italien zurückziehen, fand aber weder jenseits noch diesseits der Alpen große Unterstützung.

Herzog Heinrich der Stolze

Nach dem Tod Lothars III. im Dezember 1137, der, wie fast zu erwarten war, ohne männlichen Erben starb, ergab sich wieder eine mit der Situation von 1125 vergleichbare Ausgangslage für die Bestellung eines Nachfolgers. König Lothar hatte die Machtfülle seines Schwiegersohns, Heinrich des Stolzen (Sohn des Bayernherzogs Heinrichs des Schwarzen und Lothars Tochter Gertrud), in den Jahren seiner Regierung durch die Übertragung von Herrschaftsgebieten erheblich erweitert: so 1137 durch die Vergabe der Markgrafschaft Tuszien als Lehen und – wohl schon 1126 und nicht erst kurz vor seinem Tod – des Herzogtums Sachsen. Es bestand eine enge Handlungsgemeinschaft zwischen Lothar III. und seinem Schwiegersohn, die insbesondere im Kampf gegen die Staufer gefordert war. Dadurch wurden die Aussichten auf die Nachfolge für Heinrich verbessert und Lothar ging vermutlich davon aus, dass in einer freien Wahl Heinrich als sein Nachfolger gewählt werden würde. Als öffentliches Zeichen seines Willens übergab er die Reichsinsignien an seinen Schwiegersohn. Doch war damit keine die Wähler bindende Präjudizierung der Nachfolge verbunden. Am 3. oder 4. Dezember 1137 starb Lothar III., am 31. Dezember wurde er in Königslutter beigesetzt und für Pfingsten 1138 wurde ein Wahltag nach Mainz einberufen. Während dieser Zeit verhielt sich Herzog Heinrich von Bayern und Sachsen genauso wie Herzog Friedrich II. von Schwaben 1125. Im Bewusstsein seiner Machtfülle und der Ansicht, dass man ihn auf jeden Fall wählen würde, ließ er sich nicht herab, jemanden um Unterstützung für seine Wahl zu bitten. Er sah sich durch die Verbindung von Sachsen und Bayern mit Allodialbesitz in Sachsen, Schwaben, Bayern und Italien in einer überherzoglichen, königsgleichen Stellung. Seine Kritiker warfen ihm hingegen Hochmut und Mangel an Demut vor. Abt Berthold von Zwiefalten etwa urteilte, dass Herzog Heinrich wegen seiner Überheblichkeit alle Wahlaussichten verloren habe.

Königserhebung von Konrad III. in Koblenz

Anders verhielt sich der Staufer Konrad. Er warb bei den Großen des Reiches mit Erfolg um Unterstützung, denn die Machtfülle des Welfen war einigen zu groß. Zudem hatte er sich seit seiner Versöhnung mit Lothar III. dem Hof des Königs angeschlossen. Es war ihm im Gegensatz zu seinem Bruder Friedrich gelungen, sich an herausgehobener Stelle in der Gemeinschaft des hohen Adels zu platzieren. Davon profitierte er im Ringen um die Nachfolge Lothars III. Hinzu kam noch, dass der Erzbischof Albero von Trier ein Gegner Heinrichs des Stolzen war und er die Gelegenheit hatte, als Königsmacher zu agieren, weil der Mainzer Erzstuhl vakant und der neue Kölner Erzbischof Arnold noch nicht geweiht war. Auf Einladung des Trierer Erzbischofs versammelten sich der Staufer und einige Fürsten (Erzbischof Arnold von Köln, Bischof Bucco von Worms, Herzog Friedrich von Schwaben), Anhänger aus dem Raum Niederlothringen sowie ein päpstlicher Legat am 7. März 1138 in Koblenz und erhoben Konrad zum König. Auf diese Weise wollten sie verhindern, dass auf einem offiziellen Wahltag, der für Pfingsten angesetzt war, Herzog Heinrich von Sachsen und Bayern durch seine Macht den Thron errang. In den Quellen ist von einer *electio*, also wohl einer förmlichen Stimmabgabe, die Rede. Sechs Tage später, am 13. März, wurde er von dem Legaten Papst Innocenz' II. (1130–1143) in Aachen unter Mitwirkung der Erzbischöfe von Köln und Trier gekrönt und gesalbt. Konrad handelte sogleich als R*omanorum rex*. Der Coup, der „Staatsstreich" von Koblenz, war erfolgreich, denn die übergangenen Fürsten kämpften nicht etwa für den Sachsenherzog Heinrich gegen Konrad, sondern zogen es vor, der Wahl nachträglich beizutreten. Ende Mai 1138 wurde auf einem Hoftag in Bamberg sein Königtum allgemein anerkannt, außer von Herzog Heinrich von Bayern, der dem König nicht förmlich huldigte. Jedoch übergab er seinem erfolgreichen Konkurrenten im Juni 1138 die Reichsinsignien.

Wenn man die Wahlen von 1077, 1125 und 1138 betrachtet, dann kann man feststellen, dass die freie Wahl durch eine Fürstenversammlung der allgemein anerkannte Rechtsgrund für die Thronfolge war, wenn kein legitimer Sohn oder Nachfolger des verstorbenen Königs vorhanden war (Ulrich Schmidt). Aber auch, wenn die Wähler einen vom Vater designierten Sohn auf den Thron erhoben, war das im Grunde ihre freie Entscheidung. Außerdem ist festzuhalten, dass in einem Reich ohne Verfassung der Erfolg von politischem Handeln darüber entschied, ob es auch rechtmäßiges Handeln war. Der Erfolg eines Thronbewerbers schaffte faktisch Legitimation für die Herrschaft. Bei den Parteigängern des Staufers ist ein Verhalten zu erkennen, das in den nächsten Jahrhunderten das Verhältnis von Königen und Fürsten im Reich bestimmte: strukturell und faktisch starke Fürsten wurden nicht gern zu Königen gewählt, weil sie die Position der Wähler gefährden konnten. Und nicht nur für 1138 lässt sich feststellen, dass die Wähler ihren „kleinen" König Konrad dem stolzen Herzog Heinrich vorzogen.

3. Die Erhebung Friedrichs I. Barbarossa 1152

König Konrad III. designierte am 13. März 1147 seinen damals sieben Jahre alten Sohn Heinrich zum Nachfolger und Mitkönig. Die in Frankfurt versammelten Fürsten stimmten diesem Vorschlag zu und erhoben ihn *per electionem* zum Mitkönig. Am 30. März 1147 wurde der kleine Heinrich in Aachen gekrönt. Die Fürsten gaben ihre Zustimmung zu Konrads Entscheidung vermutlich deshalb, weil Konrad III. einen Kreuzzug vorbereitete und er für den Fall, dass er von diesem Kreuzzug nicht zurückkehren sollte, vorbeugende Maßnahmen zur Aufrechterhaltung der Ordnung und des Friedens im Reich treffen musste. Mit der Anerkennung seines Sohnes Heinrich als zukünftigen König war die Gefahr von Nachfolgekonflikten einigermaßen gebannt. Zudem war dies ein Indiz dafür, dass die Herrschaft des Staufers im Reich weitgehend akzeptiert war – wenn man absieht von dem schweren Konflikt mit den Welfen um Welf VI., einem Bruder Heinrichs des Stolzen, und Heinrich dem Löwen, dem Sohn Heinrichs des Stolzen, der auf das Herzogtum Bayern Anspruch erhob. Unter der Obhut des Erzbischofs Heinrich von Mainz, des *custos regni et procurator* führte der junge Heinrich die Regentschaft, während König Konrad mit einem Kreuzfahrerheer über den Landweg zur Befreiung von Edessa aufbrach. Das Unternehmen endete mit einer schweren Niederlage der deutschen Kreuzfahrer bei Doryläum; König Konrad III. kam knapp mit dem Leben davon. Mit den Resten seines Heeres nahm er den Seeweg nach Palästina, um sich mit den Truppen des französischen Königs Ludwig VII. zu vereinigen. Ohne einen durchschlagenden Erfolg erzielt zu haben, verließ Konrad das heilige Land und traf im Frühjahr 1149 wieder im Reich ein, wo der Konflikt mit den Welfen wieder auflebte. Und bald darauf verfiel auch die Nachfolgereglung von 1147, denn der Mitkönig Heinrich starb im Jahr 1150. König Konrads III. zweiter Sohn Friedrich war erst vier oder fünf Jahre alt, als der schwer erkrankte König sich im Januar 1152 erneut Gedanken über seine Nachfolge machte. Ähnlich wie Lothar III. im Jahr 1137 brachte er seinen Willen und Wunsch zur Nachfolge durch die Übergabe der Reichsinsignien zum Ausdruck, die er an seinen Neffen, Friedrich von Schwaben, einen Sohn seines 1125 bei der Königswahl gescheiterten Bruders Herzog Friedrich II. von Schwaben, schickte. Aber auch König Konrad III. konnte seinen Neffen den Fürsten als seinen Nachfolger nur empfehlen, eine zwingende Verpflichtung, Friedrich zu wählen, konnte er ihnen nicht auferlegen. Nach Konrads Tod am 15. Februar 1152 in Bamberg kam schon am 4. März eine Fürstenversammlung in Frankfurt zusammen. Der Zisterzienser, Bischof und Chronist Otto von Freising, ein Halbbruder König Konrads III., berichtet, dass sich die bedeutendsten Fürsten einschließlich einiger Barone aus Italien „gewissermaßen zu einem Leib" (*tamquam in unum corpus*) in Frankfurt vereinigten, um einen neuen König zu erheben.

Q

Otto von Freising, Gesta Friderici, Buch II, Cap. 1
(Übersetzung in Schmale, Otto von Freising und Rahewin, S. 285)

Als dort die Fürsten über die Wahl des Königs berieten – denn dieses Recht, nämlich dass, das Königtum sich nicht nach der Blutsverwandtschaft vererbt, sondern dass die Könige durch Wahl der Fürsten eingesetzt werden (*non per sanguinis proaginem descendere, sed per principum electionem reges creare*) beansprucht das römische Reich als sein besonderes Privileg – wurde schließlich Herzog Friedrich von Schwaben, der Sohn des Herzogs Friedrich, von allen gefordert und durch die Gunst aller zum König gewählt.

Wahlrecht der Fürsten

Otto betonte die freie Wahl, das Recht der Fürsten, einen König (nach politischen Gesichtspunkten) zu erheben. In den Quellen ist kein Hinweis darauf zu finden, dass der Staufer Friedrich auf ein Erbrecht am Thron reflektierte. Das wäre auch schwierig gewesen, denn in der Erbreihenfolge stand der zweite Sohn Konrads III., Friedrich von Rothenburg, vor Friedrich. Ob bei der Entscheidung der Großen geblütsrechtliche Überlegungen eine Rolle spielten, lässt sich nicht ausschließen, aber sie sind nicht positiv zu belegen. So muss man festhalten, dass die Wahl Friedrichs eine Willensentscheidung der Großen des Reiches war und in der Umgebung des Herrschers auch als solche dargestellt wurde. Der zweite minderjährige Sohn Konrads wurde übergangen. Wie schon für seinen Bruder Heinrich wollte der Erzbischof Heinrich von Mainz die Interessen des kleinen Friedrich von Rothenburg wahrnehmen und ihm den Thron sichern. Doch diese Pläne vereitelten die Erzbischöfe von Köln und Trier, die den erheblichen politischen Einfluss des Mainzers bei einer Thronübernahme des jungen Friedrichs aufgrund seiner Stellung als Kustos des Reiches abwehren wollten. Friedrich Barbarossa hob in seiner von Abt Wibald von Stablo und Corvey verfassten Wahlanzeige an Papst Eugen III. (1145–1153) hervor, dass er von den Fürsten in gewaltiger, vom Himmel geschenkter Eintracht und mit Zustimmung und Beifall des ganzen Volkes an die Spitze des Reiches gewählt worden sei. Der neue König teilte jedoch auch dem byzantinischen Kaiser Manuel (1122–1180) seine Erhebung mit. In diesem Schreiben betont er, vom sterbenden Kaiser Konrad zum Nachfolger auf dem Thron bestimmt worden zu sein. Je nach Adressat und politischer Situation hob Friedrich I. also entweder das Wahlrecht oder das Erbrecht hervor. Dieser Befund spricht für die Annahme, dass es zu diesem Zeitpunkt kein festgelegtes bestimmendes Prinzip für die Thronweitergabe gegeben hat. Es zeigt, wie flexibel Friedrich I. und seine Berater in der Praxis mit den Legitimationsmustern „Erbrecht" und „Wahlrecht" umgegangen sind.

4. Die Päpste und die Königserhebungen im 11. und 12. Jahrhundert

Mit seiner Krönung zum Kaiser in Rom 962 stellte sich der Sachse Otto I. bewusst in die Kaisertradition von Karl dem Großen, der im Jahr 800 zum Kaiser geweiht worden war. Seitdem war der König des deutschen Reiches als *rex Romanorum* eng mit dem Kaisertum in Rom verbunden; es gehörte zu den vornehmsten Aufgaben des Königs, nach Rom zu ziehen und dort die Kaiserweihe vom Papst zu erlangen. Der Papst salbte den König zum Kaiser und machte aus dem *rex Romanorum* den *imperator Romanorum.* Im Gegenzug versprach dieser dafür, die Kirche, die Stadt Rom und den Papst zu beschützen. Weil die Päpste die Salbung der Könige zum Kaiser vollzogen, waren sie im Hoch- und Spätmittelalter in das politische Geschehen im Reich direkt involviert.

Das Verhältnis der römisch-deutschen Könige zum Papsttum war im Kern geprägt von der Rivalität um den Vorrang auf dem Erdkreis. Zur Absicherung der Position der Könige wurde insbesondere die auf den Papst Gelasius I. (492–496) zurückgehende Zweigewaltenlehre herangezogen, gemäß der die Regierung der Welt der priesterlichen und der königlichen Gewalt anvertraut sei. Ergänzt wurde dieser Gedanke durch eine spezifische Interpretation des Evangeliums Lukas (22,38). Demnach habe Gott ein geistliches Schwert an den Klerus und ein weltliches Schwert an die Könige gegeben. Die Autorität der beiden Schwerter sollte gemeinsam für Recht, Sicherheit und Frieden auf der Welt sorgen. Aber in der politischen Praxis dominierte die Rivalität der beiden Schwerter, beziehungsweise ihrer jeweiligen Inhaber um den alleinigen Führungsanspruch. Diese Rivalität war Konjunkturen unterworfen, in denen zunächst die Könige, dann die Päpste und schließlich wieder die Könige dominierten. Während der Königsherrschaft der Ottonen und der Salier bedurften die Päpste vor allem der Unterstützung gegen ihre Widersacher in Rom durch die Könige, sodass der Einfluss der Herrscher auf die Belange des Papsttums erheblich war. Den Höhepunkt in dieser Phase markierte zweifellos die Synode von Sutri im Jahr 1046, als unter dem Vorsitz von Heinrich III. mehrere Päpste abgesetzt und ein Kandidat des Königs erhoben wurde. Damit praktizierte Heinrich III. an der Spitze der kirchlichen Hierarchie jedoch nur, was auch auf der Ebene der Bischöfe im Reich seit Jahrzehnten gängige Praxis war und von den Königen als integraler Bestandteil ihrer Amts- und Herrschaftsgewalt angesehen wurde: die Befugnis, geistliche Amtsträger in ihre Position einweisen (investieren) zu können. Heinrich III. war der erste König, der diese Investitur symbolisch durch die Übergabe mit dem Hirtenstab und dem Ring als Zeichen der Verlobung des Bischofs mit seiner Diözese praktizierte.

Kirchenreform und Investiturproblem

Die Dominanz der Könige über die hohen geistlichen Amtsträger in der Kirche wurde jedoch radikal in Frage gestellt, als seit der Mitte des 11. Jahrhunderts die Vertreter einer umfassenden Kirchenreform auch die Eingriffe von Laien in die Belange der Kirche – und insbesondere die Besetzung der Ämter – verhindern wollten. Zu den Laien zählten die Reformer, deren bekanntester Exponent Papst Gregor VII. wurde, auch den römisch-deutschen König, dem sie die Amtssakralität absprachen. Sie bestritten den Königen deshalb das Recht, weiter ungehindert Bischöfe und Erzbischöfe einsetzen zu können. Einen vorläufigen Abschluss fand das Ringen um das Investiturrecht des römisch-deutschen Königs, als sich König Heinrich V. und Papst Calixt II. (1119–1124) im September 1122 auf die Bestimmungen des Wormser Konkordats einigten. Der König verzichtete auf die Investitur mit Ring und Stab und gewährte den Diözesen im Reich freie Bischofswahlen. Der Papst erlaubte dafür dem König beziehungsweise Kaiser die Anwesenheit bei den Wahlen und die Verleihung der weltlichen Herrschaftsrechte (Regalien) mit einem Zepter. In Deutschland sollte die Verleihung vor der Weihe erfolgen, in Italien und Burgund innerhalb von sechs Monaten danach.

Suprematieanspruch der Päpste

Im weiteren Verlauf des 12. Jahrhunderts blieb jedoch die Spannung zwischen den Königen und Päpsten, der weltlichen (*imperium*) und geistlichen (*sacerdotium*) Gewalt, bestehen. In besonderer Weise berührten sich die beiden Gewalten bei der Kaisererhebung, die eigentlich das Einvernehmen der Protagonisten voraussetzte. Allerdings bestand über längere Zeiträume hinweg dieses Einvernehmen nicht, weil die Päpste den Standpunkt vertraten, dass sie keineswegs die Pflicht hätten, den gewählten römisch-deutschen König zum Kaiser zu salben, sondern dies von bestimmten Voraussetzungen und Verhaltensweisen der Könige abhängig machten. Die Päpste entwickelten einen Überlegenheitsanspruch (Suprematie). Sie argumentierten, dass sie erstens von Gott beauftragt seien, den König zum Kaiser zu weihen und zudem zweitens ihre Vorgänger durch die Salbung von Karl dem Großen sowie Otto I. das Kaisertum von den Griechen auf die Franken (dann Sachsen) übertragen hätten (*translatio imperii*). Deshalb sei der Kaiser ihnen untergeordnet, ihnen – den Päpsten als Nachfolger von Petrus – den ersten Stellvertretern Christi auf Erden. Deshalb hätten sie auch das Verfügungsrecht über das Imperium, das sie jederzeit an einen anderen als den römisch-deutschen König vergeben könnten.

Staufische Kaiseridee

Gegen diesen Standpunkt kämpfte vor allem König Friedrich I. Barbarossa mit allen Mitteln. Er und seine Berater entwickelten ein staufisches Verständnis vom Kaisertum, in dem der Papst nur eine bestätigende Funktion hatte und auf die Rolle des Koronators beschränkt war. Danach musste ein Papst den römisch-deutschen König ohne Einrede oder Vorbehalte durch die Salbung – verstanden als rein formaler Weiheakt – in seiner kaiserlichen Würde bestätigen. Mit der Weihe erhielt der König, der mit der Wahl in gewisser Weise schon Imperator war, den kaiserlichen Namen verliehen. Der Papst konnte die Kaiserkrone nicht verweigern. Denn konstitutiv für das Kaisertum war nicht die Salbung in Rom, sondern schon die Wahl des römisch-deutschen Königs durch die Königswähler. Der Gewählte war automatisch der zukünftige Kaiser.

Geschärft wurden diese Positionen in der Folge des Streites, der im Oktober 1157 auf dem königlichen Hoftag in Besançon ausbrach, weil Papst Hadrian IV. (1154–1159), der Friedrich im Juni 1155 zum Kaiser geweiht hatte, in einem Brief die Übertragung der Kaiserkrone als ein päpstliches *beneficium* bezeichnete. Damit konnte eine „Wohltat" gemeint sein, es konnte aber auch mit „Lehen" übersetzt werden. Je nach der gewählten Übersetzung ergeben sich sehr unterschiedliche Konsequenzen für das Verhältnis von Kaiser und Papst. Der Kanzler des Kaisers, der Kölner Erzbischof Rainald von Dassel, übersetzte das in Latein abgefasste Schreiben des Papstes für die versammelten Fürsten und gab *beneficium* mit „Lehen" wieder. Ob damit tatsächlich die Intention des Papstes getroffen war, bleibt unklar. Die versammelten Fürsten hielten es aber wohl für denkbar, dass Papst Hadrian IV. der Ansicht war, das Kaisertum sei ähnlich einem Herzogtum oder einer Markgrafschaft ein Lehen, dessen Inhaber dem Lehensherrn untergeordnet war. Im Klartext: Der Kaiser wäre in dieser Sichtweise als Lehensmann des Papstes diesem untergeordnet. Über diese Auslegung waren der Kaiser und die Fürsten empört. Die Reichsfürsten mussten bei einer solchen Interpretation der Beziehung fürchten, dass ihr bis dahin gewonnener Einfluss auf die Wahl des Königs (*rex Romanorum)* und zukünftigen Kaisers massiv beschnitten würde. Kaiser Friedrich I. brachte in mehreren Schreiben vom Ende des Jahres 1157 und Anfang des Jahres 1158 an geistliche und weltliche Fürsten des Reiches seine Auffassung des Verhältnisses von Kaisertum und Papsttum auf den Punkt: Durch die Wahl der Fürsten habe er von Gott allein das Reich und die Kaiserherrschaft empfangen. Diese Auffassung setzte sich jedoch erst fast zweihundert Jahre später durch (siehe Kapitel V. 6 und V. 7)

Q

Friedrich I. Barbarossa zum Verhältnis von Kaiser und Papst Ende 1157
(Übersetzung in Miethke/Bühler, Kaiser und Papst, S. 73 f.)

Da wir Königtum und Kaisertum durch die Wahl der Fürsten allein von Gott empfangen haben, der bei den Leiden Christi, seines Sohnes, den beiden Schwertern, die notwendig sind, die Regierung des Erdkreises überantwortet hat und da der Apostel Petrus der Welt die Lehre gegeben hat: Fürchtet Gott und ehret den König, so befindet sich jeder, der behauptet, wir hätten die kaiserliche Krone als Lehen vom Papst empfangen, im Widerspruch mit der göttlichen Ordnung und der Lehre des Petrus und ist der Lüge schuldig.

Q

Friedrich I. Barbarossa zum Verhältnis von Kaiser und Papst Anfang 1158
(in: Constitutiones 1, Nr. 167; Übersetzung in Bühler/Miethke, Kaiser und Papst, S. 74)

Aber die freie Krone unseres Reiches schreiben wir allein göttlicher Verleihung zu; die erste Stimme bei der Wahl erkennen wir dem Mainzer Erzbischof zu, die übrigen den anderen Fürsten nach ihrem Rang, die königliche Salbung dem Kölner, die letzte aber, bei der Kaiserkrönung, dem Papst; was darüber hinausgeht ist überflüssig und von Übel.

In der staufischen Kaiseridee flossen Elemente zusammen, die schon in der späten Salierzeit und unter König Lothar III. entwickelt worden waren: Das Kaisertum ist unmittelbar zu Gott, es hat sein Zentrum in Rom, ist jedoch weder vom Papst noch den Stadtrömern vermittelt. Gottes Wille wird vielmehr in der Wahl durch die Fürsten realisiert. Das Kaisertum ist auf eine universale Herrschaft ausgerichtet; vor allem beansprucht es als römisches Kaisertum die Herrschaft über Rom und den Kirchenstaat.

Kuriale Kaiseridee

Die Kurie in Rom vertrat eine entgegengesetzte Position. Die Ansicht Kaiser Friedrichs I. Barbarossa von der Gottesunmittelbarkeit seiner Stellung wurde zurückgewiesen. Durch die Wahl der Fürsten erhalte er nur den Herrschernamen, zum Kaiser (*Imperator*) werde er erst durch die Weihe des Papstes. Die Rechtsgelehrten der Kirche (Kanonisten) entwickelten in der Folgezeit Auffassungen vom Kaisertum und damit dem Verhältnis von weltlicher und geistlicher Gewalt, die man in zwei Hauptrichtungen unterteilen kann: in Dualisten und Hierokraten. Die Dualisten erkannten ein Nebeneinander von zwei in gleicher Weise von Gott berufenen und legitimierten und zur Zusammenarbeit berufene Gewalten an – Kaiser und Papst. Die Hierokraten, zu denen auch Friedrichs I. großer Gegenspieler Papst Alexander III. (1159–1181) gehörte, postulierten hingegen die Überordnung der päpstlichen Gewalt über alle weltliche Gewalt. Für sie war der Papst der wahre Kaiser, der unter Berufung auf Christus als dem natürlichen Herrn der Welt den Kaiser absetzen zu können beanspruchte (unter anderem in der Summa Parisiensis 1160/70 und Summa Coloniensis 1169/70). Der Kaiser war nur noch *vicarius papae, advocatus ecclesiae*, der das ihm überlassene Schwert zum Nutzen und auf Wink der Kirche zu führen hatte. Die Konsequenzen dieser Entwicklung im Hinblick auf die Königserhebungen zeichneten sich ab. Wenn sich die päpstliche Maximalposition durchsetzen würde, dann hätten die Päpste auch Einfluss auf die Königserhebungen geltend machen können. Festzuhalten bleibt aber auch, dass Friedrich I. Barbarossa in der Auseinandersetzung mit dem Papsttum das freie Wahlrecht der Reichsfürsten besonders betonte. Sie hoben demnach den römisch-deutschen König auf den Thron und übertrugen damit auch das Kaisertum (Imperium) auf ihn. Die Legitimation der Königsherrschaft beruhte auf dieser Wahl.

5. Der Erbreichsplan Kaiser Heinrichs VI. von 1196

Heinrich VI. (*1165) war seit 1169 König und folgte seinem Vater 1190 in der Regierung des Reiches nach, nachdem dieser auf einem Kreuzzug am 10. Juni im Fluss Saleph ertrunken war. Im Jahr 1191, am Ostermontag (15. April), wurde er auch zum Kaiser geweiht und gekrönt. Seit 1186 war Heinrich VI. mit Konstanze von Sizilien verheiratet, die das Königreich Sizilien erben würde, weil ihr Vater keinen Sohn hatte. Heinrich VI. zog im November 1194 in Palermo ein und wurde am ersten Weihnachtstag, gegen den Willen des Papstes, zum König gekrönt. Im Unterschied zum Reich war Sizilien ein Erbreich, ein Faktum, dass die Päpste als Lehensherren des sizilianischen Königreiches 1156 anerkannt hatten. Damals erlaubte Papst Hadrian IV. (1154–1159) König Wilhelm I., seinen Nachfolger *voluntaria ordinatione* zu bestimmen. Als nun am 26. Dezember 1194 Friedrich, der erste Sohn von Heinrich VI. und Konstanze zur Welt kam, hatten seine Eltern im Hinblick auf das Reich und das Königreich Sizilien unterschiedliche erbrechtliche und verfassungsrechtliche Rahmenbedingungen zu beachten, wenn sie dem kleinen Friedrich die Thronfolge in beiden Herrschaftsbereichen sichern wollten. Im Königreich Sizilien gab es keine Schwierigkeiten und 1198 wurde Friedrich denn auch zum König gekrönt. Anders im Reich: Heinrich VI. konnte nicht sicher sein, dass die Großen nach seinem Tod seinen Sohn bei der Königswahl berücksichtigten. Um sich in dieser Hinsicht abzusichern, musste er deshalb versuchen, seinem Sohn noch durch eine Designation während seiner Lebzeiten das königliche Amt zu sichern. Einen ersten Anlauf unternahm Heinrich VI. im Sommer 1195. Der Kaiser forderte die Fürsten auf, eidlich zu versprechen, seinen Sohn zum König zu wählen und dann würde er zum Kreuzzug aufbrechen. Mit Ausnahme des Erzbischofs Adolf von Köln, versprachen sie, dieser Aufforderung nachzukommen. Heinrich VI. wollte wohl wie sein Vater Friedrich 1169 seinen eigenen Sohn designieren und von den Fürsten zum Mitkönig wählen lassen. Aber als die Reichsversammlung im Herbst oder Winter (unklar) 1195 zusammentrat, verweigerten alle Fürsten ihre Zustimmung beziehungsweise die Bestätigung der Designation, womit sie von ihrem Wahlrecht gleichsam in negativer Weise Gebrauch machten. Die Thronerhebung des königlichen Sohnes zu Lebzeiten des Vaters war eine Wahl wie jede andere auch. Die Fürsten konnten auch bei einer Designationswahl den Wahlvorschlag des König-Vaters ablehnen. Daraufhin unternahm Heinrich einen zweiten Versuch, um das Königtum für seinen Sohn und damit für die Dynastie zu sichern.

Q

Marbacher Annalen zum Jahr 1196
(Übersetzung in Schmale, Marbacher Annalen, S. 197)

Der Kaiser hielt um Mitfasten (31.03) in Würzburg einen Hoftag, auf dem sehr viele das Kreuz des Herrn empfingen. Zum gleichen Hoftag wollte der Kaiser ein neues und unerhörtes Dekret für das Römische Reich zusammen mit den Fürsten bestätigen, nämlich dass im Römischen Reich, so wie in Frankreich oder den übrigen Königtümern, sich die Könige nach Erbrecht einander folgten (*iure hereditario reges sibi succederent*).

Erbmonarchie statt Wahlreich

Der englische Kleriker Gervasius von Tilbury (1152 – nach 1220, ein Anhänger König Ottos IV.) berichtet ebenfalls, dass Kaiser Heinrich VI. bei den Deutschen (*teutones*) ein Gesetz einführte, demzufolge die Lehen, die zuvor von der Gnade des Herrschers abhängig waren, nach französischem und englischem Brauch kraft Erbrecht auf die nächsten Verwandten übergehen sollten. So erreichte er von seinen Untertanen, dass unter Fortfall der früheren Wahl durch die *palatini* das Reich kraft fest bestimmter Erbfolge auf seine Nachkommenschaft überginge und somit die Wahl (*electio*) ein Ende und die erbliche Würde (*successiva dignitas*) den Anfang nehme. Beide Berichte stimmen darin überein, dass das Wahlreich in eine Erbmonarchie umgewandelt werden sollte. Heinrich VI. strebte einen Bruch mit den bisherigen Gewohnheiten an. Er zielte auf eine Neuordnung des Verhältnisses der Fürsten zu Königtum und Reich. Er nahm dazu den durchaus vorhandenen Wunsch der Laienfürsten auf, die auch für Töchter das Erbrecht bei Krohnlehen anstrebten (wie 1156 für das Herzogtum Österreich gewährt). Konkret zielte dieser Wunsch auf die vollständige Erblichkeit der Lehen. Denn auch wenn ein Fürst keinen Sohn hatte, aber eine Tochter, wären die Reichslehen im Fall des Todes des Inhabers nicht an den König zurückgefallen, sondern direkt auf die Tochter übergegangen. Den geistlichen Fürsten bot Heinrich VI. an, auf die Nutzung der Regalien, also der ihnen von ihm verliehenen weltlichen Rechte, während einer Vakanz des Bischofsitzes zu verzichten. Im Gegenzug verlangte er von den Fürsten aber den Verzicht auf ihr Wahlrecht und ihre Zustimmung zur Erbfolge auch im Reich. Dabei hatte er die so leichter zu erreichende erbrechtliche und auf Dauer angelegte Verbindung des Königreichs Sizilien mit dem Reich im Blick. Der Übergang der Herrschaft in beiden Teilen des Herrschaftsgebietes an einen Nachfolger und nach einem Verfahren wäre damit möglich gewesen.

Der Erbreichsplan wird abgelehnt.

Im März 1196 waren die auf den Tagen versammelten Fürsten – wenn auch eher widerwillig – bereit, diesem Plan zuzustimmen. Sie wollten wohl nicht den kaiserlichen Unmut auf sich ziehen. Wenige Fürsten aber erkannten sogleich die Chancen, die sie für ihre Dynastie mit dem Angebot des Kaisers erhielten, so wie Landgraf Hermann von Thüringen, der sich für seine Tochter das Erbrecht umgehend zusichern ließ. Aber die Gegner des Erbreichsplanes formierten sich schnell. An der Spitze befand sich der Erzbischof Adolf von Köln und die sächsischen Fürsten. Im Verlauf des Jahres 1196 – Heinrich VI. war nach Italien aufgebrochen – rückten immer mehr Fürsten von dem Vorschlag ab. Der Chronist des Klosters Reinhardsbrunn behauptet, dass die Fürsten sogar bereit gewesen seien, in ihrem Kampf um die Rückgewinnung des Wahlrechts die Gefahren der Ächtung und Vertreibung auf sich zu nehmen. Es ist nicht zu erkennen, wie genau die Verhandlungen zwischen der Opposition und dem in Italien weilenden Kaiser abgelaufen sind. An deren Ende blieben die Fürsten im Reich schließlich die Sieger. Anfang November 1196 gab der Kaiser den Erbreichsplan auf. Er entband die Fürsten von ihrem Eid und schickte ihnen die Urkunden, die

die Wahl Friedrichs betrafen, zurück. Nun erklärten sich die Fürsten bereit, seinen Sohn Friedrich zum König zu wählen. Diese Bereitschaft zur Wahl war vermutlich die Gegenleistung der Fürsten für die Rücknahme des Erbreichsplanes. Die Fürsten machten jedenfalls keine Anstalten, sich dem Ansinnen des Kaisers zu widersetzten. Heinrich VI. konnte so wenigstens für eine weitere Generation, wenn auch nicht wie ursprünglich beabsichtigt, auf Dauer, die Verbindung von Sizilien mit dem Reich sichern. Kurz vor Weihnachten 1196 wurde der kleine Friedrich in Frankfurt von einer Fürstenversammlung zum Mitkönig gewählt. Sein Vater erlebte diesen Akt nicht, er war noch in Italien, wo er am 28. September 1197, mit 31 Jahren, in Messina an der Malaria starb.

IV. Königserhebungen 1198–1298: „Wahlen“ werden zum Privileg der Kurfürsten

Friedrich, der vierjährige Sohn von Heinrich VI., wurde Pfingsten 1198 zum König von Sizilien gekrönt. Seine Mutter Konstanze, die im Januar 1198 starb, hatte Papst Innocenz III. (1198–1216) testamentarisch zum Vormund ihres Sohnes bestellt. Im Zusammenhang mit der Erhebung von Friedrich II. zum König von Sizilien verzichtete Konstanze für sich und ihren Sohn auf das Recht zur Königsnachfolge im Reich. Damit war die Personalunion der beiden Königreiche vorläufig aufgegeben und ein wesentliches Ziel der päpstlichen Politik erreicht, nämlich zu verhindern, dass das *Patrimonium Petri* im Norden und Süden von dem staufischen Herrschaftsgebiet umklammert wurde.

1. Die Doppelwahl 1198: Philipp von Schwaben und Otto IV.

Nach dem Tod von Kaiser Heinrich VI. standen die Staufer vor der Frage, wie sie den Thron für ihre Dynastie sichern konnten, zumal sich eine Fürstenopposition unter der Führung des Kölner Erzbischofs Adolf von Altena formierte. Die Opposition war sich zwar einig in der Ablehnung eines staufischen Thronfolgers, aber nicht darüber, wen sie stattdessen erheben sollten. Erzbischof Adolf von Köln favorisierte Herzog Bernhard von Sachsen, aber die Kölner Bürger nahmen Kontakt mit dem englischen König Richard I. Löwenherz auf, der ihnen Otto, den dritten Sohn Herzog Heinrichs des Löwen, empfahl. Kaiser Friedrich I. Barbarossa hatte Herzog Heinrich 1180 seine Reichslehen, die Herzogtümer Sachsen und Bayern, entzogen; 1182 hatte der Löwe sogar das Reich für einige Jahre verlassen müssen. Die Aussicht, dass ein Welfe König werden könnte, erschreckte den Sachsen Bernhard so sehr, dass er mit den sächsischen Großen zur Partei von Herzog Philipp von Schwaben wechselte. Denn Herzog Bernhard musste befürchten, dass der Welfe auf dem Thron von ihm das Herzogtum Sachsen zurückfordern würde, das er als Nachfolger von Ottos Vater Heinrich dem Löwen von Friedrich Barbarossa als Lehen erhalten hatte.

E

Philipp von Schwaben
(*1177), jüngster Sohn von Barbarossa, vom Vater für die geistliche Laufbahn vorgesehen, war 1192 im Bistum Würzburg, kehrte 1193 auf Veranlassung von Heinrich VI. in den weltlichen Stand zurück, war 1191, 1194, 1197 in Italien, seit 1196 Herzog von Schwaben, heiratete im Mai 1197 die byzantinische Kaisertochter Irene-Maria.

Erhebung Philipps von Schwaben

Herzog Philipp, der Onkel des Kindes Friedrich, wollte ursprünglich nur das deutsche Königtum für seinen Neffen, den legitimen Thronfolger Kaiser Heinrichs VI., freihalten. Otto von St. Blasien und die Marbacher Annalen berichten, dass Philipp das Reich nicht für sich, sondern für den Sohn seines

Bruders (also den kleinen Friedrich) bewahren wollte (Idee des Stellvertreterkönigtums). Doch auf das Drängen insbesondere der sächsischen Fürsten ließ sich das neben dem kleinen Friedrich einzige in Frage kommende Mitglied des staufischen Hauses zum König wählen. Die Wahl fand am 6. März (Ichtershausen) und 8. März 1198 (Mühlhausen) statt. Namentlich bekannte Teilnehmer an der Erhebung waren Herzog Ludwig von Bayern, Herzog Bernhard von Sachsen und die Erzbischöfe von Magdeburg und Salzburg.

Die Gegenpartei um die Erzbischöfe Adolf von Köln und Johann I. von Trier stellten als Kandidaten Herzog Berthold V. von Zähringen auf, der mit einem Heer nach Andernach kommen sollte, um zum König erhoben zu werden. Doch dazu kam es nicht. Nach dem Bericht der Marbacher Annalen verlangten die Erzbischöfe von Berthold die Zahlung von 1700 Mark Silber, worauf der Herzog seine Bereitschaft zur Kandidatur zurückzog und erklärte, er wolle das Königtum nicht kaufen. Doch auf Druck der beiden Erzbischöfe versprach er zunächst, zu dem Termin zu erscheinen und das Geld zu bezahlen. Allerdings änderte der Herzog seine Meinung und erklärte, dass er kein Schisma im Reich hervorrufen wolle und nicht zur Verfügung stehe, wenn er nicht einmütig von allen gewählt werde (*nisi unanimiter ab omnibus principibus eligatur*). Der Marbacher Annalist weist darauf hin, dass die Wähler eine Erhebung von materiellen Vorleistungen des oder der Kandidaten abhängig machten. Das konnte wie hier in der Form von direkten Geldzahlungen erfolgen, oder indem der Kandidat seinen Wählern versprach, bestimmte, vertraglich fixierte Wünsche zu erfüllen. Philipp von Schwaben hatte ein Plus an Legitimation, weil er schon erhoben war und Herzog Berthold erkannte, dass ein Schisma, eine zwiespältige Königswahl mit der Konsequenz eines Doppelkönigtums, für das Reich großen Schaden bringen würde. Auch nach der Absage von Berthold gaben die Fürsten um den Kölner Erzbischof Adolf ihre Absicht, einen zweiten König zu erheben, nicht auf. Die antistaufische Fürstengruppe entschied sich im Juni 1198 für den am englischen Hof aufgewachsenen Otto IV. Ottos älterer Bruder, Pfalzgraf Heinrich bei Rhein, befand sich im Heiligen Land und stand nicht zur Verfügung. Im Kreis der großen Familien des Reiches erschien nur der Welfe Otto als ein königsfähiger Kandidat.

E

Otto IV.
(*1175/76), dritter Sohn von Herzog Heinrich dem Löwen und Mathilde, der Schwester des englischen Königs Richard I. Löwenherz; seit 1182 am englischen Königshof beziehungsweise in der Normandie, 1196 Belehnung mit der Grafschaft Poitou, Herzog von Aquitanien.

Erhebung Ottos IV.

Otto wurde am 9. Juni 1198 in Köln von Erzbischof Adolf und seinen Suffraganen aus Paderborn und Minden sowie einigen rheinischen Grafen zum römischen König gewählt. Große finanzielle Unterstützung leisteten die politischen und wirtschaftlichen Führungsgruppen der niederrheinischen Städte, insbesondere die Bürger von Köln, die intensive Handelsbeziehungen mit England unterhielten. Otto IV. wurde am 12. Juli 1198 in Aachen vom Kölner Erzbischof mit nachgebildeten Insignien gekrönt, Philipp von Schwaben dagegen erst am 8. September vom Erzbischof von Tarentaise mit den echten/richtigen Insignien in Mainz, nachdem er sich am Krönungsort nochmals hatte wählen lassen.

Der Thronstreit mit der Doppelwahl als Folge entstand durch den Widerstand einer Fürstengruppe um den Erzbischof von Köln gegen den Erbanspruch der Staufer auf die Königsherrschaft, den Kaiser Heinrich VI. mit seinem Erbreichsplan 1196 nachdrücklich unterstrichen hatte. Die Herrschaftsvorstellungen der Staufer, die sie von den Saliern übernommen und weiterentwickelt hatten, konkurrierten mit der schon bekannten und in dieser Zeit am unteren Rhein weiterentwickelten Rechtsanschauung, die auf eine Mitträgerschaft des Reiches durch die Fürsten zielte. Durch die Beziehung von Otto IV. nach England (insbesondere zu Richard I. Löwenherz) und von Philipp zu Frankreich (König Philipp II. August) entwickelte sich der Konflikt in den folgenden Jahren zu einer europäischen Auseinandersetzung, die nicht weiter verfolgt werden kann. Hier sind vielmehr die im Zusammenhang mit den Erhebungen erkennbaren Vorstellungen über die Wahlformen und -verfahren genauer zu betrachten. Zwar war noch keine klare Abgrenzung des Wählerkreises erkennbar, aber immerhin entwickelten die Zeitgenossen Vorstellungen darüber, welche Fürsten auf jeden Fall an einer rechtsgültigen Wahl beteiligt werden mussten. Papst Innocenz III. sprach in einer Konsistorialansprache (Konsistorium = die Versammlung der Kardinäle mit dem Papst) zur Jahreswende 1200/01 – eher unpräzise – von Prinzipalwählern, also jenen, denen in erster Linie die Wahl zustehe (*ad quos principaliter spectat imperatoris electio*). Der englische Chronist Roger von Hoveden († 1201/02), der aus dem Umkreis des Kölner Erzbischofs über die Vorgänge im Reich informiert wurde, hatte konkrete Angaben. Er nannte als „unentbehrliche Wähler" die drei rheinischen Erzbischöfe von Köln, Mainz und Trier sowie den Pfalzgraf bei Rhein.

2. Papst Innocenz III. als Schiedsrichter im Thronstreit

Die zentrale Frage war nun: Wie konnte die Entscheidung zwischen den beiden Königen herbeigeführt werden, nachdem sich die Fürsten im Reich für jeweils einen entschieden hatten? Oder: Wer konnte als Schiedsrichter auftreten, nachdem die Fürsten – geistliche wie weltliche – Partei genommen hatten? Musste eine Entscheidung im Konflikt um den Thron durch den Einsatz von Waffen wie 1080 zwischen Heinrich IV. gegen Rudolf von Schwaben fallen? Entschied also letztlich die Machtverteilung über das Schicksal der beiden Könige? Zunächst schickten beide und ihre Wähler Wahlanzeigen an Papst Innocenz III. (1198–1216), der damit unverhofft in die Situation eines Schiedsrichters geriet, obwohl er von keiner Partei explizit darum gebeten worden war. Der Papst erhielt die Möglichkeit in den Konflikt einzugreifen, denn er konnte entscheiden, welchen der beiden Könige er zum Kaiser erheben wollte. Er würde bei seiner Entscheidung aber zweifellos die Belange des Kirchenstaates berücksichtigen. Und in dem Zusammenhang hatte die in Mittelitalien von Innocenz III. betriebene Rekuperationspolitik (Rückgewinnung und territoriale Erweiterung des Patrimonum Petri) einen besonderen Stellenwert. Die Stellungnahme des Papstes für oder gegen einen der beiden Könige hing von deren Bereitschaft ab, die Wünsche der Kurie zu akzeptieren.

Wahlanzeigen

Otto versprach in seiner Wahlanzeige (1198/99), die Rechte der römischen Kirche und aller Bistümer zu bewahren und zu verteidigen sowie auf das Spolienrecht (Nachlass und Nutzung der Regalien verstorbener Bischöfe, bis ein Nachfolger im Amt ist) zu verzichten. Der Papst möge in Vorsorge für Frieden und Ruhe, seine (Ottos) Wahl und Weihe kraft seiner Vollmacht bestätigen und der Kaiserkrönung (*imperalis coronatio*) zustimmen. Außerdem sollte der Papst durch die Androhung einer Kirchenstrafe diejenigen Fürsten, die sich der rechtmäßigen Wahl Ottos widersetzt hatten und Philipp anhingen, zur Eintracht zurückrufen und zur Anerkennung von Ottos Königtum nötigen. In der von der großen Mehrheit der Fürsten des Reiches unterstützten Wahlanzeige von Philipp von Schwaben (28. Mai 1199) wurden keine konkreten Versprechungen gemacht. Die Wahl von Philipp wurde mitgeteilt, der Papst gebeten, dem Staufer seine Gunst und Gewogenheit zu schenken und ihm zu helfen, seine Ehre aufzurichten, indem die Gerechtigkeit (also Philipps Königtum) über die Falschheit (die Erhebung Ottos IV.) obsiegt. Philipp kündigte einen Romzug an, um die Kaiserkrönung zu erlangen. Das Recht zu entscheiden, ob ein Kandidat zum Kaiser gekrönt wird, sahen die Wähler Philipps nicht beim Papst, sondern sie beanspruchten für sich die Kompetenz zur Wahl des Königs in die kaiserliche Stellung. In der Anzeige heißt es, dass die Versammlung einer Großzahl von Fürsten ihren erlauchten Herren Philipp in die Kaiserstellung des Römischen Thrones rechtmäßig und feierlich gewählt habe (*in imperaturam Romani solii rite et sollempniter elegimus*). Was sich in den Wahlanzeigen schon andeutete, setzte sich in den Verhandlungen fort, die ein Abbild der Machtverhältnisse im Reich waren Der übermächtigen pro-staufischen Mehrheit stand eine kleine pro-welfische Gruppe gegenüber, die der Unterstützung des Papstes dringend bedurfte. Während die Partei des Staufers nicht bereit war, dem Papst Zugeständnisse zu machen, musste der Welfe um jeden Verbündeten ringen. Die Situation verschärfte sich für Otto IV. noch einmal, als König Richard I. von England 1199 starb und die dringend benötigte militärische Unterstützung von der Insel ausblieb. Otto IV. hatte Innocenz III. ja sehr schnell seine Bereitschaft signalisiert, politische Bedingungen zu erfüllen, wenn er für ihn die Partei ergriff.

Entscheidung für Otto IV.

Aber der Papst ließ sich Zeit. Erst an der Jahreswende 1200/1201 äußerte er sich in einer Konsistorialansprache über die Gründe für und wider die drei Könige Friedrich II., Philipp und Otto IV. Dabei nutzte er die Gelegenheit, um sich zunächst grundsätzlich zu äußern. Anders als die Königreiche gehe das Imperium den Papst in besonderer Weise etwas an: Und zwar einmal, weil sein Amtsvorgänger einst das Kaisertum von den Griechen auf das Reich der Franken und der Deutschen übertragen habe, und zum anderen, weil der von den deutschen Fürsten gewählte König später vom Papst die Kaiserkrönung empfangen solle. Aus diesen Bedingungen leitete Innocenz III. das Recht ab, denjenigen zu prüfen, der von den Fürsten zum König gewählt worden war. Er entschied sich für Otto IV., weil die Eignung und Würdigkeit des Gewählten mehr zu berücksichtigen sei als die Zahl der Wähler. Die Staufer schieden aus, weil Friedrich, der kleine Sohn Heinrichs VI., noch ein Kind sei. Philipp von Schwaben sei im Kirchenbann und ein Verfolger der Kirche. Otto IV. dagegen sei der Kirche ergeben und stamme väterlicherseits wie mütterlicherseits aus einem ihr ergebenen Geschlecht. Innocenz III. hob insbesondere Ottos IV. Großvater Lothar III. als verdienten Verteidiger der Kirche hervor. Die Entscheidung wurde durch Schreiben im Reich bekannt gemacht. Am 8. Juni 1201 leistete Otto einem päpstlichen Legaten, in Abwesenheit der Reichsfürsten, in Neuss einen Eid auf die Abmachungen mit dem Papsttum. Er bestätigte die Eroberungen der römischen Kirche in Mittelitalien, sicherte seine Unterstützung bei der Herrschaft über Sizilien zu und versprach, mit dem französischen König Frieden zu schließen. Am 3. Juli 1201 verkündete der Legat in Köln, dass der Papst Otto als König anerkannt hatte und bannte die Anhänger Philipps von Schwaben, die sich dieser Entscheidung widersetzten.

3. Die Reaktion der Staufer und die Bulle „Venerabilem“ von 1202

Gegen diese Entscheidung von Innocenz III. protestierten im Januar 1202 geistliche und weltliche Fürsten, Anhänger des Staufers, die eine schiedsrichterliche Einmischung des Papstes in den Konflikt um den Thron scharf zurückwiesen und argumentierten, dass es bei der Wahl des römisch-deutschen Königs, auch wenn sie zwiespältig gewesen sein sollte, keinen Oberrichter gebe, dessen Spruch die Entscheidung fälle, sondern die Einigung sei durch den spontanen Willen der Wähler zu erzielen. Darauf reagierte wiederum Innocenz III. mit einem Brief an die deutschen Fürsten, in dem er noch einmal ausführlich zur Rechtsposition der Kurie im Verhältnis zum deutschen König und potentiellen Kaiser Stellung nahm und seine Auffassung von 1200/01 bekräftigte. Es handelt sich um die Bulle *Venerabilem* über die Königswahl vom 26. März 1202, die in das Kirchenrecht eingegangen ist. Die Bulle wurde in die Dekretalensammlung Papst Gregors IX. (1227–1241), den *Liber Extra*, ein kirchliches Gesetzbuch von 1234, aufgenommen und mehrfach kommentiert.

E

Dekretalen
eigentlich *epistulae decretales*, sind päpstliche Antwortbriefe auf kirchliche Rechts- oder Disziplinarfragen, die seit den 1160er Jahren systematisch gesammelt wurden. Sie hatten enorme Wirkung für die Ausbildung der päpstlichen Amtsauffassung.

Zunächst stellte der Papst grundsätzliche Überlegungen an zum Verhältnis von Fürsten und Papsttum bei der Erhebung eines Königs, der Kaiser werden sollte. Die Fürsten haben das Recht einen König zu wählen, der später Kaiser werden solle. Aber der Papst habe das Recht, den Gewählten zu überprüfen (*auctoritas examinandi*), da er ihn salbt, weiht und krönt. Auf diese Weise solle verhindert werden, dass ein Tyrann, Narr oder Exkommunizierter Kaiser werde. Dann formulierte der Papst Argumente gegen den „unwürdigen“ Philipp von Schwaben. Der sei am falschen Ort geweiht worden, Otto IV. hingegen am richtigen (Aachen) und vom zuständigen richtigen Koronator, dem Erzbischof von Köln. Außerdem befand sich Philipp zum Zeitpunkt seiner Wahl im Kirchenbann und stamme aus einem

Geschlecht von Verfolgern der Kirche und des Papsttums. Weiter merkte Papst Innocenz an, dass das Wahlrecht der Fürsten gefährdet sei, wenn nur immer einer aus dem Haus der schwäbischen Herzöge (Staufer) für das Kaisertum in Frage käme. In der Perspektive von Innocenz III. war das Kaisertum nicht das Eigentum einer Familie. Er wollte das Wahlprinzip stärker verankern, das Kaisertum in päpstlicher Vollmacht fundieren und ihm die Gottesunmittelbarkeit absprechen.

4. Die Entscheidung im Thronstreit 1208–1214

Die Argumente von Innocenz III. waren wichtig und langfristig wirkungsvoll für die Ausgestaltung der Wahlen und für das Verhältnis des Papsttums zu den römisch-deutschen Königen. Der Thronstreit aber war ein Konflikt, der auf einer praktischen politischen Ebene ausgetragen wurde. Trotz der Parteinahme des Papstes für Otto IV. entschieden letztlich die militärisch-politischen Aktivitäten im Reich den Konflikt. Im Jahr 1204 zerfiel das welfische Lager. Der Bruder Ottos IV., Pfalzgraf Heinrich bei Rhein, kündigte ihm die Treue auf und auch Erzbischof Adolf von Köln schwenkte in das Lager Philipps von Schwaben um. Ausgelöst wurde dieser Gesinnungswandel dadurch, dass der englische König Johann (Ohneland) die Normandie an den französischen König Philipp II. August verloren hatte, und von ihm keine Unterstützung für Ottos Sache zu erwarten war. Am 6. Januar 1205 krönte der Kölner Erzbischof den Staufer in Aachen, wodurch der Makel des Anfangs beseitigt wurde. Aber Adolf von Köln wurde vom Papst wegen seines Seitenwechsels gebannt und abgesetzt. Philipp besiegte aber 1206 ein welfisches Heer bei Wassenberg (westlich von Köln). Der dabei verwundete Otto IV. wurde auf seinen sächsischen Herrschaftsbereich zurückgeworfen. Aber Philipp wagte kein Eingreifen in diesen Raum, weil er schon 1200 vergeblich Braunschweig belagert hatte und die politischen Kräfteverhältnisse im Reich eindeutig für ihn sprachen. So suchte man nach einer Lösung auf dem Verhandlungswege: Otto IV. sollte ohne sein Gesicht zu verlieren sein Königtum aufgeben und Philipp anerkennen. Auch die Kurie rückte von Otto ab und verhandelte mit dem Staufer Philipp über den Modus der Herstellung eines Königtums im Reich. Aber alle Pläne wurden zunichte gemacht, weil am 21. Juni 1208 bei Bamberg Pfalzgraf Otto von Wittelsbach Philipp von Schwaben ermordete. Das Motiv des Wittelsbachers für die Tat ist kaum aufzuklären – ob es sich dabei um einen Staatsstreich von Fürsten gehandelt hat, die das Wahlrecht gegen Erbrechtsvorstellungen der Staufer verteidigen wollten (Bernd Ulrich Hucker), ist nicht klar zu belegen. Aber die Deutung dieses Attentates und seine politischen Folgen waren eindeutig. Für Papst Innocenz III. war das Attentat ein Gottesurteil und wahrscheinlich hat das auch Otto IV. so gesehen, denn dadurch erhielt er gleichsam eine zweite Chance. Bis zum Herbst 1208 waren auch die Staufer-anhänger auf seine Seite getreten. Auf einem Hoftag im November in Frankfurt/M. wurde Otto IV. von den anwesenden Fürsten noch einmal gewählt.

Q

Die Kölner Königschronik zur zweiten Wahl Ottos IV. im November 1208
(Übersetzung in Wolf, Entstehung, S. 125)

Am Fest des heiligen Martin wurde ein feierlicher Hoftag in Frankfurt gehalten, wo anerkanntermaßen fünfundfünfzig Fürsten zusammengekommen waren, von denen allen König Otto in erwünschter Eintracht und einstimmiger Eingebung (*concordia et unanimi inspiratione*) zum König erklärt und glücklich zum Königtum erhoben wurde.

Zweite Wahl und Absetzung Ottos IV.

Damit brachten die versammelten Fürsten nachträglich zum Ausdruck, dass Philipps Königtum rechtmäßig war, und dass sich seine Wähler und Anhänger korrekt verhalten hatten. Nach Philipps Tod war eine erneute Wahl erforderlich und die brachte den Welfen den Königsthron. Hier wird nun eine konkrete Zahl derjenigen genannt, die einmütig abgestimmt haben. Nach der erneuten Wahl Ottos erfolgten weitere Bemühungen um Aussöhnung zwischen Welfen und Staufern durch die Verlobung von Otto mit Beatrix, der etwa zehnjährigen Tochter Philipps (Dispens wegen Verwandtschaft 1209, Vollzug der Ehe Juli 1212, Tod von Beatrix August 1212). Im Verlauf des Jahres 1209 gelang dem Welfen die Sicherung der Position im Reich, dann erfolgte der Aufbruch nach Rom zur Kaiserkrönung. Vorher – am 22. März 1209 – bekräftigte Otto IV. in Speyer den Neusser Eid von 1201 (Verzicht auf Spolienrecht, Anerkennung der Gebietsgewinne, Freiheit der kirchlichen Wahlen, Ketzerbekämpfung, Anerkennung und Verteidigung der päpstlichen Lehensherrschaft über Sizilien). Am 4. Oktober 1209 krönte Papst Innocenz III. Otto IV. zum Kaiser. Doch schon bald nach Ottos Kaiserweihe gab es Konflikte zwischen ihm und dem Papst. Otto IV. machte sich nämlich nach seiner Kaiserweihe den von den Staufern herrührenden Anspruch auf die Herrschaft in Italien und Sizilien zu Eigen und ging unverzüglich daran, diesen Anspruch zu realisieren. Im Februar 1210 ernannte der Kaiser Diepold von Schweinspeunt zum Herzog von Spoleto. Der Herzog unternahm von seinem Herrschaftsgebiet aus Übergriffe auf den Kirchenstaat. Im Herbst 1210 marschierte Otto IV. mit einem Heer nach Süden, weil apulische Barone um Hilfe gegen Friedrich II. baten. Der Kaiser agierte in der Tradition der Salier und Staufer und wollte wohl Sizilien wieder mit dem Reich verbinden. Innocenz III. verhängte deshalb am 18. November 1210 den Bann über Otto, der Ostern 1211 noch einmal bekräftigt wurde. Außerdem wandte sich der Papst unter dem Einfluss von König Philipp II. August von Frankreich wieder dem jungen Staufer Friedrich, seinem ehemaligen Mündel, zu. Otto IV. war von dem Bann nicht beeindruckt, wohl aber von der Nachricht, dass die Fürsten im Reich von ihm abfielen. Er erfuhr davon im Oktober 1211 in Kalabrien, eilte nach Deutschland zurück und hielt im März 1212 einen Hoftag in Frankfurt ab. Aber schon im September 1211 war der junge Friedrich, der schon Ende 1196 in Frankfurt auf Betreiben seines Vaters Heinrichs VI. zum König erhobenen worden war, von einigen Fürsten (unter anderem von den Erzbischöfen von Mainz und Magdeburg sowie von Landgraf Hermann von Thüringen) in Nürnberg zum künftigen Kaiser erklärt worden. Dafür hatten sie die ausdrückliche Unterstützung des Papstes, der die deutschen Fürsten nach der Exkommunikation von Otto IV. im November 1210 nachdrücklich aufgefordert hatte, einen anderen König als zukünftigen Kaiser zu wählen.

Q

Die Erfurter Peterschronik zur Absetzung Ottos IV. und Wahl Friedrichs 1211
(Übersetzung nach: Geschichtschreiber der Deutschen Vorzeit 52, Leipzig 1893, S. 70–71; siehe auch Wolf, Entstehung, S. 126–127)

1211. Nachdem im Verlaufe der Zeit unzählige Fälle von Krieg und Feindschaft mit Drangsal und Unheil aller Art unsere Harfe in Klage und unseren Reigen in Trauer verkehrt hatten, versammelten sich die Fürsten des Reiches, nämlich der König von Böhmen, die Erzbischöfe von Mainz und Magdeburg, der Landgraf (von Thüringen) und der Markgraf von Meißen, in einer Stadt der östlichen Provinz, nämlich in Naumburg, zu einer Beratung. Da erwogen sie die unpassenden Sitten des Kaisers, die nach ihrer Meinung sehr wenig für den kaiserlichen Hof passten. Er nannte nämlich, kirchliche Würden nicht achtend, Erzbischöfe einfach und in beleidigender Weise Kleriker (sowie) Äbte, Mönche und ehrwürdige Frauen Weiber. Und, vom Geiste des Hochmuts getrieben, verunehrte er alle, welche Gott zu ehren befohlen hatte. Demzufolge musste er nach Verlauf einer kurzen Zeit bemerken, dass seine Ehre auf eben diesem Fürstentage eine Einbuße und sein ganzes Glück einen Rückgang erlitten habe. Denn nachdem sie zu einem Entschluss gekommen waren, einigten und verbanden sie sich durch einen feierlichen Eid gegen Otto und seine königliche Stellung (...). Darauf gingen sie stillschweigend auseinander und blieben diese Beschlüsse den übrigen Fürsten verborgen, bis dieselben Verschworenen, in der königlichen Stadt Nürnberg versammelt, Otto öffentlich einen Ketzer schalten, ihm öffentlich absagten und Friedrich, den Sohn des Kaisers Heinrich, der bereits früher von der Gesamtheit erwählt war, als künftigen Kaiser ausriefen. Zu dieser Verschwörung waren die vorgenannten Fürsten durch apostolische, an alle und an jeden Einzelnen gerichtete Schreiben ermutigt, in welchen der Herr Papst den schon genannten Otto als aus anderen Gründen bereits exkommuniziert erklärte, und nicht nur die Fürsten und Barone, sondern auch die Ministerialen des Reiches von der Treue gegen ihn entband, indem er ihnen vorhielt, dass sie Gott einen Dienst leisteten, wenn sie Otto, den Feind Gottes und der römischen Kirche, beharrlich verwerfen und sich Friedrich, dem neu ernannten König, ergeben und treu erweisen würden.

Friedrich II. setzt sich gegen Otto IV. durch

Der siebzehnjährige Friedrich II. leistete einem Legaten des Papstes in Palermo einen Treueeid, nahm die Einladung der Fürsten nach Deutschland an und erreichte nach einer abenteuerlichen Reise im Sommer 1212 den Bodensee. Die Bischofsstadt Konstanz öffnete ihm die Tore, der wenige Stunden später ebenfalls aus Italien eintreffende Otto IV. musste draußen bleiben. Das war ein Signal an die Reichsministerialität (Dienstmannen des Königs), auf die Seite des Staufers zu wechseln. Sie verließen einfach das Heer Kaiser Ottos IV. Im November 1212 bekräftigte Friedrich den Vertrag mit dem französischen König Philipp II. August, der weiteres Geld bereitstellte. Die Entscheidung gegen den Welfen war damit faktisch gefallen: Am 5. Dezember 1212 wurde Friedrich in Frankfurt/M. in Anwesenheit päpstlicher und französischer Gesandter noch einmal in eindeutiger Form zum König gewählt und am 9. Dezember erfolgte die Krönung im Mainzer Dom durch Erzbischof Siegfried von Mainz. Die endgültige Entscheidung im deutschen Thronstreit fiel schließlich im Juli 1214 als in der Schlacht von Bouvines (bei Lille) Kaiser Otto IV. mit seinem Aufgebot den Truppen des französischen Königs Philipp II. August unterlag. Der französische König schickte das Feldzeichen Ottos IV., den Reichsadler, dessen Schwingen gebrochen waren, an König Friedrich II. Nach der Niederlage erkannten auch die hartnäckigsten Anhänger des Welfen Friedrich II. als König an. Einen starken symbolischen Ausdruck fand diese Tatsache in der zweiten Krönung des Königs am 25. Juli 1215 in der Pfalzkirche Karls des Großen in Aachen. Damit hatte er die deutsche Königswürde endgültig und in aller Form erlangt. Allerdings konnten bei der Krönung die Reichsinsignien nicht eingesetzt werden, denn die hatte immer noch Otto IV. in Verwahrung. Erst im Juni 1219 übergab Heinrich, der Bruder des im Mai 1218 verstorbenen Ottos IV., die Reichsinsignien an Friedrich II.

5. Die Nachfolgeregelungen Kaiser Friedrichs II.

Am 22. November 1220 weihte Papst Honorius III. Friedrich II. in Rom zum Kaiser. Friedrich II. war der faszinierendste und zugleich auch umstrittenste Kaiser des Hochmittelalters: als Wunder der Welt (*stupor mundi*) ebenso verehrt wie als Ketzer angeklagt und schließlich 1245 vom Papst abgesetzt. Sein Hauptaugenmerk galt vor allem Italien und Sizilien. Dort entschied sich auch sein Konflikt mit den Päpsten; aus seiner Perspektive war der deutsche Teil seines Imperiums wohl ein „Nebenschauplatz". Aber er war gleichwohl von Bedeutung, denn nur der *rex Romanorum* konnte Kaiser werden. Hier ist deshalb zu betrachten, welche Maßnahmen Friedrich II. ergriffen hat, um seine Nachfolge auf dem Königsthron im Reich zu sichern. Am 23. April 1220 ließ Friedrich II. seinen Sohn Heinrich (VII.) in Frankfurt zum König wählen. Die Marbacher Annalen berichten, dass der etwa zehn Jahre alte Heinrich mit der Zustimmung der Fürsten zum König gewählt wurde (*de consensu principum in regem electus*). Am 8. Mai 1222 erfolgte seine Krönung in Aachen. Im Zusammenhang mit der Wahl Heinrichs wird wieder – wie schon um 1200 – eine Differenzierung der beteiligten Fürsten erkennbar. In einem Brief an Papst Honorius III. (1216–1227) vom 31. Juli 1220 unterschied Bischof Konrad von Metz eine Gruppe von *electores*, die er von den sonstigen *principes* und *nobiles* Deutschlands, die alle zusammen Heinrich ihre Stimmen gegeben hatten, abhob. Wen der Bischof mit den *electores* meinte, ist nicht zu klären: Vorwähler oder die ersten an der Kür oder gar schon ein Wahlgremium?

Aber im Sommer 1235 setzte Friedrich seinen Sohn König Heinrich (VII.) ab. Am 2. Juli wollte Heinrich auf einem Hoftag in Wimpfen seinen Vater um Gnade bitten, aber der weigerte sich, ihn zu empfangen. Wenige Tage später in Worms begnadigte der Kaiser seinen Sohn, enthob ihn aber von der Königswürde. Der Konflikt war entstanden, weil Heinrich (VII.) seit 1232 eine politische Konzeption verfolgte, die das Königtum gegen die Fürsten stärken sollte, während Friedrich II. mit den Fürsten zusammenarbeiten wollte. Zudem wertete der Kaiser das Bündnis seines Sohnes mit den lombardischen Städten in Oberitalien, mit denen er selbst im Konflikt lag, als Verrat. Alles in allem lautete der Vorwurf gegen Heinrich 1235 Bruch seines 1232 dem Vater geleisteten Eides, nur dessen politische Leitlinien zu befolgen und ihm strikt gehorsam zu sein. Gegen seine Absetzung scheint sich der Sohn aber aufgelehnt zu haben; er weigerte sich jedenfalls, die Reichsinsignien herauszugeben. Darauf ließ Friedrich Heinrich gefangen nehmen. Er wurde in Italien in Haft gehalten, bis er 1242 starb (vermutlich Selbstmord). An die Stelle von Heinrich trat Konrad, der zweitgeborene Sohn Friedrichs II. Im Februar 1237 präsentierte der Kaiser den damals neunjährigen Jungen den Fürsten auf einem Hoftag in Wien. In dem Wahldekret heißt es, dass die Erzbischöfe Siegfried von Mainz, Dietrich von Trier, Eberhard von Salzburg, die Bischöfe von Bamberg, Regensburg, Freising und Passau, Otto Pfalzgraf bei Rhein und Herzog von Bayern, König Wenzel von Böhmen, Landgraf Heinrich von Thüringen und Herzog Bernhard von Kärnten sich in dem Bewusstsein versammelt hätten, für das Reich Verantwortung zu tragen. Sie bezeichnen sich bei dieser Gelegenheit als „Väter und Leuchten des Reiches“ (*patres et imperii lumina*), die die Stellung des römischen Senats übernommen hätten (*qui circa hoc Romani senatus locum accepimus*). Um den Gefahren wirksam zuvorzukommen, die dem Reich und dem katholischen Glauben drohen, wenn die Zwischenzeit vom Tod des Herrschers bis zum Amtsantritt seines Nachfolgers zu groß sei, und „auf Willen und Ersuchen“ (*ad voluntatem et preces*) des Kaisers, hätten sie einmütig ihre Stimmen auf Konrad vereinigt, den Sohn des Kaisers. Konrad sei zum Römischen König gewählt worden und solle nach dem Tode seines Vaters als künftiger Kaiser angenommen werden. Die Fürsten versprachen weiter, nach Friedrichs II. Tod Konrad als König anzuerkennen und Treue zu schwören. Hier wird deutlicher als je zuvor das Selbstbewusstsein der Fürsten als Königswähler klar; ebenso ihre Vorstellung, zusammen mit dem König das Reich zu repräsentieren. Die Fürsten waren der Ansicht, an die Stelle des römischen Senates getreten zu sein. Damit hängt die Vorstellung von einem romzentrierten Kaisertum zusammen, das ohne Vermittlung des Papstes vergeben wurde (gegen die Bulle *Venerabilem* gerichtet). Der gewählte römische König ist demnach allein aufgrund der Wahl durch die Fürsten wahrer Kaiser, schon bevor er vom Papst bestätigt ist. Deutlich wird aber auch, dass Kaiser Friedrich II. zu diesem Zeitpunkt über enorme Autorität verfügte, denn die Fürsten stellten keine Bedingung für ihre Zustimmung und Konrad wurde nicht designiert. Die Fürsten erfüllten mit der Wahl den „Willen“ des Kaisers – wie es in der Quelle ja ausdrücklich heißt.

Absetzung Friedrichs II.

Im Jahr 1235 verlor Heinrich (VII.) aufgrund des Willens und Wollens seines Vaters Kaiser Friedrichs II. seine königliche Stellung; zehn Jahre später wurde der Kaiser selbst des Amtes enthoben. Vor dem Konzil von Lyon sprach Papst Innocenz IV. (1243–1254) am 12. Juli 1245 Friedrich II. wegen Eidbruch, Verletzung der mit der Kirche geschlossenen Frieden, Sakrileg (weil er hohe Geistliche hatte gefangen nehmen lassen) und Häresie alle Ehren und Würden ab. Der Papst erklärte die dem Kaiser geleisteten Treueeide für unwirksam und drohte allen, die ihm dennoch als König oder Kaiser gehorchen würden, den Kirchenbann an. Und schließlich forderte er jene Fürsten im Reich, denen die Wahl des künftigen Kaisers zustehe, auf, einen Nachfolger für Friedrich II. zu wählen.

6. Von Wilhelm von Holland (1247) zu Rudolf von Habsburg (1273): die Entwicklung von Wahlformen und Wahlgremien

Für die Konkretisierung und Ausbildung des Wahlverfahrens waren die Erhebungen von Wilhelm vom Holland 1247 und die Doppelwahl von Alfons von Kastilien und Richard von Cornwall 1257 wichtige Etappen. Denn bei diesen Gelegenheiten zeichneten sich deutlich die Konturen eines zahlenmäßig begrenzten Wahlgremiums ab. Wie und warum sich ein Wahlgremium von sieben Wählern herausbildete, die anstelle aller Fürsten den römisch-deutschen König wählten, und weshalb sich gerade diese drei geistlichen und vier weltlichen Kurfürsten in dieser und keiner anderen Zusammensetzung zusammenfanden, ist eines der am stärksten diskutierten Themen der Forschung. Denn eng damit verbunden ist die Frage nach der Verfassung des Reiches und den Konsequenzen für die Leistungsfähigkeit des deutschen Königtums im Vergleich zu den westeuropäischen Konkurrenten. Die Quellenüberlieferung zu dieser Entwicklung ist jedoch nicht von der Dichte und Qualität, dass eindeutige und unbestreitbare Aussagen dazu möglich sind. Die Zeitgenossen scheinen der Ausbildung eines Wahlgremiums zur Ermittlung des römisch-deutschen Königs keine große Bedeutung beigemessen zu haben.

So war um 1300 nicht mehr bekannt, wie sich das Wahlgremium gebildet hatte, wie also die Entwicklung vom allgemeinen Wahlrecht aller Großen und Freien zum ausschließlichen Wahlrecht der Kurfürsten verlaufen ist. Man nahm an, dass dieses Gremium von einem der großen Kaiser eingesetzt worden sei: Karl der Große, Otto III. oder Heinrich II. Autoren mit kurialer Gesinnung brachten natürlich Päpste als Urheber in die Diskussion ein: Vor allen anderen wurde Papst Gregor V. (996–999) genannt.

Diese Vorstellung wird in der Forschung als „Kurfürstenfabel" bezeichnet, womit angezeigt wird, dass diese Vorstellung der Zeitgenossen um 1300 nicht dem tatsächlichen Gang der Ereignisse entsprach. Jedoch sind bis heute die Gründe und die Etappen bei der Ausbildung des Kurfürstenkollegiums noch nicht eindeutig geklärt, vielmehr bestehen erhebliche Interpretationsunterschiede in der Forschung. Hier wird besonders deutlich, dass die Geschichtswissenschaft in vielen Bereichen eine Wahrscheinlichkeitswissenschaft ist. Für viele Fragen lassen sich keine definitiven Antworten finden, sondern Annäherungen an Lösungen, die man nur auf ihre Wahrscheinlichkeit hin prüfen kann (wie sehr stimmen Aussagen der Quellen, die Überlieferung und die aus diesen beiden Faktoren gewonnenen Interpretationen überein?).

Entstehung des Kurfürstenkollegiums – Erklärungsangebote

Nach der Erzämtertheorie (Egon Boshof), die der Kurfürstenfabel nahe steht, waren die vier weltlichen Kurfürsten in das Gremium gelangt, weil sie Inhaber der königlichen Hofämter waren: der Pfalzgraf bei Rhein als Truchsess, der König von Böhmen als Schenk, der Herzog von Sachsen als Marschall, der Markgraf von Brandenburg als Kämmerer. Die Verengung des Kurkollegs auf vier weltliche Fürsten und die drei Erzbischöfe von Mainz, Köln und Trier erfolgte mit der Doppelwahl 1257. Aber dagegen argumentiert Heinz Thomas, dass die Ausübung der Hofämter durch Fürsten diesen keine besonders privilegierte Position bei der Königswahl verschaffte, weil nur wenige Belege für Hofämter vorliegen (936, 986, 1114, 1209). Thomas ist der Auffassung, dass der böhmische König die Erzämtertheorie 1239 entwickelte, weil er nach dem Sachsenspiegel nicht das Recht hatte, an der Wahl teilzunehmen. Der Böhme hat aber auch faktisch nicht an den Wahlen des 12. Jahrhunderts teilgenommen, erst 1237 in Wien an der Wahl von Konrad IV. zum römischen König war er beteiligt. Die Erbrechtstheorie (Armin Wolf) hebt auf die Tatsache ab, dass erst 1298 von einem *collegium* und erstmals von *kurfursten* die Rede ist. Wolf nimmt eine Setzung durch einen königlichen Rechtsakt durch Albrecht I. 1298 als Beginn des Wahlgremiums an. Aufgenommen wurden in dieses Kollegium die Nachkommen der Salier und der salischen Tochterstämme, darum ging es bei den Wahlen im Grunde um Erbfragen. Eine Entwicklungstheorie (Franz-Reiner Erkens) stellt sich die Entstehung des Kurkollegs als einen Prozess vor, der um 1198 begann und in mehreren Etappen verlief und 1273 mit der Wahl Rudolfs von Habsburg abgeschlossen war. Unbestritten ist jedoch, dass sich der Kreis von sieben Königswählern in diesem Zeitraum von den übrigen Fürsten/Wählern abgehoben hat. Im Folgenden sollen nicht die einzelnen Erklärungsangebote diskutiert werden, sondern ein Überblick der Entwicklung gegeben werden, auf dessen Grundlage man sich bei Bedarf vertiefend mit den Theorien beschäftigen kann.

Konrad IV., Heinrich Raspe, Wilhelm von Holland

Konrad IV., der Sohn Friedrichs II., war 1237 in Wien von einer elfköpfigen Fürstengruppe – den Erzbischöfen von Mainz, Trier und Salzburg, den Bischöfen von Bamberg, Regensburg, Freising und Passau, dem Pfalzgrafen bei Rhein, dem König von Böhmen, dem Landgrafen von Thüringen und dem Herzog von Kärnten – zum römischen Mitkönig und Nachfolger als Kaiser gewählt worden. Aber nach der Absetzung von Kaiser Friedrich II. im Juli 1245 setzten die Gegner der Staufer im Reich, in Italien, in Europa und an der Kurie in Rom alles daran, dass aus diesem Geschlecht kein römischer König Anerkennung fand und sich auf Dauer durchsetzen konnte. Deshalb wählte am 22. Mai 1246 eine Gruppe geistlicher Fürsten – die Erzbischöfe von Mainz, Köln und Trier, die Bischöfe von Straßburg, Speyer und Metz – Heinrich Raspe, den Landgrafen von Thüringen zum König (*in regem Almanie et Romanorum principem*). Heinrich konnte jedoch keine große Wirkung entfalten, denn er starb schon am 16. Februar 1247. Die Gegner der Staufer brauchten danach ein halbes Jahr, um sich auf einen neuen Kandidaten zu verständigen. Der päpstliche Legat Peter Capocci drängte die Fürsten zu einer Neuwahl, aber es war offensichtlich nicht leicht, einen geeigneten Bewerber zu finden beziehungsweise sich auf einen zu einigen. Graf Heinrich II. von Brabant brachte schließlich seinen Neffen, Graf Wilhelm von Holland, ins Spiel. Der gerade zwanzig Jahre alte Wilhelm wurde am 3. Oktober 1247 in Worringen von den Erzbischöfen von Mainz, Köln, Trier und Bremen, den Bischöfen von Würzburg, Straßburg, Speyer und Münster, dem Herzog von Brabant sowie den Grafen von Geldern und Looz gewählt. Am 1. November 1248 setzte ihm der Erzbischof von Köln im Dom zu Aachen eine Krone auf sein Haupt und damit war die Erhebung abgeschlossen. Die Reichskrone stand aber nicht zur Verfügung – sie lag zusammen mit den anderen Reichsinsignien gut verwahrt auf Burg Trifels.

König Wilhelm fand im Reich jedoch nicht überall Anerkennung. Auch nach dem Tod Kaiser Friedrichs II. im Dezember 1250 organisierte sich die staufische Partei um Konrad IV. Der entschloss sich jedoch, nach Italien zu gehen und sich das Königreich Sizilien zu unterwerfen, wo nach dem Tod seines Vaters schwere Aufstände gegen die staufische Herrschaft ausgebrochen waren. Es gelang Konrad, die staufische Herrschaft in Sizilien zu konsolidieren, und er plante wahrscheinlich im Frühjahr 1254 ein militärisches Eingreifen in Deutschland, als er im Heerlager bei Lavello starb. Aber Konrads Abzug erleichterte es König Wilhelm von Holland, seine Position im Reich zu festigen. Im Januar 1252 heiratete er Elisabeth, eine Tochter Herzog Ottos von Braunschweig. Diese Ehe demonstrierte auch, dass der mächtige Welfe die Herrschaft Wilhelms anerkannt hatte. Am 25. März des Jahres fand dann in Braunschweig eine weitere Wahl statt. Der Markgraf von Brandenburg und der Herzog von Sachsen wählten Wilhelm zum römischen König. Fast fünf Jahre waren seit der Wahl von Worringen, an der diese Fürsten nicht teilgenommen hatten, vergangen und Wilhelm weitgehend anerkannt. Warum also dieser Vorgang, der an das Erscheinen von König Heinrich II. 1002 bei den Sachsen in Merseburg erinnert? Ein in Braunschweig anwesender päpstlicher Legat begründet dieses Vorgehen damit, dass verschiedene Städte – voran Lübeck – Zweifel an der Gültigkeit von Wilhelms Herrschaft angemeldet hätten, weil der Markgraf von Brandenburg und der Herzog von Sachsen, die bei Königswahlen Stimmrecht besäßen, Wilhelms Wahl nicht zugestimmt hätten. Hier wird eine Auffassung deutlich erkennbar, die schon seit einigen Jahrzehnten bei Wahlen eine Rolle spielte: An einer Königswahl mussten bestimmte Wähler teilnehmen, damit sie als gültig anerkannt wurde. Die Legitimität eines Königs hing davon ab, dass er in einem bestimmten Verfahren durch eine bestimmte Gruppe von Männern einmütig gewählt wurde. Eine Königswahl war erst dann rechtsverbindlich, wenn die geistlichen und weltlichen Hauptwähler zugestimmt hatten. Schon bei der Wahl von Friedrich II. 1220 und der Wahl seines Sohnes Konrad IV. 1237 legen Berichte die Annahme nahe, dass ein von den anderen Fürsten zu unterscheidendes Hauptwählergremium agierte. Die Marbacher Annalen berichten zu 1237 etwa, dass nur vier Fürsten – die Erzbischöfe von Mainz und Trier, der Pfalzgraf bei Rhein und der König von Böhmen – wirklich gewählt haben, während die andern Fürsten akklamierten. Doch bei den genannten vier Wählern blieb es nicht.

Haupt- oder Prinzipalwähler

Auch Papst Innocenz IV. (1243–1254) wusste, dass die römisch-deutschen Könige nicht (mehr) von allen Fürsten erhoben wurden, denn in der Absetzungssentenz für Kaiser Friedrich II. von 1245 sprach er von denjenigen Fürsten, denen die Wahl des Kaisers zustehe (*quibus in eodem imperio imperatoris spectat electio*). Sie sollten einen Nachfolger für Friedrich II. wählen. In weiteren Schreiben wandte sich der Papst an diejenigen Erzbischöfe und weltlichen Fürsten in Deutschland, welche die Befugnis zur Wahl des Römischen Königs hatten. Die Wahlen von Heinrich Raspe 1246 und Wilhelm von Holland 1247 unternahmen vor allem geistliche Fürsten. Allerdings machte diese Gruppe nicht den gesamten Kreis der Wähler aus. Es fehlten die weltlichen Wähler, die an der Erhebung von Konrad IV. 1237 ja noch beteiligt gewesen waren. Und die Nachwahl in Braunschweig 1252 machte deutlich, dass sehr wohl weltliche Fürsten zu den unverzichtbaren Wählern gerechnet wurden. Aus der Praxis der Jahre 1246 und 1247 sowie 1252 kann man die Gruppe der bevorrechtigten Königswähler annäherungsweise, aber nicht vollständig erkennen. Die Erzbischöfe von Mainz, Köln und Trier waren jedoch jedes Mal beteiligt und offensichtlich rechnete man auch den Markgraf von Brandenburg und den Herzog von Sachsen dazu. Der Befund aus der Wahlpraxis lässt sich erhärten mit den Aussagen aus der zwischen 1220 und 1235 von Eike von Repkow kompilierten Rechtssammlung, dem so genannten Sachsenspiegel.

Q

Sachsenspiegel Landrecht III. Buch, Artikel 57, Absatz 2
(in: Schott, Sachsenspiegel, S. 205–206)

Bei des Kaisers Kur soll der erste der Bischof von Trier sein, der zweite der Bischof von Mainz, der dritte der Bischof von Köln. Unter den Laien ist der erste an der Kur der Pfalzgraf vom Rhein, des Reiches Truchsess; der zweite, der Marschall, ist der Herzog von Sachsen; der dritte der Kämmerer, ist der Markgraf von Brandenburg. Der Schenke des Reiches, der König von Böhmen, hat keine Stimme bei der Kur, weil er kein Deutscher ist. Danach küren alle Fürsten des Reiches, die geistlichen und die Laien. Die hier als erste an der Kur bezeichnet werden, sollen nicht nach ihrem eigenen Gutdünken küren. Sondern wen die Fürsten gemeinsam zum König auserwählt haben, den sollen sie zuallererst mit Namen küren.

Drei geistliche und drei weltliche Fürsten werden als Hauptwähler, als die Ersten bei der Kur, genannt. Die weltlichen Fürsten sind wegen ihrer Erzämter als Wähler qualifiziert. Nur der vierte genannte weltliche Fürst, der König von Böhmen, nicht, weil er kein Deutscher sei. Aber der Anspruch des böhmischen Königs, der schon 1237 Konrad IV. gewählt hatte, setzte sich bis zum Ende des Jahrhunderts durch. Eike von Repgow hat den vierten weltlichen Wähler wohl deshalb ausgeschlossen, weil sonst die Parität in dem Gremium der ‚Erstkieser' gefährdet worden wäre. Der englische Chronist Matthäus von Paris (um 1200–1259) notierte noch vor 1254 in seiner Chronik drei weltliche und vier geistliche Königswähler im römisch-deutschen Reich. Wahrscheinlich hat er sich dabei auf den Sachsenspiegel bezogen, allerdings das Verhältnis von weltlichen und geistlichen Wählern vertauscht. Sicher ist aber, dass sich in dieser Zeit die Zahl von sieben Wählern abzeichnete, wenn auch die genaue Zusammensetzung des Gremiums noch nicht geklärt war. Wer gehörte zu den drei geistlichen, wer waren die vier weltlichen Hauptwähler?

Der Kreis der Wähler wird deutlich erkennbar bei der Wahl der Nachfolger König Wilhelms von Holland, der im Januar 1256 ums Leben kam, als er in seiner Funktion als Landesherr der Grafschaft Holland versuchte, die aufständischen Westfriesen zu unterwerfen. Bei einem Angriff brach sein Pferd ins Eis ein und Wilhelm wurde erschlagen. Es dauerte über ein Jahr, bis sich eine Lösung der Nachfolge im Amt des römisch-deutschen Königs abzeichnete. Eine Lösung allerdings, die keineswegs eine Demonstration der Eintracht und Einigkeit der Fürsten im Reich war, sondern vielmehr zeigte, dass es keinen deutschen Kandidaten gab, der auf allgemeine Anerkennung hoffen durfte. Der Papst verbot im Juli 1256 regelrecht, den Staufer Konradin zu wählen, der böhmische König Ottokar II. wurde vom Kölner Erzbischof für die Kandidatur ins Spiel gebracht, aber die sächsischen Fürsten präsentierten seinen Schwager Otto von Brandenburg als Thronkandidaten. Dazu kam als weiterer Hinderungsgrund, dass Erzbischof Gerhard von Mainz (1251–1259), der zu einer Wahlversammlung einladen musste, sich seit Januar 1256 in der Gefangenschaft Herzog Albrechts von Braunschweig befand, dem er im Kampf um Lehensrechte unterlegen war. Während des Jahres 1256 lässt sich keine Wahlversammlung der deutschen Fürsten belegen; es wurden jedoch Vorbereitungen getroffen, Kontakte gepflegt und Verhandlungen geführt. Die Fürsten versuchten im Juni 1256 in Frankfurt zu einer Verständigung über einen Kandidaten zu kommen – allerdings gelang es ihnen nur, sich auf einen Wahltermin zu einigen – den 8. September des Jahres. Es entstand eine Pattsituation, in der die europäischen Ambitionen eine Chance erhielten. Am Ende gab es statt eines deutschen zwei ausländische Könige.

Alfons von Kastilien, Richard von Cornwall

Während die deutschen Fürsten 1256 nach einem Kandidaten suchten, wurde König Alfons von Kastilien, der schon 1255 Anspruch auf sein mütterliches Erbe, das Herzogtum Schwaben, erhoben hatte, im März 1256 von Gesandten der Stadt Pisa zum König der Römer und Kaiser des Römischen Reiches erhoben. Im September 1256, also als die Suche nach einem neuen König im Reich konkreter wurde, wählten ihn dann Gesandte der Stadt Marseille im Namen des Reiches zum Kaiser. Diese Ehrungen waren politisch zunächst nicht wirkungsvoll, jedoch konnten sie gewichtig werden falls die deutschen Fürsten keinen Kandidaten aufbieten konnten. Die Bemühungen von König Alfons riefen jedoch die Engländer auf den Plan. Nach dem Scheitern der Wahlversammlung vom 8. September 1256 nahm Richard von Cornwall, der Bruder des englischen Königs Heinrich III., Kontakt mit den deutschen Hauptwählern auf. Richard wollte verhindern, dass die drohende kastilisch-französisch-deutsche Konstellation verwirklicht wurde. Bei seinem Vorhaben profitierte er von dem Umstand, dass die Zahl der deutschen Hauptwähler auf einen überschaubaren Kreis reduziert war. Sein Plan war, die für seine Wahl erforderlichen Stimmen zu kaufen. Ein Vorhaben, das nur Sinn hatte und gelingen konnte, wenn feststand, wie viele Wähler über den neuen König abstimmen würden. Bis zum 15. Dezember 1256 hatte sich der Engländer die Stimmen von drei Wählern gesichert. Erzbischof Gerhard von Mainz erhielt 8000 Mark Sterling (davon 5000 für seinen Freikauf aus der Gefangenschaft des Herzogs von Braunschweig). Erzbischof Konrad von Köln erhielt ebenfalls 8000 Mark und von Richard die Zusage, im Erzstift Köln als König keinen Einfluss ausüben zu wollen. Dem Pfalzgrafen bei Rhein, Ludwig von Wittelsbach, wurde die Ehe mit einer Nichte des englischen Königs und 12000 Mark als Mitgift angeboten. Das Geld musste aber bis zum Tag der Wahl bezahlt werden. Diese Zahlungen sind schon von den Zeitgenossen kritisiert worden, insbesondere Richard wurde vorgeworfen, dass er die Stimmen von Wählern gekauft hätte.

Aber Richard hat durch seine Zahlungen kaum seine Wahlchancen verbessert, denn es gab keinen ernsthaften Konkurrenten; es fehlte ein konsensfähiger deutscher Kandidat. Insofern haben sich Richards Wähler nicht bestechen beziehungsweise ihre Stimmen kaufen lassen. Zudem galt Richard von Cornwall schon seit einiger Zeit als königsfähig. Innocenz IV. hatte sich mehrfach bemüht, Richard als Nachfolger für die Staufer zu gewinnen. Der hatte es aber abgelehnt, den Thron zu besteigen, solange Friedrich II. lebte. Im Jahr 1256 lagen die Dinge jedoch anders und so erklärte Richard am 26. Dezember 1256 vor der Weihnachtsversammlung der englischen Barone in London seine Bereitschaft, seine Wahl zum römischen König annehmen zu wollen, nachdem ihm deutsche Gesandte mitgeteilt hatten, er wäre einmütig zum König gewählt worden. Daraufhin gab sich Richard zunächst überrascht, ließ sich dann jedoch von seinem Bruder König Heinrich III. zur Annahme der Krone überreden. War das eine Inszenierung für die Öffentlichkeit des Hofes, wo doch die Entscheidung schon zwei Wochen vorher gefallen war? Tatsächlich gewählt war Richard jedoch Weihnachten 1256 noch nicht; die notwendige Wahlversammlung mit formeller Stimmabgabe musste noch stattfinden. Am 13. Januar 1257 wählten vor den Toren Frankfurts Erzbischof Konrad von Köln und Pfalzgraf Ludwig auch im Namen von Erzbischof Gerhard von Mainz, der zu diesem Zeitpunkt noch Gefangener war, Richard in Abwesenheit zum deutschen König. Gesandte des böhmischen Königs schlossen sich im Namen ihres Herrn der Wahl an. Der Erzbischof Arnold von Trier, der Herzog von Sachsen und der Markgraf von Brandenburg verständigten sich jedoch nicht mit den anderen Wählern. Sie stimmten am 1. April 1257 für den ebenfalls nicht persönlich anwesenden König Alfons X. von Kastilien. Der König von Böhmen schloss sich auch dieser Wahl an.

Abwesende Könige

Das Engagement der beiden Könige für das Reich war sehr bescheiden. Richard war bis zu seinem Tod 1272 vier Mal (insgesamt etwa drei Jahre) in Deutschland. Er ließ sich am 11. Mai 1157 in Aachen zusammen mit seiner Frau Sancha krönen. König Alfons erschien – entgegen seiner Absichtserklärungen – nicht einmal im Reich. Es ist klar, dass sie auf diese Weise kaum in der Lage waren, ihre Ansprüche durchzusetzen, geschweige denn, eine effektive Königsherrschaft auszuüben. Die Fürsten im Reich kümmerten sich kaum um die gewählten Ausländer, die auch in der Heimat von ihren Problemen absorbiert wurden. In England waren es vor allem die Konflikte König Heinrichs III. mit den Baronen, in deren Folge Richard von Cornwall zeitweise in Gefangenschaft geriet. Welche Folgen hatte aber diese politische Konstellation für die Ausbildung der Wahlformen und der Wählergruppe? An den beiden Wahlen im Jahr 1257 waren genau die drei geistlichen und vier weltlichen Fürsten beteiligt, die im Sachsenspiegel als erste an der Kur genannt wurden. Der König von Böhmen wollte sich vermutlich durch die Teilnahme an beiden Wahlen sein Stimmrecht bei den folgenden Wahlen des römisch-deutschen Königs auf jeden Fall sichern. Was jedoch zunächst nicht gelang – bei der nächsten Königswahl war der Böhme nicht dabei.

Mit der Doppelwahl stellte sich wieder die Frage, wer darüber entscheiden sollte, welcher König rechtmäßig gewählt war und auf welche Weise dies erfolgen sollte. Eine mögliche Instanz war der Papst und tatsächlich haben die beiden Gewählten versucht, Urban IV. (1261–1264) zur Anerkennung ihres Königtums zu bewegen. Im August 1263 nahm Urban IV. ausführlich zu den vorgetragenen Argumenten Stellung, bevorzugte jedoch keinen Kandidaten, sondern schlug weitere Verhandlungen vor. Sein Nachfolger Clemens IV. (1265–1268) versuchte dann jedoch vergeblich, die beiden Könige zum Verzicht zu bewegen. Eine Alternative zur schiedsrichterlichen Entscheidung durch den Papst wäre der Einsatz von militärischer Gewalt gewesen. Auf dem Schlachtfeld konnte sich entscheiden, welcher

König der rechtmäßig gewählte war. Allerdings wählten Richard und Alfons diese Option nicht.

Erhebung Rudolfs von Habsburg

Im April 1272 starb Richard von Cornwall. Sein Sohn Heinrich, ein potentieller Nachfolger auf dem Thron des Reiches, war im März 1271 ermordet worden. Die Suche nach einem geeigneten Kandidaten begann erneut. Die Fürsten gaben aber schließlich die europäische Dimension bei der Kandidatenwahl auf und suchten nach einem geeigneten Mann aus dem deutschen Reich. Die Suche war zwar langwierig – achtzehn Monate – aber endlich doch erfolgreich. Die Wahlfürsten einigten sich auf Graf Rudolf von Habsburg. Die Entscheidungsfindung wurde dominiert von dem Willen, die nächste Wahl einmütig zu vollziehen und auf jeden Fall eine Doppelwahl zu vermeiden. Sie trugen damit aber auch der politischen Stimmung im Reich Rechnung. So vereinbarten im Februar 1273 die Reichsstädte Mainz, Worms, Oppenheim, Frankfurt, Wetzlar und Gelnhausen, sich nur einem König zu unterwerfen, der einmütig von den Wählern des Römischen Königs erhoben worden war. Wenn ihnen die Fürsten aber mehrere Könige anbieten sollten, wollten sie denen solange jede Unterstützung und Anerkennung verweigern, bis ein einträchtig gewählter König im Amt sei. Am 11. September 1273 einigten sich die vier rheinischen Kurfürsten (Erzbischöfe von Mainz, Köln, Trier, Pfalzgraf) darauf, dass sich der Vierte für den Kandidaten erklären würde, auf den sich die anderen drei geeinigt hatten. Schon zehn Tage zuvor verständigten sich der Erzbischof von Mainz und der Pfalzgraf über ihr Vorgehen bei der in Kürze stattfindenden Königswahl. Der Mainzer wollte Pfalzgraf Ludwig dabei unterstützen, selbst gewählt zu werden. Sollten sie damit keinen Erfolg haben, wollten sie die Grafen Siegfried von Anhalt, einen Vetter Herzog Albrechts II. von Sachsen, oder Rudolf IV. von Habsburg als Kandidaten ins Rennen schicken. Als konsensfähig erwies sich letztlich der Habsburger. Alle an der Wahl am 1. Oktober in Frankfurt beteiligten Fürsten – nur der König von Böhmen fehlte – waren sich so einig, dass sie am Wahltag ihre Stimmen an den Pfalzgrafen delegierten, der danach den Grafen Rudolf von Habsburg zum römisch-deutschen König wählte. Am 24. Oktober erfolgte in Aachen die Thronsetzung des Habsburgers.

Q

Wahldekret der Kurfürsten, nach dem 24. Oktober 1273
(aus: Weinrich, Quellen, S. 87)

(Haben wir) in gemeinsamer Übereinstimmung aller gleicherweise samt und sonders auf den erlauchten Mann, Herrn Rudolf, unsere Augen gerichtet und ihn dann auf Eingebung des Allerhöchsten einstimmig, einmütig und einträchtig zum Römischen König und künftigen Kaiser gewählt. Da diese Wahl nun ohne Zweifel kanonisch, will sagen: vom Himmel gelenkt durchgeführt worden war, haben wir ihn (...) zu Aachen als dem Thron, der die erste Stufe königlicher Erhabenheit und Ehre setzt, prächtig geleitet, wo er an solchem Tage von uns, dem Kölner Erzbischof, dem es seit alter Zeit zusteht, den Königen die Wohltat der Weihe zu spenden, auf dem Thron Karls des Großen gekrönt und mit dem Öl hochheiliger Salbung gesalbt wurde.

Der Chronist Matthias von Neuenburg berichtet, dass der Burggraf von Nürnberg die schriftlichen Erklärungen der Fürsten über die vollzogene

Wahl in Empfang nahm und mit diesen Urkunden nach Basel ritt. Rudolf von Habsburg belagerte die Stadt nämlich mit seinem Heer. Als der Burggraf Rudolf meldete, dass er zum König gewählt worden sei, wurde dieser ungehalten. Rudolf meinte, man wolle ihn zum Besten halten. Der Burggraf jedoch wiederholte die Meldung und berichtete den Wahlhergang. Rudolf ritt mit seiner Frau Gertrud zur Krönung nach Aachen. Schon dort versuchte er, die Kurfürsten enger an sich beziehungsweise das Königtum zu binden. Denn nach seiner Krönung oder kurze Zeit später verheiratete der neue König seine Töchter Mechthild und Gertrud mit den Kurfürsten Pfalzgraf Ludwig II. und Herzog Albrecht II. von Sachsen; eine weitere Tochter heiratete 1279 den Markgrafen Otto IV. von Brandenburg. König Rudolfs wichtige weltliche Wähler wurden also seine Schwiegersöhne.

Böhmischer Protest gegen die Wahl Rudolfs

Die konsensuelle Wahl des Habsburgers wurde jedoch überschattet von dem Protest des böhmischen Königs Ottokars II., der zweifellos der reichste und mächtigste Fürst im Reich war. Ottokar war im Zuge der Königswahl von 1273 in zweifacher Weise düpiert worden. Zum einen machte er sich Hoffnung, auf den Königsthron zu gelangen. Diese Hoffnung wurde durch die Wahl Rudolfs enttäuscht. Diese Enttäuschung findet einen Reflex bei böhmischen Chronisten, die Rudolf als arm und als Emporkömmling mit obskurem Ruf bezeichneten, der von den Fürsten nur deshalb gewählt worden sei, weil sie einen schwachen König haben wollten. Zum anderen machte der böhmische König den Fehler, zur Wahl nicht persönlich zu erscheinen. Sein Gesandter, der Bischof von Bamberg, hatte gegen Graf Rudolf protestiert und war dann einfach nicht zur Wahl zugelassen worden. Er durfte somit die böhmische Kurstimme nicht abgeben. An Stelle von Ottokars Vertrautem übernahm der Bruder des Pfalzgrafen Ludwig, Herzog Heinrich von Niederbayern, die siebte Kurstimme. Gegen dieses Verfahren erhob Ottokar II. Einspruch. Im Dezember 1273 und im Mai 1274 intervenierten seine Gesandten bei Papst Gregor X. gegen die Erhebung des Habsburgers Rudolf zum römisch-deutschen König. Der Papst jedoch erkannte im September 1274 Rudolf als römischen König an. Ottokar II. sah dann die Gefahr, dass die böhmische Stimme verloren gehen könnte, wenn die Wahl von 1273 die Referenz für die folgenden Königserhebungen sein würde, und bestritt das Wahlecht des Herzogs Heinrich von Niederbayern. Im Mai 1275 wurde auf einem Hoftag in Augsburg deshalb über das Stimmrecht des Herzogs von Niederbayern verhandelt. König Rudolf entschied schließlich, dass die Stimmen der beiden Wittelsbacher Ludwig und Heinrich als eine einzige Stimme gezählt worden seien. Die böhmische Stimme war zwar nicht abgegeben worden, aber sie verblieb weiter beim König von Böhmen. Allerdings war damit die Frage der wittelsbachischen Kurstimme nicht geklärt, denn beide Linien – die kurpfälzische wie die niederbayerische – beanspruchten die Wahlstimme. Um diesen internen Konflikt zu schlichten, hätte man entweder eine weitere Kurstimme schaffen oder die noch nicht fest verankerte böhmische Stimme an die eine wittelsbachische Linie geben können. Weil aber eine Dynastie nicht zwei Stimmen führen sollte, entschied König Rudolf 1289/90, dass die siebte Stimme dem böhmischen König zustehe.

7. Aufgabe und Funktion der (Kur)fürsten bei den Erhebungen des 13. Jahrhunderts

Im Sachsenspiegel wird eindeutig die Auswahl des neuen Königs durch alle Fürsten – *irwelen* (wählen) – von der Kur durch die sieben/sechs Fürsten – *kesen* (küren) – unterschieden. Der Auswahl eines oder mehrerer Kandidaten durch alle Fürsten folgt danach die eigentliche Kur durch sechs oder sieben Fürsten, die aber lediglich ein Vorrecht und kein Exklusivrecht haben, und anschließend die Bestätigung dieser Kur durch alle anwesenden Fürsten. Diese Form der Königserhebung wird in dem um 1274/75 entstandenen Rechtsbuch Deutschenspiegel (eine Übersetzung des Sachsenspiegels) geschildert. Dagegen findet man im dritten wichtigen volkssprachigen Rechtsbuch, dem um 1275/76 entstandenen Schwabenspiegel die explizite Exklusivität der sieben Wähler: *Den kunc suln kiesen dri phaffen fursten. Und vier leigen fursten.* Das tatsächlich nicht nur ein Kurruf, sondern die Auswahl selbst gemeint ist, ergibt sich aus dem weiteren Text. Die sieben Wähler sollen vom Mainzer Erzbischof und dem Pfalzgrafen bei Rhein nach Frankfurt geladen werden, um dort zusammen zu wählen. Die ungerade Zahl der Fürsten wird damit begründet, dass Stimmengleichheit bei mehreren Kandidaten verhindert werden soll. *Dar umbe ist der furtsen ungerade gesetzet, ob dri an einen gevallen, und vier an den andern daz die dri den vrien (viern) volgen suln, und also sol is diu minner volge der merern volgen.*

Geistliche und weltliche Kurfürsten

Im Hinblick auf die Ausbildung des Wahlgremiums der Kurfürsten ist festzuhalten, dass im Jahr 1273 die Zahl der Hauptwähler nicht mehr zur Debatte stand. Die vier weltlichen Fürsten waren gegenüber den drei Erzbischöfen in der Mehrheit, anders als im Reich, in dem das Verhältnis zugunsten der geistlichen Fürsten war. Denn von den etwa 120 Reichsfürsten waren zu dieser Zeit (1270/80) 30 weltliche und 90 geistliche Fürsten. Die Erhebung eines römisch-deutschen Königs durch Wahl erfolgte nunmehr durch eine überschaubare, kleine Gruppe von Fürsten, die nach Mehrheitsentscheid eine Wahl treffen sollten, im Auftrag aller Adligen im Reich. Die im Schwabenspiegel fassbare Einschränkung des Königswahlrechtes zugunsten von nur noch sieben Fürsten war spätestens 1273 nicht nur Ausdruck einer gelehrten Theorie, sondern entsprach auch der politischen Praxis. Wahrscheinlich ist, dass die Ausbildung des Wahlgremiums erfolgte, um eine Vereinfachung des Wahlaktes bei strittiger Wahl zu erreichen. Bei eingeschränkter Wählerzahl ließ sich leichter eine friedliche und einstimmige Entscheidung herbeiführen, als wenn alle Fürsten wählten. Das Kurfürstengremium war das Resultat der Bemühungen von verschiedenen Interessengruppen im Reich, ein Verfahren zur gütlichen Entscheidungsfindung zu installieren. Dieser Wahlausschuss sollte nicht nur dem Zweck dienen, durch die Reduktion der Wählerschaft leichter zu einem Ergebnis zu kommen, sondern er ist im Grunde auch ein Schiedsgremium. Das Gremium war aber kein Abbild der politischen Verhältnisse – man denke nur an die unterschiedliche Repräsentation der Fürstengruppen. Es war vielmehr das Idealbild eines Schiedsgerichts, in dem beide Interessengruppen unabhängig von ihrer politischen Macht und militärischen Stärke vertreten waren.

V. Königserhebungen 1298–1356: „Wahlen" bis zur reichsrechtlichen Fixierung in der Goldenen Bulle

Rudolf von Habsburg war ein erfolgreicher und anerkannter König, dem es gelang, so etwas wie zentrale Autorität im Reich wieder herzustellen und das Ansehen des Königtums nach dem so genannten Interregnum zu verbessern. Was ihm nicht gelang war, einen Sohn als seinen Nachfolger – wie es den Ottonen, Saliern und Staufern gelungen war – aufzubauen. Weil mehrere Anläufe zur Kaiserkrönung scheiterten, hatte Rudolf nicht die Möglichkeit, einen seiner Söhne schon zu seinen Lebzeiten zum König wählen zu lassen. Er versuchte aber dennoch, die Fürsten zu einer bindenden Erklärung zu bewegen, einen seiner Söhne zu seinem Nachfolger zu erheben. Seit den ausgehenden 1280er Jahren verhandelte er über diese Frage mit den Kurfürsten und er schien auf dem besten Wege, die Anerkennung für seinen jüngeren Sohn Rudolf zu gewinnen – der ältere Albrecht, der sehr energisch als Herzog von Österreich und der Steiermark agierte, war nicht konsensfähig – als der Thronkandidat am 10. Mai 1290 starb. Jetzt versuchte König Rudolf, seinen letzten überlebenden Sohn Albrecht den Kurfürsten nahe zu bringen, aber stieß damit bei den geistlichen Kurfürsten und dem König von Böhmen auf Ablehnung. So war die Nachfolgefrage nicht geklärt, als Rudolf am 15. Juli 1291 in Speyer im Alter von 73 Jahren starb.

1. Die Erhebung Adolfs von Nassau 1292

Adolfs Wahlversprechen

Herzog Albrechts Versuche, die Kurfürsten doch zu seinen Gunsten zu beeinflussen, scheiterten und am 5. Mai 1292 wurde der Graf Adolf von Nassau (*um 1250) in Frankfurt zum Nachfolger Rudolfs von Habsburg in das Königsamt gewählt. Zu dieser Versammlung hatte Erzbischof Gerhard II. von Mainz im November 1291 eingeladen. Die Wahl des relativ machtlosen Nassauer Grafen, der nur über ein kleines Herrschaftsgebiet um Wiesbaden, Idstein und Weilburg an der Lahn verfügte, wurde aber vor allem von Erzbischof Siegfried II. von Köln betrieben. In den Verhandlungen, die Adolfs Wahl vorausgingen, ließ sich der Graf zu umfangreichen Wahlversprechen vor allem zum Vorteil des Kölner Erzstiftes verpflichten. Der Kölner Erzbischof knüpfte an die Politik seines Amtsvorgängers an, der sich von Richard von Cornwall hatte versprechen lassen, im Erzstift Köln keine königlichen Herrschaftsrechte auszuüben. In einem am 27. April 1292 in Andernach besiegelten Vertrag leistete Adolf der Kölner Kirche einen Schutz- und Treueeid, als Gegenleistung für die Beförderung seiner Wahl. Er versprach, Kölner Burgen und Festungen, die noch verpfändet waren, auf seine Kosten auszulösen und sie dem Erzbischof zur freien Verfügung zu überlassen. Er versicherte, als König nicht in die Belange des Erzstiftes einzugreifen, sicherte die Übertragung weiterer Rechte (Zölle) zu und versprach, den Erzbischof gegen die rebellischen Bürger von Köln zu unterstützen, die ihrem Stadtherren 1288 in der Schlacht bei Worringen eine Niederlage zugefügt hatten. Doch damit noch nicht genug: Im Artikel 13 des Vertrages verpflichtete sich Adolf, dem Erzbischof 25000 Mark Silber zur Erstattung von Ausgaben, die der geistliche Fürst durch seinen Reichsdienst zukünftig haben würde, zu zahlen. Und im Artikel 14 erklärte Adolf, dass er, wenn er die versprochenen Leistungen gegenüber Erzbischof Siegfried nicht erfüllen sollte, auf das Recht am Königtum verzichten werde und ein anderer König gewählt werden könne. Aber nicht nur der Erzbischof von Köln ließ sich sein politisches Wohlwollen materiell vergelten. An Erzbischof Gerhard II. von Mainz übertrug Adolf die Rechte an den Reichsstädten Mühlhausen und Nordhausen und König Wenzel II. von Böhmen erhielt als Pfand das Pleißen- und Egerland. Aus der Sicht der Wahlfürsten sicherte man sich damit den Anspruch auf Partizipation an der Reichsgewalt auch nach der Wahl und sie verbesserten ihre Position gegenüber geistlichen und weltlichen Konkurrenten.

Q

Vertrag von Andernach 27. April 1292
(Aus: Weinrich, Quellen zur Verfassungsgeschichte 1250–1500, Nr. 57, S. 183–193, hier S. 191)

Dabei entsagen Wir für jetzt und künftig allem Recht, das Uns in besagtem Königtum zustünde oder zustehen könnte. Wir halten auch für recht und billig, dass die Fürsten, die das Recht bei der Wahl des Reiches haben, dann zur Wahl eines anderen Königs schreiten, wenn es diesem Erzbischof förderlich erscheint.

In der Forschung wurde dieser Passus dahingehend interpretiert, dass sich Adolf damit ganz in die Hand seiner Wähler gegeben und gleichsam seine Abwahl für den Fall akzeptiert habe, dass er die Zusagen an seine Wähler nicht erfüllen würde. Neuerdings wird jedoch argumentiert, dass sich Adolfs Selbstverpflichtung gegenüber dem Kölner Erzbischof auf den Zeitraum bis zu seiner Krönung und Weihe beziehe und keineswegs die Anerkennung eines Absetzungsrechts der Kurfürsten bedeute (Ernst Schubert). Am 5. Mai 1292 erfolgte die Wahl des Grafen Adolf von Nassau zum römisch-deutschen König in der Frankfurter Dominikanerkirche. Der Kölner Erzbischof und sein Mainzer Amtskollege, Erzbischof Gerhard II. von Eppstein, gaben ihre Stimmen für Adolf ab. Gesandte des böhmischen Königs, der wegen Krankheit verhindert war, hatten die Stimme ihres Herrn sowie diejenigen des Herzogs von Sachsen und des Markgrafen von Brandenburg dem Mainzer übertragen. Dieser Mehrheit schlossen sich der Erzbischof von Trier und Ludwig II., Pfalzgraf bei Rhein, an. In seiner Wahlerklärung vom 10. Mai stellte Erzbischof Gerhard II. von Mainz die Erhebung so dar, als sei sie allein das Ergebnis der Zusammenarbeit von ihm und König Wenzel II. von Böhmen. Die anderen fünf Wähler wurden nur indirekt und kumultativ erwähnt. Am 24. Juni 1292 salbte und krönte Erzbischof Siegfried von Köln Adolf in Aachen; jedoch standen die Originalinsignien nicht zur Verfügung.

Adolfs Politik

König Adolf von Nassau verfolgte eine Politik, die darauf angelegt war, sich von den Einschränkungen zu befreien und für sein Königtum eine größere territoriale Basis zu schaffen. Das versuchte er vor allem in Mitteldeutschland, wo er 1294 dem Landgrafen Albrecht Thüringen abkaufte und die Mark Meißen als erledigtes Reichslehen einzog. Dagegen wehrten sich die Söhne des Landgrafen und König Adolf war gezwungen, seine vermeintlich erworbenen Rechte mit Gewalt zu erobern. Dabei erhielt er finanzielle Unterstützung vom englischen König Edward I., der sich im Gegenzug Hilfe aus dem Reich gegen Frankreich erwartete. Die Aktivitäten Adolfs und sein energisches Bestreben, seinem Königtum eine breitere materielle Basis zu geben, ließ die maßgeblichen Fürsten im Reich zu dem Entschluss kommen, ihn abzusetzen. Vor allem die weltlichen Kurfürsten in Mitteldeutschland (Sachsen und Brandenburg) sowie der König von Böhmen fühlten sich durch die Erwerbspolitik Adolfs direkt bedroht. Der Herzog Albrecht von Österreich wollte sein väterliches Erbe sichern, denn im Jahr 1292 hatte Adolf dem Kölner Erzbischof versichert, das Herzogtum Österreich als erledigtes Reichslehen zu betrachten und darüber nur mit seiner Zustimmung zu verfügen. So kam eine Koalition zustande, die zur Sicherung ihrer Interessen gegen König Adolf ins Feld zog und dabei auch die Möglichkeit seiner Absetzung ins Auge fasste.

2. Die Absetzung König Adolfs und die Erhebung Albrechts I. von Habsburg 1298

Am 23. Juni 1298 erklärten fünf Kurfürsten – Erzbischof Boemund von Trier und der Pfalzgraf bei Rhein hielten sich bewusst fern – im Mainzer Dom König Adolf für abgesetzt. In der Absetzungsurkunde wurden dem König Landfriedensbruch, Verletzung von Kirchengütern, Kirchen- und Priesterschändungen sowie Vergewaltigungen durch seine Amtsleute vorgeworfen. Weil Adolf damit seine fehlende Eignung zur Rechtswahrung und Friedenssicherung demonstriert habe, befanden sie ihn als für das Königsamt nicht weiter tauglich und erklärten ihn für abgesetzt.

Q

Erzbischof Gerhard von Mainz über die Absetzung König Adolfs von Nassau
(Weinrich, Quellen zur Verfassungsgeschichte 1250–1500, Nr. 63, S. 205–213, hier S. 213)

Die Versammelten erklären, dass „auf allgemeinen Rat, mit dem Willen aller und mit einhelliger Zustimmung der Anwesenden, dass dem zuvor genannten Herren Adolf, der sich des Königtums so unwürdig erwiesen hat und der wegen seiner Ungerechtigkeiten und der zuvor genannten Gründe von Gott vertrieben wurde, damit er nicht weiter regiert, vom Herrgott das Königtum, das er bisher innehatte, entzogen wurde; Wir verkünden, dass es ihm entzogen wurde und überdies entziehen Wir es ihm auf Veranlassung des einstimmigen Spruches der zuvor genannten Kurfürsten; indem Wir alle, die durch Treueeid an ihn gebunden waren, von diesem Eid für immer lösen, verbieten Wir festiglich, dass ihm etwa jemand künftig als König gehorcht oder geneigt ist.

Am Tag nach der offiziellen Absetzung Adolfs, am 24. Juni 1298, wählten die Kurfürsten von Mainz (auch für den Kölner und Böhmen), Sachsen und Brandenburg, also nicht alle sonst an den Wahlen Beteiligten, Herzog Albrecht von Österreich zum König. Bemerkenswert ist, dass jetzt ein vergleichsweise mächtiger Fürst erhoben wurde, der 1292 nicht konsensfähig war. Es war vermutlich die seit 1295/96 wahrgenommene Bedrohung ihrer je eigenen Interessen, die diese Fürsten zu einer Handlungsgemeinschaft gegen König Adolf zusammenführte. Mit Albrechts Erhebung gab es wieder zwei Könige im Reich. Adolf war nicht bereit, die Absetzung zu akzeptieren, sondern wollte die Opposition militärisch in die Knie zwingen. Herzog Albrecht aber, der eigentlich nicht gegen seinen König kämpfen wollte, erhielt mit seiner Erhebung eine Legitimation für eine militärische Konfrontation. Er war dadurch kein eidbrüchiger Lehensmann, sondern hatte einen Rechtstitel, der ihn zum Kampf gegen Adolf berechtigte. Denn die Absetzung eines nicht vom Papst vorher gebannten Königs oder Kaisers war ein Novum und warf sowohl theoretische wie praktische Probleme auf. Wie konnte eine Absetzung legitimiert werden, wenn sich doch in der Wahl durch die Fürsten der Wille Gottes realisiert hatte? Hatten die Fürsten überhaupt ein eigenes Absetzungsrecht? Und wie ging man damit um, dass Adolf sich dieser Absetzung nicht unterwarf, es also zwei Könige gab? Die Kurfürsten deklarierten im Juni 1298 die Absetzung Adolfs als Vollzug von Gottes Willen, der dem unfähigen und nicht geeigneten König die Herrschaft, die ihm durch die Wähler übertragen wurde, auch wieder durch die Wähler entzog. Letztlich musste ein Kampfurteil darüber entscheiden, wer zu Recht König war. Wer von den beiden Kontrahenten tatsächlich derjenige war, den Gott als römischen König vorgesehen hatte, konnte nur durch eine militärische Konfrontation geklärt werden. Wie schon 1077 oder in den auf die Doppelwahl von 1198 folgenden Jahren musste sich im Wortsinne erweisen, welcher König die größeren Kontingente hinter sich hatte. Am 2. Juli 1298 trafen die militärischen Aufgebote von Albrecht und Adolf bei Göllheim (unweit des Donnersberg in der Rheinpfalz) aufeinander. Der Verlauf der Schlacht ist nicht rekonstruierbar, aber das Ergebnis stand früh fest. König Adolf wurde am Kopf verletzt und musste seinen Helm absetzten. Aber trotz der Verwundung und des unzureichenden Schutzes stürzte er sich wieder in das Kampfgetümmel, um seinem Thronrivalen im Zweikampf zu begegnen. Er ist jedoch vermutlich von zwei Rittern Albrechts getötet worden. Erst damit war der Konflikt entschieden und auch die Anhänger von König Adolf (Reichsstädte im Rhein-Main-Gebiet, Erzbischof Boemund von Trier, Pfalzgraf Rudolf) erkannten den Habsburger als König an. Albrecht von Habsburg verlangte jedoch nach der Schlacht eine förmliche Neuwahl. Damit erkannte er indirekt die Herrschaft Adolfs als rechtmäßig an. Der Thron war erst in dem Augenblick vakant, in dem Adolf auf dem Schlachtfeld fiel – und nicht schon als einige Kurfürsten am 23. Juni Adolfs Absetzung verkündeten! Mit Albrechts zweiter Erhebung signalisierte man, dass das Reich erst seit dem Tod Adolfs auf dem Schlachtfeld von Göllheim keinen König mehr hatte. Der nicht vorhersehbare Schlachtausgang hatte die Sache entschieden. Die aktuelle Debatte um zu Tyrannen mutierte Herrscher und um Widerstandsrecht hatte hingegen keinen erkennbaren Einfluss auf die Argumentation und die Konfliktführung. Die Absetzung König

Adolfs wurde denn auch kaum rezipiert und kein Präzedenzfall. In Erinnerung blieb vor allem der „Königsmord" an Adolf von Nassau, für den Albrecht von Habsburg verantwortlich gemacht wurde.

Neuwahl Albrechts von Habsburg

Am 27. Juli 1298 erfolgte in Frankfurt eine einstimmige Neuwahl Albrechts durch die Erzbischöfe von Mainz, Köln und Trier, den König von Böhmen, den Pfalzgrafen bei Rhein/Herzog von Bayern, den Herzog von Sachsen und den Markgrafen von Brandenburg, also durch sieben Kurfürsten, die, so heißt es in dem Wahldekret, „nach Recht und anerkannter Gewohnheit Wähler des Königs der Römer" (*de iure et approbata consuetudine electores*) sind. Also auch bei dieser Erhebung ist – vergleichbar mit 1257 und 1273 – ein Siebener-Gremium zu fassen, das für alle anderen Fürsten im Reich die Wahl vornahm. Folgt man dem Wahldekret, dann zeichnete sich Albrecht, der „durchaus edle und mächtige Mann aus königlichem Geschlecht stammend" durch seinen Glauben, seine Freundschaft zur Kirche, seine Gerechtigkeit, seinen ausgezeichneten Rat, seine Hausmacht und seine körperliche Tüchtigkeit aus, weshalb man hoffen durfte, dass „unter seiner friedlichen Herrschaft dem Reiche Ruhe erwächst, Frieden den Kirchen, Eintracht den Leuten und Zucht den Sitten". Demnach verfügte der neue König Albrecht also über die Eigenschaften, die einen guten König ausmachen und die Adolf angeblich nicht (mehr) hatte.

Sieben Kurfürsten, ein „Kollegium"

In dem Wahldekret vom 28. Juli 1298 bezeichneten sich die sieben Wähler als ein „Kollegium", das nach anerkannter alter Gewohnheit den römischen König wählte. Damit war die Ausbildung eines Gremiums, das für die Erhebung und Wahl der Könige zuständig war, weitgehend abgeschlossen. Eine seit dem ersten Drittel des 13. Jahrhunderts verfolgbare Entwicklung zur Rationalisierung der Königswahl hatte einen vorläufigen Abschluss bekommen. Ob König Albrecht I. das Gremium der Sieben durch einen Rechtsakt nach seiner Erhebung institutionalisierte (Armin Wolf) ist jedoch nicht sicher belegt. Gegen diese Annahme spricht, dass die Bezeichnung „Kollegium" für die Kurfürsten in diesem Zeitraum singulär ist und die Kurfürsten – wie gerade die Erhebung von Albrecht deutlich macht – ihre Stimmen einzeln (*ut singuli*) und nicht als Gesamtheit (*ut collegium*) abgaben. Ihre gemeinsame Verantwortung für das Reich verband die Fürsten, aber sie einte sie nicht (Ernst Schubert). Erst im Verlauf des 14. Jahrhunderts entwickelte sich das Kurfürstenkollegium als Einung. König Albrecht I. versuchte seinerseits, die Kurfürsten enger an das Königtum zu binden und dies öffentlich zu machen. Auf dem Hoftag in Nürnberg 1298 übten die weltlichen Kurfürsten ihre Erzämter aus; sie dienten also dem König. Es war nicht mehr – wie noch bei Albrechts I. Vater König Rudolf – die persönliche Bindung (durch Heiratspolitik) zwischen König und Kurfürsten angestrebt, sondern ein gleichsam über die Hofämter institutionalisiertes Verhältnis der Kurfürsten zum Königtum.

Das konkrete politische Handeln des neuen Königs hat seine Wähler und Anhänger enttäuscht. Albrecht I. nahm nämlich die Revindikations- und Erwerbspolitik seines Vorgängers wieder auf. Insbesondere Adolfs Bemühungen um die Einrichtung einer Königslandschaft in Mitteldeutschland (Thüringen, Meißen) setzte er fort. Und wieder leisteten die davon betroffenen Fürsten Widerstand und somit „erbte" er auch wesentliche Konflikte mit den Fürsten von seinem Vorgänger Adolf. Dieser Widerstand kulminierte 1301/02 in einem Fürstenaufstand, den Albrecht I. jedoch schnell niederschlagen konnte. Es war Albrecht I. gelungen, seine Position im Reich zu konsolidieren, als er am 1. Mai 1308 von seinem Neffen Johann, der nicht mit dem ihm zugewiesenen Herrschaftsrechten aus seinem väterlichen Erbe einverstanden war, ermordet wurde.

3. Die Erhebung Heinrichs VII., des ersten Luxemburgers, 1308

Noch im Mai 1308 begannen die Verhandlungen und Sondierungen darüber, wer ein allgemein anerkannter Nachfolger Albrechts werden könnte. Sogar der französische König Philipp IV. wurde aktiv und versuchte, zahlreiche Fürsten mittels Geld und Versprechungen davon zu überzeugen, dass sein Bruder Karl von Valois ein geeigneter Kandidat sei. Allerdings hatte Karl von Valois keine guten Chancen mehr, als sich am 25. Oktober 1308 in Boppard die Brüder Woldemar und Otto von Brandenburg – der erste als Kurfürst und der zweite als Vertreter Herzog Rudolfs von Sachsen – mit den Herzögen Rudolf I. und Ludwig IV. von Bayern, die gemeinsam die pfalzgräfliche Kurstimme führten, sowie Herzog Friedrich von Österreich und Herzog Albrecht I. von Anhalt verabredeten, sich mit ihrem Votum der Mehrheit der drei geistlichen Kurfürsten anzuschließen. Dabei gingen sie davon aus, dass sich die Erzbischöfe für einen von ihnen entscheiden würden. Die geistlichen Wähler aber entschieden sich für Graf Heinrich von Luxemburg, den Bruder von Balduin, des Erzbischofs von Trier. Graf Heinrich machte den drei Erzbischöfen bei Wahlverhandlungen vom 22. bis 24. November 1308 in Rhens Zusagen (Entschädigungszahlungen) für den Fall, dass er gewählt werden würde. Am 27. November wurde er dann einstimmig – allerdings ohne die Stimme des böhmischen Königs – im Frankfurter Dominikanerkloster gewählt. Am 6. Januar 1309 krönte Erzbischof Heinrich von Köln Heinrich VII. und dessen Gemahlin Margarete in Aachen, am 11. Januar traf die Approbation (Bestätigung) der Wahl von Papst Clemens V. (1305–1314) ein. Die Kaiserkrönung wurde für den 2. Februar 1312 in Rom terminiert.

Das Kaisertum Heinrichs VII.

König Heinrich VII. verfolgte als wesentliches Ziel, das Kaisertum wieder zu beleben. Im Jahr 1220 war mit Friedrich II. der letzte römisch-deutsche König zum Kaiser gekrönt und gesalbt worden. Um in Oberitalien die Ordnung wieder herzustellen und Frieden zu schaffen, und um in Rom zum Kaiser geweiht zu werden, brach Heinrich VII. im September 1310 mit einem Heer von etwa 5000 Mann nach Italien auf. Es ist ihm nicht gelungen, seine politischen Ziele (Befriedung Oberitaliens) zu erreichen, aber immerhin erlangte er die Kaiserweihe. Am 29. Juni 1312 wurde Heinrich VII. von zwei Kardinälen im Auftrag Papst Clemens V., der sich in Frankreich aufhielt, im Lateran geweiht. Damit hatte nach 92 Jahren wieder ein römischer König die Kaiserkrone erlangt. In seinem Krönungsschreiben stellte Heinrich fest, dass alle Menschen dem Kaiser als obersten Herrscher untertan seien und betonte den universalen Charakter des Kaisertums. Er fühlte sich dem Papsttum auch nicht durch einen Treueeid verpflichtet. Nach der

Weihe bereitete Heinrich VII. ein militärisches Vorgehen gegen König Robert von Neapel-Sizilien vor, um das Königreich Sizilien wieder – wie zu der Zeit von Kaiser Friedrich II. – mit dem Reich zu verbinden. Aber bevor er seine Pläne realisieren konnte, starb Heinrich VII. am 24. August 1313 an einem Malariaanfall. Er wurde in Pisa beigesetzt.

4. Die Doppelwahl 1314: Ludwig von Wittelsbach und Friedrich von Habsburg

Kaiser Heinrichs VII. Sohn Johann war seit Dezember 1310 König von Böhmen. Er setzte sich, unterstützt von seinem Vater, im Kampf um diesen Thron militärisch gegen Herzog Heinrich VI. von Kärnten durch, der von einem Teil des böhmischen Adels schon 1306 zum König erhoben worden war, aber im Juli 1310 von König Heinrich VII. für abgesetzt erklärt wurde. Johann war zudem von seinem Vater als Reichsvikar eingesetzt worden und für die Aufrechterhaltung des Friedens und der Sicherheit im Reich verantwortlich. Für seinen Onkel Erzbischof Balduin von Trier, aber auch für den Erzbischof von Mainz, Peter von Aspelt, war Johann ein ernsthafter Kandidat für die Nachfolge auf den Königsthron. Am 2. Januar 1314 meldete Johann in Rhens seine Kandidatur offiziell an. Dagegen leistete jedoch der Kölner Erzbischof Heinrich von Virneburg starken Widerstand. Er wusste den Pfalzgrafen Rudolf und Herzog Rudolf I. von Sachsen (wittenbergische Linie) auf seiner Seite. Und als schließlich noch der Habsburger Friedrich der Schöne, ein Sohn König Albrechts I., seine Kandidatur anmeldete, war den Luxemburgern klar, dass für Johann kein Konsens der Wähler zu erreichen war. Um eine Doppelwahl oder gar die Erhebung des Habsburgers zu verhindern, bewegten die Erzbischöfe Balduin und Peter König Johann von Böhmen zum Verzicht auf die Kandidatur um den römisch-deutschen Thron. Der Rückzug wurde offiziell mit der Minderjährigkeit Johanns, seiner Unerfahrenheit sowie der Notwendigkeit der böhmischen Kurstimme (Selbstwahl war umstritten) begründet. Im August 1314 trat Herzog Ludwig IV. von Bayern an die Stelle Johanns als Kandidat. Die Luxemburger hatten gehofft, dass Ludwig, ein Vetter Friedrichs, für alle Wähler akzeptabel war oder Friedrich seine Bewerbung zurückziehen werde. Es gelang jedoch nicht, eine Einigung zu erzielen und so war eine weitere Doppelwahl die logische Folge der politischen Vorabsprachen und der Parteibildung.

Friedrich von Habsburg, Ludwig von Wittelsbach

Am 19. Oktober 1314 wählten in Sachsenhausen bei Frankfurt am Main Erzbischof Heinrich von Köln, Pfalzgraf Rudolf, der Bruder des Kandidaten Ludwig, Herzog Rudolf I. von Sachsen-Wittenberg und Herzog Heinrich von Kärnten, der die böhmische Kurstimme beanspruchte, den Habsburger Friedrich den Schönen zum *rex Romanorum*. Am 20. Oktober erhielt Herzog Ludwig von Bayern in Frankfurt die Stimmen der Erzbischöfe von Mainz und Trier, Markgraf Woldemars von Brandenburg, Herzog Johanns von Sachsen-Lauenburg und König Johanns von Böhmen. Insgesamt waren damit neun Stimmen, statt der eigentlich vorgesehenen sieben, an die zwei Bewerber vergeben worden. Das lag zum einen daran, dass es aktuell zwei

Linien der Herzöge von Sachsen gab, deren Oberhäupter, Rudolf von Sachsen-Wittenberg und Johann von Sachsen-Lauenburg, beanspruchten, bei Königserhebungen stimmberechtigt zu sein. Hier wird ein Problem für die Praxis relevant, das auch schon bei den Wittelsbachern eine wichtige Rolle gespielt hatte, nämlich die Frage, wer die Kurstimme führte, wenn die Dynastie in zwei oder mehr Linien gespalten war. Zum andern gaben im Oktober 1314 zwei Wähler, Heinrich von Kärnten und Johann von Luxemburg, eine Stimme als König von Böhmen ab. Böhmen war ein Wahlkönigreich und somit traten ähnliche Probleme wie im Reich auf, wenn die Großen sich nicht auf einen König einigten. Heinrich wie auch Johann waren von verschiedenen böhmischen Parteien zu Königen erhoben worden. Johann konnte Heinrich schließlich aus dem Land vertreiben, aber er gab seinen Anspruch auf die Krone und die damit verbunde Kurstimme nicht auf. Es waren politische Gründe – die Hoffnung auf Unterstützung gegen den Luxemburger Johann in Böhmen –, die Herzog Heinrich in das Lager der Habsburger führte.

Auf den Wittelsbacher Ludwig waren die meisten Stimmen (5 : 4) gefallen, aber es galt noch nicht das Mehrheitsprinzip und die beiden *electi* sahen sich durch die Wahl legitimiert. Am 25. November wurde Ludwig in Aachen mit einer Ersatzkrone und Friedrich in Bonn mit der Reichskrone gekrönt. Wie schon 1298 zwischen Adolf von Nassau und Albrecht I. fiel auf dem Schlachtfeld die Entscheidung darüber, wer von den beiden das eigentliche Recht am Königtum hatte. Es vergingen jedoch fast acht Jahre, bevor ein Kampfentscheid herbeigeführt wurde. Beide Seiten setzten in dieser Zeit immer wieder militärische Gewalt ein, worunter vor allem die Bevölkerung der betroffenen Landstriche zu leiden hatte. Erst im September 1322 trafen die Truppen Ludwigs und Friedrichs bei Mühldorf am Inn zur Entscheidungsschlacht aufeinander. Ludwig behielt die Oberhand und konnte seinen Rivalen Friedrich gefangen nehmen. Deshalb fiel mit der Schlacht zwar eine klare Entscheidung zu Gunsten Ludwigs, aber Friedrich der Schöne war noch am Leben und damit auch noch sein Thronanspruch wirksam. Eigentlich sollte ein Kampfurteil ein klares Ergebnis zeigen, d. h. den Tod eines der Könige. So war Friedrichs Bruder Leopold überrascht darüber, dass Friedrich die Niederlage überlebt hatte, während Ludwig sich vor der Schlacht darüber im Klaren war, im Falle der Niederlage sterben zu müssen. Jetzt aber musste nach einer anderen Lösung gesucht werden, um den Konflikt zwischen Ludwig und den Habsburgern endgültig beizulegen.

5. Das Doppelkönigtum von Ludwig von Wittelsbach und Friedrich von Habsburg 1325

Ludwig verständigte sich schließlich mit dem Habsburger, weil er mit dem Papst Johannes XXII. (1316–1334) wegen Interessengegensätzen in Oberitalien in Konflikt geriet. Der Papst erkannte Ludwig als römischen König nicht an und bannte ihn im März 1324 sogar (vgl. Kapitel V.6). Das Ergebnis der Verhandlungen zwischen Habsburgern und Wittelsbachern waren mehrere

Verträge, die im Verlauf des Jahres 1325 abgeschlossen wurden. Am 13. März wurde die Trausnitzer Sühne beurkundet. Friedrich verpflichtete sich, als Gegenleistung für seine Freilassung auf seinen Thronanspruch zu verzichten und Ludwig als König anzuerkennen. Weiter sollte er Ludwig im Kampf gegen den Papst unterstützen und seine Brüder dazu bewegen, Ludwig zu huldigen. Am 1. September und am 5. September 1325 wurden in München zwei weitere Verträge abgeschlossen, die insgesamt eine sensationelle Wende des Verhältnisses der beiden Kontrahenten dokumentierten. Ludwig und Friedrich wollten gemeinsam als gewählte und geweihte Könige das Reich quasi als eine Person regieren. Das Doppelkönigtum wurde von Ludwig als Möglichkeit zur Integration aller Fürsten des Reiches im Kampf gegen den Papst eingeführt. Ludwig sollte darüber entscheiden, wer von ihnen beiden zur Kaiserkrönung nach Rom aufbrechen und wer im Reich regieren sollte. Anfang Februar 1326 erklärte sich auch Herzog Leopold von Habsburg, Friedrichs Bruder, dazu bereit, Ludwig als König anzuerkennen. Der hatte nämlich angeboten, Friedrich die Krone zu überlassen (er würde also abdanken), wenn dieser vom Papst bis zum 25. Juli 1326 anerkannt würde. Andernfalls sollte der Münchener Vertrag in Kraft bleiben. Das Doppelkönigtum von Ludwig und Friedrich war eine neue Lösung der Probleme, die dem Wahlprinzip inhärent waren und in verfassungsgeschichtlicher Hinsicht eine bemerkenswerte Idee. Nur war sie in der Praxis wenig geeignet, königliche Autorität reichsweit durchzusetzen. Weil Ludwig sich von 1327 bis 1329 (im Januar 1328 wurde er Kaiser) in Italien aufhielt und Friedrich der Schöne am 13. Januar 1330 starb, blieb dem Doppelkönigtum eine ernsthafte Bewährung erspart. Als Herrschaftsform und Kompromiss bei Doppelwahlen hat sich das Doppelkönigtum nicht weiter etablieren können. Es war ein einmaliges Produkt einer ganz besonderen politischen Konstellation. Zwei Könige an der Spitze einer Monarchie – der Einherrschaft – zu haben, war eben keine zukunftsweisende Lösung.

6. Die Päpste und die Königserhebungen in der ersten Hälfte des 14. Jahrhunderts

Nach seiner Kaiserweihe im Juni 1312 ging Heinrich VII. politisch und militärisch gegen König Robert von Neapel-Sizilien (1309–1343) vor. Weil Roberts Truppen die Peterskirche besetzt hielten, musste die Kaiserweihe im Lateran stattfinden. Der König von Neapel aus dem Hause Anjou wurde gegen Heinrich VII. von den Päpsten unterstützt, weil er aus eigenem Interesse starken Einfluss der Kaiser in Italien verhindern wollte. Der Kaiser ließ Robert wegen dieser Politik als Majestätsverbrecher verurteilen und wollte das Urteil mit seinem Heer durchsetzen, als er 1313 starb. Nach Heinrichs VII. Tod formulierte Papst Clemens V. (1305–1314) in zwei Dekretalen päpstliche Grundsatzpositionen, die in den folgenden Jahren handlungsleitend blieben. Sie variierten noch einmal den schon von Bonifaz VIII. (1294–1303) immer wieder zum Ausdruck gebrachten Anspruch, dass alle Fürsten der päpstlichen Gewalt untergeordnet seien.

Approbation

Papst Bonifaz VIII. hatte um 1300 eine feste Stufenfolge für die Anerkennung von Herrschern und die Reichweite ihrer Herrschaft entwickelt. Danach war der gewählte deutsche Herrscher *rex Alemaniae* beziehungsweise *in regem Romanorum electus*. Seine Herrschaft schloss jedoch Italien und Burgund aus. Erst die im Konsistorium in Form eines feierlichen Rechtsaktes vorgenommene päpstliche Appropation des Elekten machte ihn zu einem *Romanorum rex* mit voller Herrschergewalt in Deutschland, Reichsitalien und Burgund. Entsprechend dieser Auffassung erhielten König Albrecht I. im April 1303 und König Heinrich VII. im Juni 1309 ihre Appropation. Die dritte Stufe war schließlich die Kaiserkrönung des römisch-deutschen Königs, wodurch er zum *imperator Romanorum* wurde. In diesem Sinne bekräftigte Papst Clemens V. 1313/14 zum einen die Auffassung, dass der von den Fürsten erwählte römische König durch den Papst bestätigt, d.h. approbiert werden müsse. Zudem habe der Gewählte sich mit einem Treueeid gegenüber dem Papst zu verpflichten, die Kirche zu verteidigen. Zum anderen hob er das Urteil Heinrichs VII. gegen König Robert von Neapel mit der Begründung auf, dass das Königreich Sizilien nicht zum Imperium gehöre, sondern ein Lehen des Papstes sei, und der Papst über dem Kaiser stehe. Aus dieser Vormachtstellung ergebe sich weiter, dass der Papst im Falle der Vakanz des Imperiums das Recht habe, einen Vertreter (Vikar) einzusetzen. Dieser Gedanke wurde umgehend in die Tat umgesetzt und König Robert von Clemens V. zum Reichsvikar in Italien ernannt. Die Vakanz, auf die sich Clemens V. berufen hatte, war nach der Wahl von Ludwig und Friedrich im Oktober 1314 zu Ende. Umstritten war nur, welcher von den beiden Gewählten rechtmäßiger König war. Ein Papst konnte als Schiedsrichter zunächst nicht angerufen werden, weil es nach Clemens' V. Tod im April 1314 bis zum August 1316 dauerte, ehe sein Nachfolger – Johannes XXII. (1316–1334) – erhoben war. Deshalb wurden die Wahlbenachrichtigungen jeweils an den künftigen höchsten Bischof (Papst) gerichtet. In beiden Texten wurde um die Salbung und Weihe des Gewählten gebeten; er solle zum Kaisertum erhoben werden. In dem Dekret über die Wahl Friedrichs des Schönen vom 19. Oktober wird explizit darum gebeten, die kanonisch vollzogene Wahl zu billigen (approbieren). Diese Bitte enthält das Wahldekret für Ludwig vom 23. Oktober 1314 nicht. Allerdings ist es nicht sicher, dass die Wahldekrete überhaupt an die Kurie gelangt sind; vermutlich waren sie für spätere Verhandlungen wegen der Kaiserkrönung gedacht und in den Archiven der beiden Könige aufbewahrt worden.

Ludwig der Bayer im Konflikt mit Papst Johannes XXII.

Papst Johannes XXII. war jedoch nicht bereit, sich für einen der beiden Gewählten auszusprechen. Er führte vielmehr die Idee zusammen, wonach bei einer Vakanz des Kaisertums der Papst das Vikariat beanspruchen könne, und die Auffassung, dass vor der Approbation durch den Papst der *rex Romanorum* in seinem Reich keine Herrschaft ausüben dürfe. Aus diesen beiden Ideen machte der Papst ein politisches Argument gegen Ludwig: Solange der gewählte König nicht vom Papst bestätigt war, galt das Reich und damit auch das Kaisertum als vakant. Während dieser Zeit hatte nur der Papst das Recht auf das Vikariat, was in der Praxis bedeutete, dass er Vikare einsetzte. Johannes XXII. erkannte keinen der beiden Könige an, somit konnte auch keiner Kaiser werden und das Imperium blieb weiter vakant. Es ist denkbar, wenn auch nicht schlüssig zu belegen, dass der Papst auf diese Weise an die Italienpolitik seines Vorgängers anknüpfen wollte und auf die Ausweitung der päpstlichen Herrschaft in Italien zielte. Dazu aber musste der Kaiser zurückgedrängt werden. Jedenfalls bestätigte Johannes XXII. König Robert von Neapel als Reichsvikar in Italien und beauftragte ihn mit einem „Kreuzzug" unter anderem gegen Matteo Visconti und seine Söhne in Mailand, um die Lombardei kontrollieren zu können. Die bedrängten Visconti baten wiederum König Ludwig, der sich 1322 gegen seinen Konkurrenten Friedrich durchgesetzt hatte, um Unterstützung. König Ludwig schickte im Frühjahr 1323 von ihm ermächtigte Reichsvikare nach Italien, die zwangsläufig mit den Legaten des Papstes in Konflikte gerieten. Damit aber lieferte Ludwig dem Papst den Anlass, die Approbationstheorie in der Praxis anzuwenden. Am 3. Oktober 1323 bekräftigte Johannes XXII., dass kein König Herrschaftsrechte wahrnehmen dürfe, bevor seine Wahl nicht vom Papst geprüft und bestätigt sei. Und am 8. Oktober 1323 eröffnete er einen Prozess gegen Ludwig, der in Avignon durch den Anschlag der Anklageschrift an die Türen des Domes öffentlich gemacht wurde. Ludwig wurde vorgeworfen, den Königstitel des Römischen Reiches unberechtigt zu führen, ja ihn usurpiert zu haben, denn er sei noch nicht approbiert worden. Zudem habe er sich Regierungsgewalt angemaßt, die dem Papst zustehe, solange das Reich (Imperium) vakant sei. Er solle sich aller Amtshandlungen enthalten und getroffene Entscheidungen zurücknehmen, bis er approbiert sei. Weigere er sich, würde er nach einer Frist den Kirchenstrafen verfallen. Weil sich Ludwig diesem Spruch nicht beugen wollte, wurde er am 23. März 1324 gebannt. Für die Kurie war Ludwig schon deshalb ein „Ketzer", weil er König war und sich weigerte, den päpstlichen Approbationsanspruch anzuerkennen. Am 11. Juli 1324 erkannte ihm der Papst alle Rechte aus der Königswahl ab (*privatio iuris*). Er habe durch die Wahl von 1314 keine Herrschaftsrechte erhalten und sollte auch seine Reichslehen verlieren, seine Anhänger verfielen Bann und Interdikt.

Ludwigs Romzug und Kaiserkrönung

Die konkrete Herrschaft Ludwigs im Reich wurde durch diese Maßnahmen nicht in Frage gestellt; die überwiegende Zahl der Städte und die meisten Fürsten verhielten sich wenigstens neutral beziehungsweise unterstützten ihn. Gleichwohl versuchte Ludwig, sich gegen die Vorwürfe des Papstes zu verteidigen. Zunächst ließ er sich auf das Rechtsverfahren an der Kurie ein und antwortete mit drei Appellationen (eine an den Papst, zwei an ein Konzil) gegen den Prozess. Aber der eigentliche Vorstoß zur Klärung der Lage in seinem Sinne war der Zug nach Rom, um die Reichsrechte wieder in Italien zur Geltung zu bringen und die Kaiserkrone zu erwerben. Der Entschluss zum Italienzug fiel im Januar 1327 auf einem Hoftag in Trient, aber es dauerte ein Jahr, bis der Heerzug endlich Rom erreicht hatte. Am 17. Januar 1328 fand die Kaiserkrönung statt. Weder Johannes XXII. noch Legaten des Papstes aus Avignon nahmen an der Zeremonie teil. In der Peterskirche nahmen der Bischof von Castello (Venedig) und von Aleria, beide ihres Amts enthoben und exkommuniziert, die Krönung vor.

Q

Giovanni Villani, Nuova Cronica (Chronik)
(Übersetzung in: Deutsche Geschichte in Quellen und Darstellungen Bd. 2, S. S. 145–147, hier S. 146)

Darauf ließ sich also der Baier zum Kaiser krönen und zwar, in Abwesenheit des Papstes und der Cardinäle desselben, von Schismatikern und Gebannten, nämlich dem Bischof von Venedig, einem Nepoten des Cardinals da Prato, und dem Bischof von Ellera. In derselben Weise wurde seine Gemahlin zur Kaiserin gekrönt. Als nun der Baier gekrönt war, ließ er drei kaiserliche Dekrete verlesen, eines vom katholischen Glauben, sodann eines, welches besagt, die Geistlichen zu ehren, endlich ein drittes von der Fürsorge für die Witwen und Waisen. Ein heuchlerisches Spiel, welches den Römern sehr zusagte. Hierauf ließ er die Messe singen, welche den Abschluss der Feierlichkeit bildete.

Nachdem er zum Kaiser gekrönt worden war, hatte Ludwig die Position, um seinen Gegner Papst Johannes XXII. nun seinerseits für abgesetzt zu erklären. Am 18. April 1328 enthob Ludwig kraft seines kaiserlichen Amtes den Papst aus seiner Position und ließ am 12. Mai 1328 durch das Volk von Rom einen neuen Papst wählen. Dieser Nikolaus V. (1328–1330) erteilte Ludwig am 22. Mai nochmals die Kaiserweihe. Es versteht sich fast von selbst, dass sich Johannes XXII. in Avignon davon nicht beeindrucken ließ. Schon am 31. März 1328 erklärte der Papst die Krönung Ludwigs für ungültig. Bis zu seinem Tod im Jahr 1334 blieb der Papst unversöhnlich. Auf die Verhandlungsangebote Ludwigs ging er nicht ein. Vielleicht weil er wusste, dass dessen im Jahr 1333 gezeigte Bereitschaft, auf sein Königtum (aber nicht auf das Kaisertum) zu verzichten, eher ein taktisches Manöver denn ein ernst gemeinter Vorschlag war.

Der Konflikt zwischen Kaiser Ludwig und Papst Johannes XXII. entzündete sich an dem Reichsvikariat über Italien, entwickelte sich dann aber aus der Sicht des Kaisers und der Kurfürsten ins Grundsätzliche. Denn es ging nicht allein um die Entscheidung des Papstes über die strittige Wahl von 1314 wie noch 1198, als Innocenz III. die Doppelwahl zum Anlass genommen hatte, vor der Kaiserweihe den gewählten König zu prüfen. Der Papst hatte ja weder Ludwig noch Friedrich anerkannt. Gegenüber der Situation von 1198 ergab sich eine neue Qualität, denn Johannes XXII. bestand nicht mehr auf der Prüfung des Gewählten, sondern beanspruchte schon die Prüfung des beziehungsweise der Kandidaten vor der Königswahl. In anderen Worten: Johannes XXII. wollte unmittelbar auf die Wahlentscheidung der Kurfürsten Einfluss nehmen. Auf diese Weise – durch den Einsatz des Approbationsrechtes – konnte er den päpstlichen Anspruch auf die Vormacht gegenüber dem Kaiser zur Geltung bringen. Papst Benedikt XII. (1334–1342) war verhandlungsbereiter als sein Vorgänger und um die Mitte der 1330er Jahre erschien eine Rekonziliation des Kaisers durchaus wieder möglich zu sein. Aber letztlich scheiterten 1337 die Ausgleichsverhandlungen daran, dass Kaiser Ludwig den päpstlichen Anspruch auf Approbation nicht anerkannte und ein Bündnis mit König Edward III. von England abschloss. Edward III. suchte Unterstützung im Kampf gegen König Philipp VI. von Frankreich. Deshalb intervenierte Anfang April 1337 eine französische Delegation in Avignon und veranlasste den Papst zum Abbruch der Verhandlungen.

Aber nicht nur Ludwig, auch die Kurfürsten wurden von dem Angriff Papst Johannes XXII. auf die gültige Form der Königswahl getroffen. Schließlich beruhte ihr Vorrang im Reich darauf, den römisch-deutschen König frei und nach ihren Vorstellungen wählen zu können. Die von Johannes XXII. formulierten Ansprüche berührten somit ihre wesentlichen Rechte. Mit der Königswahl nahmen sie Verantwortung für das Reich wahr, aus der sie Ansehen und Selbstverständnis zogen. Hätte der Papst seine Pläne realisieren können, wären sie gleichsam degradiert worden. Deshalb bereiteten sie wegen der Interessenidentität gemeinsam mit Kaiser Ludwig die Abwehr des päpstlichen Approbationsanspruchs vor. Die Päpste seit Bonifaz VIII. hatten an der kirchenrechtlichen Begründung ihres Anspruchs auf universelle Geltung gearbeitet und im Konflikt mit Kaiser Ludwig subtil damit argumentiert. Allerdings waren sie nicht in der Lage, diesen Anspruch tatsächlich gegen den König und Kaiser Ludwig durchzusetzten und ihn zu entmachten. Und in der zweiten Hälfte des 14. und im 15. Jahrhundert war für die Stärke und Struktur des römisch-deutschen Reiches nicht mehr die Beziehung zum Papsttum entscheidend. Nur noch im Zusammenhang mit der Einberufung und Leitung der Reformkonzilien war die kaiserliche Kompetenz gefragt und gefordert.

7. Auf dem Weg zur Goldenen Bulle: Erklärungen zur Königswahl im Jahr 1338

Fürstenversammlung in Rhens

Die Verfestigung des Wahlgedankens und die weitere Institutionalisierung der sieben Kurfürsten als entscheidendes Wahlgremium bei Königserhebungen dokumentieren zwei Urkunden, die während der Regierungszeit König Ludwigs entstanden. Deutlich erkennbar werden darin die Wahlformen und Verfahren bei der Königserhebung sowie die Ablehnung von päpstlichen Eingriffen in das Erhebungsverfahren. Am 12. Juli 1338 versammelten sich die Kurfürsten – mit Ausnahme König Johanns von Böhmen – und weitere Adelige im Baumgarten bei Rhens. Dies war das erste Treffen der Kurfürsten, ohne dass es um die Wahl eines neuen Königs ging. Damit machten sie ihren Anspruch deutlich, Reichsrechte unabhängig vom Herrscher zu vertreten. Sie brachten eine Erklärung über die Königswahl – und damit auch über ihre Rechte – zu Pergament. In dem so genannten Weistum wird die Mehrheitsentscheidung bei der Wahl festgelegt, um Doppelwahlen zu verhindern und deutlich gemacht, dass der von den Fürsten rechtmäßig gewählte König keine Bestätigung des Papstes benötigte, um die Herrschaft antreten zu können.

Q

„Weistum" der Kurfürsten über die Königswahl 16. Juli 1338
(in Weinrich, Quellen zu Verfassungsgeschichte 1250–1500, Nr. 88, S. 287–291, hier S. 289)

Die von den Kurfürsten des Reiches einstimmig oder im oben genannten Sinn mehrheitlich (d. h. auch im Zwiespalt) Erwählten haben sich den Königstitel beigelegt und die Güter und Rechte des Reiches verwaltet; sie konnten dies nach Recht und Herkommen erlaubterweise tun und werden es auch künftig tun können, ohne die Anerkennung oder Erlaubnis des besagten Apostolischen Stuhles dafür erlangt oder erhalten zu haben.

Namentlich genannt wurde König Ludwig in dem Weistum nicht. Auch vom Kaisertum war keine Rede. Ob das Weistum eine verschlüsselte Parteinahme der Kurfürsten im aktuellen Konflikt war, ist schwer zu entscheiden. Auf jeden Fall hatten die Fürsten damit eine Grundlagenentscheidung über das Verfahren zur Wahl des Königs getroffen, in die sowohl die Erfahrungen von 1314 (es gab kein Mehrheitsprinzip) als auch der Konflikt mit der Kurie (Approbationsfrage) eingeflossen waren. Kaiser Ludwig hat einige der im Weistum angesprochenen Aspekte weiter entwickelt und in Form eines Gesetzes über die Kaiserwahl – nach den Eingangsworten *Licet iuris* genannt – am 6. August 1338 in Frankfurt veröffentlicht. Darin ging er noch über die Position der Kurfürsten hinaus, denn der Gewählte trete mit der Wahl nicht nur in die Rechte des Königs, sondern auch in die des Kaisertums ein, ohne dass es einer Zustimmung des Papstes bedürfe. Bekräftigt wurde diese Auffassung noch einmal auf einem Hoftag im Jahr 1339 in Frankfurt am Main. Ludwig und die Fürsten waren sich darüber einig, dass die einstimmig oder mehrheitlich erfolgte Wahl dem Papst angezeigt werden solle. Mit der Anzeige solle um die Kaiserkrone gebeten werden, aber nicht um eine Approbation, denn nur die Wahlentscheidung mache den römischen König. Würde ein Papst die Kaiserkrönung verweigern, sollte man einen dazu geneigten Erzbischof oder Bischof heranziehen.

8. Die Erhebung von Karl IV. zum Gegenkönig 1346

Doch die Erklärungen von 1338 und 1339 waren Zukunftsmusik; bewältigt werden mussten die aktuellen politischen Probleme. Für Kaiser Ludwig stand dabei die Beilegung des Konfliktes mit den Päpsten an erster Stelle seiner Agenda. Der gebannte Ludwig suchte in den 1340er Jahren eine Lösung mit Papst Clemens VI. Er bot an, auf das Kaisertum zu verzichten und sich das Königtum durch päpstliche Approbation bestätigen zu lassen, wenn er rekonziliarisiert, das heißt wieder in die Gemeinschaft der Gläubigen aufgenommen und zum Altarsakrament zugelassen werden würde. Diese Verhandlungen und insbesondere die Zugeständnisse Ludwigs an die Päpste, machten die Kurfürsten nervös, denn ihre Realisierung hätte der 1338/39 formulierten Position den Boden entzogen und die Mitwirkung der Päpste an der Königswahl weiter gerechtfertigt. Zudem fürchteten sie, dass dem Reich dadurch Schaden entstehen würde. Schon 1344 wurde das Gerücht kolportiert, Ludwig solle abgesetzt und an seiner Stelle Karl von Böhmen, ein Sohn König Johanns', zum König gewählt werden. Aber es dauerte noch einige Zeit, bis es die Situation im Reich erlaubte, das Vorhaben zu realisieren. Eine wesentliche Voraussetzung dafür war nämlich, dass die Verhandlungen von Kaiser Ludwig mit Papst Clemens VI. über seine Rekonziliation scheiterten. Und tatsächlich bestätigte am 13. April 1346 Clemens VI. den Kirchenbann über Ludwig und forderte die Kurfürsten zur Neuwahl eines Königs auf, denn aus seiner Sicht war mit dem erneuten Bann Ludwigs der Thron eindeutig vakant. Erzbischof Balduin von Trier, König Johann von Böhmen und Herzog Rudolf von Sachsen-Wittenberg sowie der Erzbischof Walram von Köln gingen auf diese Aufforderung ein. Am 11. Juli 1346 trafen sich fünf Kurfürsten in Rhens, denn Frankfurt hielt zu Ludwig. Sie erklärten den Thron für vakant, weil Ludwig gebannt sei. Deshalb sei eine Neuwahl nötig. König Johann von Böhmen, die Erzbischöfe von Köln, Mainz und Trier sowie der Herzog von Sachsen-Wittenberg gaben ihre Stimmen für Johanns Sohn Karl ab. Am 26. November 1346 wurde er in Bonn und nicht in Aachen, das weiter zu Ludwig stand, gekrönt. Diese Wahl fand praktisch unter Ausschluss der Öffentlichkeit statt, sie wurde im Reich kaum wahrgenommen und blieb zunächst ohne Wirkung. Aus diesem Grund wird sie neuerdings lediglich als Rechtstitel für den Fall, dass sich Ludwig doch noch mit dem Papst zuungunsten des Reiches und gegen die Interessen der Kurfürsten einigen sollte, gewertet (Ernst Schubert). Die Kurfürsten wendeten damit die aus ihrer Sicht gegebene Gefahr ab, dass in Avignon über die Nachfolge im Reich entschieden würde.

Karl IV. setzt sich durch

Allerdings gab es faktisch wieder zwei Könige im Reich und es war die Frage, ob sich Karl, der in einer deutlich schwächeren Position als der Kaiser war, mit Ludwig einen Entscheidungskampf liefern würde. Ludwig der Bayer wurde zum Zeitpunkt der Wahl Karls vom größten Teil der Fürsten und Städte des Reiches unterstützt. Karl verfügte nicht über die militärischen Mittel, um sofort die Konfrontation zu suchen. Erst mit dem überraschenden Tod Ludwigs am 11. Oktober 1347, der auf der Jagd einem Schlaganfall erlag, eröffnete sich Karl die große Chance, sich durchzusetzen – und er nutzte sie. Es gelang Karl IV. nicht nur, im Reich Anhänger zu gewinnen; er profitierte auch davon, dass die Wittelsbacher keinen aussichtsreichen eigenen Kandidaten gegen ihn aufstellen konnten. Der am 10. Januar 1348 von vier Kurfürsten gewählte König Edward III. von England nahm die Wahl nicht an. Die Suche nach einem geeigneten beziehungsweise willigen Kandidaten dauerte ein Jahr. Erst am 30. Januar 1349 wählten die Kurfürsten von Mainz, Kurpfalz, Brandenburg und Sachsen den thüringischen Grafen Günther von Schwarzburg zum König. Günther verlangte vor seiner Erhebung eine Erklärung darüber, dass der Thron vakant sei und Karls IV. Ansprüche auf die Krone unbegründet seien. Das Erhebungsverfahren verlief nicht in einer Abstimmung der anwesenden Kurfürsten, sondern es wurde formell verkündet, dass die vier Wähler in Einzelurkunden den Grafen nominiert hatten. Günthers Aussichten, sein Königtum gegen Karl durchsetzen zu können, waren jedoch gering, zumal er durch eine Krankheit daran gehindert wurde, persönlich zu kämpfen. Am 26. Mai 1349 verzichtete er in dem Vertrag von Eltville auf seine Königswürde und akzeptierte einen finanziellen Ausgleich. Die Wittelsbacher gaben nun ihren Widerstand auf.

Nach den diplomatisch-politischen Erfolgen und der Klärung der Kraftverhältnisse im Reich sorgte Karl in Bezug auf die Form seiner Erhebung für einen Neuanfang. Wichtig für die Herrschaft war in einem ersten Schritt der Konsens, die Zustimmung aller Kurfürsten. Diese erreichte er am 17. Juni

1349 bei seiner erneuten Wahl und der anschließenden Altarsetzung in Frankfurt am Main. Dieser formal korrekte Ablauf der Erhebung war offensichtlich notwendig, weil auch Karl seine Erhebung in Rhens als *nominatio* verstanden hatte, die erst durch die Handlungen in Frankfurt zu einer vollgültigen Wahl (*electio*) wurde. Der zweite Schritt war die Thronsetzung in Aachen, die am 25. Juli 1349 folgte. Die damit verbundene zweite Krönung in Aachen brachte den notwendigen Legitimationsschub, denn mit diesen Ritualen stellte er sich in die Tradition Karls des Großen. Hier trafen noch einmal der Gedanke der Wahlheiligkeit und der Thronsetzung als gleichwichtige konstitutive Akte für das Königtum zusammen. Karl IV. sorgte mit der Goldenen Bulle dafür, dass in den folgenden Jahrhunderten die Wahl zur entscheidenden Handlung wurde.

9. Königserhebungen nach der Goldenen Bulle von 1356

Auf Hoftagen in Nürnberg am 10. Januar 1356 und Metz am 25. Dezember 1356 ließ Karl IV. ein umfangreiches Gesetzeswerk verkünden. Das Werk, seit 1400 wegen der Art der Besiegelung Goldene Bulle genannt, war bis zum Ende des Alten Reiches 1806 in Kraft. Es regelte unter anderem die Pflichten und Rechte der Kurfürsten, die Wahlformen und das Wahlzeremoniell im Zusammenhang mit der Wahl eines römisch-deutschen Königs. Die Privilegien der Kurfürsten und die Königswahl wurden gesetzlich aufeinander bezogen. Karl IV. band auf diese Weise die Kurfürsten, die eine besondere Verantwortung für das Reich beanspruchten – die durchaus auch als Opposition gegen den König zum Ausdruck gebracht werden konnte – in seine Vorstellungen über die Organisation des Reiches ein. In die Formulierungen der für die Königswahl einschlägigen Kapitel flossen die Erfahrungen aus der Wahlpraxis der ersten Hälfte des 14. Jahrhunderts, die Interessen der Kurfürsten und des Königs sowie schon vorher artikulierte rechtliche und politische Überlegungen ein. Die Königserhebung sollte nunmehr immer in der Form einer Wahl durch sieben Kurfürsten erfolgen. Der Ablauf und die Durchführung der Wahl, der Modus der Stimmabgabe und das Zeremoniell erhielten mit der Goldenen Bulle einen schriftlich fixierten und damit definierten Rahmen.

Der Erzbischof von Mainz lud innerhalb eines Monats, nachdem er vom Tod des Königs erfahren hatte, zur Wahl nach Frankfurt am Main ein, wo sich innerhalb von drei Monaten nach dem Eingang der Schreiben die Kurfürsten oder deren Vertreter zur Wahl versammeln sollten. Wenn sich die Kurfürsten auf den Weg zur Königswahl nach Frankfurt machten, dann hatten ihnen Städte und andere Fürsten freies Geleit zu geben. Wer einen Kurfürsten angriff, sollte vom König seines Standes entsprechend bestraft werden. Jeder Kurfürst durfte in die Stadt Frankfurt nur mit 200 Personen (davon maximal 50 Bewaffnete) kommen. Die Stimme für die anstehende Wahl hatte ein Fürst verwirkt, wenn er nicht fristgerecht erschien oder die Stadt verließ, bevor die Wahl stattgefunden hatte. Die eigentliche Wahl des Römischen Königs (Kapitel 2) begann am Morgen des Tages, nachdem alle

Kurfürsten beziehungsweise die Vertreter in Frankfurt eingetroffen waren, mit einer Heilig-Geist-Messe im Frankfurter „Dom" (Bartholomäuskirche). Die Wahlheiligkeit wird dabei betont, denn durch das Hören der Messe sollen die Herzen der Fürsten durch den heiligen Geist erleuchtet werden. Er solle ihren Sinnen das Licht seiner Kraft eingießen, damit sie mit der Hilfe des Heiligen Geistes einen gerechten, guten und geeigneten Mann (*hominem iustum, bonum et utilem*) zum römischen König und künftigen Kaiser wählen. Mit einem Eid auf ein Evangeliar vor dem Altar schwört jeder Kurfürst, genau dieses tun zu wollen. Wenn sie nach 30 Tagen noch keine Entscheidung getroffen haben, sollen sie nur noch Wasser und Brot erhalten. Vor dem Abschluss des Verfahrens darf keiner die Stadt verlassen. Die Wahlentscheidung wird auf jeden Fall als einmütig vollzogen betrachtet, auch wenn sich nur eine Mehrheit für einen Kandidaten findet; die anderen Wähler müssen sich dann diesem Votum anschließen. Die Selbstwahl ist auch möglich. Der eigentliche Wahlakt erfolgt in der Form (Kapitel 4), dass der Erzbischof von Mainz die Stimmen der Wähler in einer festgelegten Reihenfolge abfragt: Erzbischof von Trier, Erzbischof von Köln, König von Böhmen, Pfalzgraf bei Rhein, Herzog von Sachsen, Markgraf von Brandenburg. Die letzte Stimme gab dann der Mainzer ab. Diese Sieben werden in der Bulle (Kapitel 7) als wahre und rechtmäßige Kurfürsten (*veri et legitimi sacri imperii principes electore*) bezeichnet. Damit ist das Wahlgremium auch in seiner Zusammensetzung eindeutig definiert. Im Hinblick auf die Weitergabe des Stimmrechtes bei den vier weltlichen Wählern wird festgelegt, dass der jeweils älteste Sohn eines Kurfürsten, wenn er Laie ist, das Recht zur Königswahl erbt. Außerdem dürfen Kurfürstentümer (Kapitel 20) nicht geteilt werden. Damit sollte erreicht werden, dass die Stimmenzahl bei sieben blieb und nicht etwa zwei Brüder nach einer Teilung um die Stimme stritten, wie 1314, als die beiden Herzöge von Sachsen eine Stimme abgaben. Schriftlich fixiert wurde schließlich (Kapitel 29) die bis dahin gepflegte Praxis, dass die Wahl eines neuen Königs in Frankfurt, seine Krönung in Aachen und sein erster Hoftag in Nürnberg stattfinden sollen. In der Bulle wurde Frankfurt am Main als Ort der Königswahl gesetzlich festgelegt. Frankfurt war zuerst 1152 bei der Erhebung von Friedrich I. Barbarossa Wahlort für einen König gewesen und im 13. Jahrhundert fand unter anderem die Doppelwahl von 1257 dort statt; auch Heinrich VII. sowie Ludwig der Bayer und Friedrich der Schöne wurden in beziehungsweise bei Frankfurt erhoben. Damit wurde die Stadt zum traditionellen Ort für die Königswahl – so wie man nach Aachen zur Krönung ging, so musste die Wahl in Frankfurt stattfinden. Karl IV. legte großen Wert darauf, 1349 noch einmal am richtigen Ort gewählt zu werden. Die Wahlen in Frankfurt fanden vor allem in der Bartholomäuskirche, dem „Dom", statt. Zwischen 1315 und 1349 erhielt die Kirche einen neuen gotischen Chor, an den zwischen 1425 und 1438 eine *liberi* (Bücherei) angebaut wurde. In dieser Bücherei stand aber auch ein Altar, vor dem die Kurfürsten den Wahleid ablegten. Seit der Wahl von Albrecht II. 1438 wurde sie als Wahlkapelle genutzt. Vorher versammelten sich die Wähler im Chor der Kirche, der durch einen Lettner (abgebrochen 1711), vor dem ein Kreuzaltar stand, vom Mittelschiff abgetrennt war. Auf dem Kreuzaltar fanden seit 1308 (Wahl von Heinrich VII.) die Thronsetzungen der neu gewählten Könige statt.

VI. Königserhebungen 1376–1411: „Wahlen" ohne Rezeption der Goldenen Bulle

1. Die Wahl Wenzels IV. 1376

In der Goldenen Bulle hieß es, dass erst nach dem Tod des Königs sein Nachfolger gewählt werden solle. Die Wahl oder Erhebung eines Sohnes zum König noch zu Lebzeiten des Vaters (*vivente imperatore*) wie im Hochmittelalter war nicht vorgesehen. In der Praxis der dynastischen Politik hingegen spielten erbrechtliche Überlegungen weiter eine wichtige Rolle und deshalb gab Kaiser Karl IV. zu Gunsten der Wahl seines Sohnes faktisch sein eigenes Wahlgesetz von 1356 auf. Er versuchte, die Kurfürsten zur Wahl seines Sohnes Wenzel, der seit 1363 König von Böhmen war, zu bewegen. Kaiser Karl IV. legte großen Wert auf eine einstimmige Entscheidung. Dazu musste er fünf Kurfürsten überzeugen, seinen Sohn zu wählen. Die Stimmen Böhmens und der Markgrafschaft Brandenburg konnte er vergeben. So traf er entgegen den Bestimmungen in der Goldenen Bulle, wonach die Wahl ohne vorherige Absprachen, Festlegungen oder Versprechungen erfolgen sollte, Wahlabsprachen mit einzelnen Kurfürsten. Hohe Geldzahlungen an die Kurfürsten von Trier, Köln und der Pfalz waren ebenso notwendig wie die Ausgabe von Reichsgut, um diese Kurfürsten dazu zu bewegen, die Wahl vorzunehmen. Als Erzbischof von Mainz amtierte seit April 1375 Ludwig von Meißen, ein Angehöriger der Wettiner, die über die Landgrafschaft Thüringen und die Markgrafschaft Meißen herrschten. Weil sich der Kaiser in Avignon für die Sache des Wettiners Ludwig bei Papst Gregor XI. eingesetzt hatte, war ihm diese Stimme sicher. Über den Wahlort stritten sich die Kurfürsten mit dem Kaiser. Rhens war seit 1314 der traditionelle Versammlungsort der rheinischen Kurfürsten, dort war ja auch Karl 1346 gewählt worden. Dieser Ort stand gleichsam für das Selbstverständnis der rheinischen Kurfürsten; Rhens war sozusagen der Ort der Kurfürsten. Aber Karl IV. hatte als Ort für die Königswahl in seiner Goldenen Bulle die Stadt Frankfurt festgelegt und die Stadt damit zum Ort der Könige gemacht. Diese Bestimmung gab er auch 1376 nicht auf und bestand darauf, dass die offizielle Wahl von Wenzel – wie in der Goldenen Bulle vorgesehen – in Frankfurt vollzogen wurde. Und er setzte sich durch. Am 1. Juni 1376 nominierten die Kurfürsten Wenzel in Rhens einstimmig (*zu Romischen kunige genant*), am 10. Juni 1376 wurde er in Frankfurt einhellig zum römischen König gewählt (*keysen*) und in der Bartholomäuskirche auf den Altar gesetzt. Am 6. Juli 1376 krönte ihn in Aachen feierlich der Kölner Erzbischof Friedrich von Saarwerden. Seitdem nannte sich Wenzel *rex Romanorum*. Zum ersten Mal seit 1237, als die Fürsten Konrad, den Sohn Kaiser Friedrichs II., zum König erhoben, war wieder der Sohn eines Kaisers Römischer König geworden und damit auch die Nachfolgefrage vorentschieden worden. Das in der Goldenen Bulle festgelegte Prinzip, erst nach dem Tod des Königs einen Nachfolger zu wählen, wurde ignoriert, wenngleich der eigentliche Wahlakt formal korrekt ausgeführt wurde. Aber so erfolgte der Übergang der

Herrschaft von Karl IV. auf seinen Nachfolger in geordneten Bahnen und ohne große Konflikte. Wenzel konnte nach Karls IV. Tod im November 1378 die Herrschaft ohne Probleme übernehmen. Allerdings war er den Aufgaben eines Königs von Böhmen und eines Römischen Königs nicht gewachsen. Die Opposition gegen ihn wurde so massiv, dass er zweimal gefangen gesetzt und wenigstens einmal ein Giftattentat (1393) auf ihn verübt wurde. Im Reich wurde schließlich seit 1397 die Möglichkeit erwogen, ihn abzusetzen. König Wenzel minderte nämlich nach Meinung seiner Kritiker Reichsrechte und erfüllte seine königlichen Pflichten nicht.

2. Die Absetzung König Wenzels IV. und die Erhebung Ruprechts von der Pfalz 1400

Wenzel IV. war 1376 auf Drängen seines Vaters entgegen den Bestimmungen der Goldenen Bulle Römischer König geworden und ebenso verlor er diesen Titel entgegen den Bestimmungen der Bulle, in der über eine Königsabsetzung nichts verlautet, denn die Kurfürsten warteten nicht bis zu seinem Tod mit einer Neuwahl. Die Absetzung Wenzels ist ein Ausdruck des Selbstverständnisses der Kurfürsten, die aus ihrer Verantwortung für das Reich folgerten, einen König, der sich als unfähiger Herrscher erwies, zunächst zu ermahnen und dann gegebenenfalls absetzen zu können. Und Wenzels Verhalten ließ sehr bald den Eindruck entstehen, dass er nicht gewillt oder in der Lage war, seine Herrscheraufgaben zu erfüllen. Er residierte überwiegend in Prag, erschien selten im Reich und wurde durch seine Trunksucht im Verlauf der Jahre zunehmend lethargischer. Wenzels Untätigkeit für das Reich lies die Fürsten aktiv werden.

Kurverein

Am 11. April 1399 schlossen sich die Kurfürsten von Mainz, Köln und der Pfalz in Boppard zu einem Kurverein zur Wahrung der Kurrechte zusammen. Aus ihrem Wahlrecht leiteten sie auch das Recht ab, einen König absetzen zu können. Herzog Rudolf III. von Sachsen-Wittenberg trat am 5. Juni dem Bündnis bei, Erzbischof Werner von Trier folgte am 15. September 1399 in Mainz. Mit dem Vertrag verpflichteten sie sich zu gemeinsamem Handeln, wenn das Reich vakant wäre und zum Widerstand gegen den König, wenn der dem Reich Rechte oder Besitz entfremden wollte. König Wenzel IV. reagierte auf die Forderungen und deutlichen Drohungen jedoch nicht und so gewann das Absetzungsprojekt, insbesondere von Pfalzgraf Ruprecht III. und Erzbischof Johann von Mainz vorangetrieben, immer konkretere Formen. Im Herbst und Winter wurde beraten, welche Dynastien königsfähig waren. Schließlich kamen Mitglieder der Wittelsbacher, der Landgrafen von Hessen, der Wettiner (Markgrafen von Meißen, Landgrafen von Thüringen), die Grafen von Württemberg, die Hohenzollern (Burggrafen von Nürnberg) und die Herzöge von Sachsen-Wittenberg in die engere Wahl.

Auf einem Städte- und Fürstentag am 26. Mai 1400 in Frankfurt wurde schließlich Kurfürst Ruprecht als Kandidat nominiert und noch einmal das Recht der Kurfürsten betont, einen unfähigen Herrscher absetzen zu können. Bemerkenswerterweise haben sich die Kurfürsten nicht auf die Absetzung Adolfs von Nassau 1298 als Präzendenzfall berufen. Im Gegenteil: Die Absetzung des Nassauers wurde in dem Verfahren zur Absetzung Wenzels als römischer König überhaupt nicht erwähnt. Am 4. Juni 1400 forderten die Kurfürsten Wenzel IV. noch einmal auf, sich am 11. August des Jahres in Oberlahnstein zu einem Fürsten- und Städtetag einzufinden. Er sollte sich dort rechtfertigen und auf die Anschuldigungen reagieren. Wenzel erschien zu dem Termin nicht und wurde deshalb am 20. August 1400 mit der Begründung, er sei ein unwürdiger, unnützer und unachtbarer Minderer des Römischen Reiches von seinem Amt enthoben. Konkret wurde ihm unter anderem vorgeworfen, dass er das Reich nicht befriedet habe, durch seine eigenmächtige Erhebung der Visconti in Mailand zu Herzögen (im Mai 1395) sei dem Reich die Lombardei entfremdet worden und er habe besiegelte Blanko-Urkunden im Reich verkauft. Die dem König geleisteten Eide wurden gelöst, die Untertanen aufgefordert, die damit verbundenen Leistungen nicht mehr zu erbringen. Denn die Eide wurden Wenzel wegen des Reiches, dem er als König vorgestanden hatte, geleistet; das Reich aber war ihm mit dem Urteil abgesprochen worden, also waren die Eide nicht mehr bindend. Das Reich beziehungsweise die Königsherrschaft war dem König übertragen worden, deshalb konnte es ihm auch wieder entzogen werden. Diese Absetzung hatte eine sehr viel stärkere Wirkung als diejenige von Adolf von Nassau 1298. Denn in den Jahren danach setzte sich im Reich die Auffassung durch, dass die Kurfürsten aus dem Wahlrecht ein Absetzungsrecht ableiten konnten. Wenn dem Reich durch das Handeln des Königs Gefahr drohe, müssten ihn die Kurfürsten sogar absetzen. Zwar blieben die Absetzungspläne gegen Sigismund und Friedrich III. im 15. Jahrhundert folgenlos; kein weiterer römisch-deutscher König wurde abgesetzt, aber die Vorstellung, dass die Kurfürsten dazu prinzipiell berechtigt waren, verlieh ihrem Verhältnis zu den Königen eine neue Qualität.

Q

Absetzungsurkunde König Wenzels vom 20. August 1400
(aus: Weinrich, Quellen zur Verfassungsgeschichte 1250–1500, Nr. 107, S. 437)

so sin ir mit wolbedachtem muede, ubermicz vil und manchirley handelunge und raid, dy wir darumbe under uns und mit vil andern fursten und herren des heiligen richs ernstlichen gehabt han, der heiligen kirchen zu hulffe, der cristenheit zu troste und deme heiligen riche zu eren und nucze genczlichen uberkommen, daz wirden vorgeschriben hern Wenczelaw als eynen vorsumer, entgelder und unwirdigen des heiligen richs von demselben heiligen Romischen riche und alle der wirde darczu gehorig zu dißer zijt wollen genczlichen und zumale abethun und abeseczen.

Am Tag nach Wenzels Absetzung wählten die vier rheinischen Kurfürsten den schon nominierten Kandidaten, Pfalzgraf Ruprecht III., in Rhens – weil Frankfurt am Main seine Stadttore nicht öffnete – zum neuen König. Ruprecht machte dabei vom Selbstwahlrecht Gebrauch. Anschließend wurde der Gewählte auf dem Königsstuhl bei Rhens der Öffentlichkeit vorgestellt. Ähnlich wie Karl IV. 1346 wurde Ruprecht nach der Nomination in einem zweiten Teil des Verfahrens gewählt. Der Herzog von Sachsen und der

Markgraf von Brandenburg schlossen sich dieser Wahl nicht an, weil sie nicht damit einverstanden waren, dass Pfalzgraf Ruprecht Wenzels Nachfolger wurde. Aber sie konnten keinen Einfluss auf den Ablauf der Dinge nehmen, wie in den 100 Jahren zuvor dominierten die rheinischen Kurfürsten das Geschehen.

Ruprechts Königslager

König Wenzel nahm die Absetzung nicht an, sein Einfluss blieb aber bis zu seinem Tod 1419 auf das Königreich Böhmen beschränkt. Die Erhebung des Pfalzgrafen zum König entsprach in keiner Weise den Vorschriften der Goldenen Bulle. König Ruprecht wurde von den Kurfürsten in Sachsen und Brandenburg (seit 1397 Markgraf Jobst von Mähren) nicht anerkannt und war nicht am richtigen Ort gewählt worden. Durch ein Königslager vor Frankfurt gab er möglichen Gegnern die Gelegenheit, seine Wahl anzufechten und ihn zum Kampf um das Reich herauszufordern. Mit der Durchführung des Königslagers, das der Idee nach mit der Behauptung eines Schlachtfeldes nach einem Sieg über die Streitkräfte des Gegners zusammenhing, zeigte Ruprecht an, dass er sich der erforderlichen Unterstützung noch nicht sicher war. Der neue König und seine Partei mussten abwarten, wie Wenzel reagieren würde. Aber Wenzel wollte nicht um den Thron kämpfen und so gewann Ruprecht im Lager vor Frankfurt an Legitimation – am 26. Oktober konnte er in Frankfurt einziehen. Wenzel ließ eine kostbare Abschrift der Goldenen Bulle anfertigen und berief sich darauf, das sie die Absetzung eines Königs nicht vorsah – zu weiteren Aktivitäten konnte er sich nicht aufraffen. Ruprecht dagegen hatte andere Probleme, denn wie Frankfurt bei der Wahl fiel auch Aachen als Krönungsort aus. Seine Krönung fand deshalb am 6. Januar – dem Dreikönigstag – 1401 in Köln statt. Diese Krönung und Weihe hatte eine besondere Bedeutung, weil sein Regierungsantritt von Wenzels Absetzung überschattet war. Deshalb wurde seine Krönung in Köln besonders ausgestaltet, auch wenn die Reichsinsignien nicht zur Verfügung standen. So las Ruprecht persönlich während der Messe das Evangelium, um sein Königtum in sakraler Hinsicht von dem Wenzels, der zwar abgesetzt, aber nicht besiegt war, abzuheben. Doch trotz dieser anfänglichen Defizite war die Legitimation seines Königtums kein wesentliches Problem seiner Regierung. Die Zeitgenossen unterschieden den „neuen“ König Ruprecht, der im Reich und in Italien aktiv war, und den „alten“ König Wenzel, der in Böhmen sitzen blieb. Ruprecht wollte durch die Kaiserkrönung in Rom seine Autorität im Reich und gegenüber Wenzel erhöhen. Auf dem Weg zur Krönung sollten die Visconti in Mailand und mit ihnen die Lombardei wieder dem Reich zugeführt werden. Allerdings endete der Italienzug im April 1402 mit einem Debakel, weil Ruprecht nicht die finanziellen Mittel – und somit Truppen – aufbringen konnte, um die Visconti zu besiegen und nach Rom zu ziehen. Von diesem Fehlschlag hat sich Ruprechts Königtum nicht mehr wirklich erholt, es blieb ein Königtum der kleinen Verhältnisse (Oliver Auge, Karl-Heinz Spiess).

3. Die Doppelwahl 1410: König Sigismund von Ungarn und Markgraf Jobst von Mähren

Am 18. Mai 1410 starb König Ruprecht auf der Burg Landskron bei Oppenheim. Die Suche nach einem Nachfolger wurde zunächst dadurch behindert, dass Wenzel von Böhmen eine Neuwahl für unnötig hielt, denn er hielt seinen Anspruch auf die Krone aufrecht. Wenzels Vetter Jobst von Mähren, der die brandenburgische Stimme führte, und Herzog Rudolf III. von Sachsen bestärkten Wenzel in seiner Auffassung. Für die rheinischen Kurfürsten war aber Wenzel verständlicherweise nicht akzeptabel. Erzbischof Friedrich von Köln ließ durch den Grafen Emicho VI. von Leinigen am englischen Hof vorfühlen, ob König Heinrich IV. (1399–1413), der Schwiegervater Pfalzgraf Ludwigs III., oder einer seiner Söhne die römische Krone annehmen würden, denn in den deutschen Landen gäbe es keinen Fürsten, der dazu geeignet sei. Aber König Heinrich IV. ging auf diese Anfrage nicht ein.

Das Große Schisma

Im Sommer 1410 zeichnete sich ab, dass die römisch-deutsche Krone wieder an die Luxemburger gelangen würde. Im Juli und August verhandelten Vertreter der rheinischen Kurfürsten aus Mainz und Köln mit König Sigismund von Ungarn, dem Halbbruder von Wenzel. Schließlich wurden sich Pfalzgraf Ludwig III. und Erzbischof Werner von Trier mit Sigismund über die Bedingungen seiner Wahl einig. Allerdings gelang es ihnen nicht, die anderen rheinischen Wähler zu gewinnen, weil die Kurfürsten im seit 1378 bestehenden Großen Schisma (ein Papst in Rom, einer in Avignon und seit 1409 ein dritter Papst in Pisa) unterschiedlichen Päpsten anhingen. Die Erzbischöfe Johann II. von Mainz und Friedrich III. von Köln standen zu dem Pisaner Papst Johannes XXIII; der Pfalzgraf Ludwig und der Erzbischof Werner von Trier jedoch zu dem in Rom residierenden Gregor XII. Im August 1410 versuchte Erzbischof Friedrich von Köln vergeblich, den Pfalzgrafen Ludwig III. und den Trierer Erzbischof Werner zu einem Wechsel der Lager zu bewegen und Johannes XXIII. anzuerkennen. Der Erzbischof hatte erkannt, dass die gemeinsame Anerkennung eines Papstes eine Voraussetzung für eine einmütige Königswahl war. So trafen die vier rheinischen Kurfürsten zwar am 1. September 1410 in Frankfurt ein, aber es war nicht damit zu rechnen, dass eine einmütige Wahl eines neuen Königs erfolgen würde. Burggraf Friedrich VI. von Nürnberg erschien vor Frankfurt und verlangte, als wahlberechtigter Gesandter eines Kurfürsten in die Stadt eingelassen zu werden. Er war nämlich von König Sigismund von Ungarn beauftragt worden, für ihn die Kurstimme Brandenburgs zu führen (und selbstverständlich für Sigismund zu votieren). Diese Stimme war allerdings zweifelhaft, denn die Markgrafschaft Brandenburg und damit die Kurstimme war seit 1397 an Sigismunds Vetter Jobst von Mähren verpfändet. Jobst, der die Kurstimme Brandenburgs deshalb auch beanspruchte, und Herzog Rudolf III. von Sachsen ließen brieflich mitteilen, dass sie das Reich nicht für vakant hielten, denn sie hätten einen lebenden König. Für sie war der böhmische König Wenzel weiter auch der Römische König.

Wahl Sigismunds

In den Tagen nach ihrer Ankunft in Frankfurt drängten der Pfalzgraf Ludwig III. und Erzbischof Werner von Trier ihre Kollegen dazu, die Wahlhandlung wie in der Goldenen Bulle festgelegt, an einem Morgen mit der Heilig-Geist-Messe offiziell zu beginnen, während der Kölner Erzbischof Friedrich von Saarwerden und der Mainzer Erzbischof Johann von Nassau die Wahl verschieben wollten. Noch einmal am 19. September 1410 forderten Pfalzgraf Ludwig und Erzbischof Werner von Trier, am nächsten Tag mit der Messe zu beginnen, denn man wäre schon viel zu lange untätig gewesen. Es wäre gut, endlich anzufangen und vielleicht gebe ja der Heilige Geist ihnen Wege und Möglichkeiten ein, um die Angelegenheit zu beenden. Aber die beiden anderen Kurfürsten stimmten nicht zu. Darauf beschlossen die beiden Wahlbefürworter, zu handeln. Am frühen Morgen des 20. September 1410 wollten Ludwig und Werner eine Heilig-Geist-Messe in der Frankfurter Bartholomäuskirche bestellen, jedoch die Kirche war geschlossen. Auf Nachfrage erfuhren die beiden Kurfürsten, dass der Pfarrer auf Geheiß des Erzbischofs von Mainz keinen Gottesdienst abhalten dürfe. Erzbischof Johann von Mainz hatte das Interdikt über die Stadt verhängt, so dass keine geistlichen Handlungen ausgeführt werden durften. So blieben die Tore geschlossen, als dann der Erzbischof von Trier, Pfalzgraf Ludwig und Burggraf Friedrich von Nürnberg vor der Kirche eintrafen. Weil sie die Kirchentüren nicht mit Gewalt aufbrechen wollten, überlegten sich die Herren eine Alternative. Die drei Wähler versammelten sich an der Außenseite des Chores. Sie waren entschlossen, die Wahl zu vollziehen und weil das in der Kirche nicht möglich war, fand die Zeremonie an Ort und Stelle unter freiem Himmel statt. Nachdem *veni sancte spiritus* gesprochen worden war, leisteten die drei nacheinander den Wahleid auf ein Evangelium im Beisein von ihren Räten, Dienern und anderen Zuschauern. Daran schloss sich die eigentliche Wahl an. Nacheinander erklärten Erzbischof Werner von Trier, Pfalzgraf Ludwig und Burggraf Friedrich VI. von Nürnberg, Sigismund zum römischen König zu wählen. Der Burggraf konnte als Vertreter Sigismunds für Brandenburg die Stimme abgeben, weil sich der Pfalzgraf und der Trierer Erzbischof Sigismunds Begründung für seinen Anspruch auf die Stimme zu Eigen gemacht hatten. Der habe nämlich trotz der Verpfändungen noch einen erheblichen Teil des Landes inne, und er sei auch früher als Kurfürst eingeladen worden. Jobst von Mähren hätte selber kommen oder einen Vertreter schicken müssen, um den Anspruch von Sigismund berechtigt anfechten zu können. Mehr Verstöße gegen die Goldene Bulle als bei dieser Wahl sind kaum denkbar. Aber die drei Wähler haben es sogar geschafft, ihre Stimmen als Mehrheit zu berechnen. Mit Bezug auf die Regelung der Bulle, stellten sie fest, dass die Fürsten, die nicht zur Wahl erschienen waren und keinen Vertreter geschickt hatten, ihre Stimme verwirkt hätten. In Frankfurt seien fünf Stimmberechtigte gewesen, von denen sich die Mehrheit, nämlich sie drei, für Sigismund entschieden hatte.

Wahl Jobsts

Mittlerweile war es jedoch Markgraf Jobst von Mähren, dem ehrgeizigen Vetter von Sigismund, der vermutlich die Reichskrone für sich erlangen wollte, gelungen, König Wenzel von Böhmen auf seine Seite zu bringen. Wenzel war bereit, auf die Krone des Reiches zu verzichten, wenn er dafür Kaiser werden würde. Auf diese Weise ergab sich nun für Markgraf Jobst und den Herzog Rudolf III. von Sachsen die Situation einer Thronvakanz im Reich. Am 28. September 1410 verkündeten Boten aus Böhmen und Mähren, dass Wenzel das Römische Reich aufgegeben habe. Dem Markgrafen war es zudem gelungen, die Nichtwähler Sigismunds für sich zu gewinnen. Nachdem Jobst den Erzbischöfen von Köln und Mainz weitgehende Zusagen gemacht hatte, stand seiner Wahl am 1. Oktober 1410 nichts mehr entgegen. Zunächst wurde von der Kanzel der Bartholomäuskirche der Verzicht von Wenzel auf die römisch-deutsche Krone verkündet, dann erhielt Jobst die Stimmen der beiden geistlichen Kurfürsten von Mainz und Köln, diejenige von seinem Beauftragten für Brandenburg und die von Wenzels Gesandten für Böhmen. Herzog Rudolf von Sachsen trat dieser Wahl nachträglich bei. Auch dieses Wahlverfahren widersprach der Goldenen Bulle, die eine geschlossene Wahlhandlung durch alle Wahlberechtigten vorsah. Wieder gab es zwei Könige im Reich und es stand zu erwarten, dass diese beiden sehr ehrgeizigen Vettern sich um den Thron bekriegen würden. Aber schon am 18. Januar 1411 starb Jobst, vermutlich an den Folgen eines Giftanschlages.

4. Sigismunds zweite Wahl 1411 und seine Krönung 1414

Sigismund hielt sich für rechtmäßig gewählt und den Tod seines Rivalen konnte man als Zeichen Gottes deuten, der das Doppelkönigtum zugunsten Sigismunds beendete. Diese Ansicht vertraten auch Erzbischof Werner von Trier und Pfalzgraf Ludwig III., die Jobsts Wahl für rechtswidrig erachteten. Dagegen drängten die Erzbischöfe von Köln und Mainz auf eine neue Wahl, um ihre Entscheidung vom 1. Oktober 1410 für Markgraf Jobst nicht verleugnen zu müssen. Deutlich wurde schnell, dass Sigismund nur mit einer einvernehmlichen Neuwahl durch alle Kurfürsten reichsweit anerkannt werden würde. Am 21. Juli 1411 fand dieses Mal innerhalb der Bartholomäuskirche die zweite Wahl Sigismunds zum römisch-deutschen König statt. Während für ihn die Erzbischöfe von Mainz und Köln sowie Gesandte von Wenzel, Herzog Rudolf von Sachsen und Sigismund (für Brandenburg) fünf Stimmen abgegeben hatten, verließen die Gesandten des Erzbischofs von Trier und des Pfalzgrafen die Kirche. Damit unterstrichen sie demonstrativ ihre Ansicht, dass die erste Wahl Sigismunds rechtmäßig war. Eine Ansicht, die auch Sigismund teilte. Denn weil er nicht offiziell abgedankt hatte, konnte auch keine eigentliche Neuwahl stattfinden. Aber immerhin stand nun fest: Der König von Ungarn war von allen Kurfürsten als Römischer König einhellig gewählt und anerkannt. Und die Wahl von Sigismund am 17. Juli 1411 war die erste Wahl, bei der die Regelungen und die Richtlinien der Goldenen Bulle zur Königserhebung weitgehend beachtet wurden. Die Krönung in Aachen fand wegen Sigismunds Engagement in Italien erst über drei Jahre nach der Erhebung zum König statt. Zusammen mit seiner Gemahlin Barbara von Cilli wurde er am 8. November 1414 im Beisein der Kurfürsten von Erzbischof Dietrich II. von Köln gesalbt und gekrönt.

Q

Eigil von Sassen, Bürgermeister von Friedberg, berichtet über die Krönung von Sigismund und Barbara am 8. November 1414
(in: RTA VII, Nr. 167, S. 244–45)

Und der bischaf von Kollen den konnig und konniginnen beiden den cresm gab mit beiwesen der andern bischafen und pristern und si darnoch beide cronet. Da wart der konnig darnoch uf den konnigstul gesast. Dornoch laß der konnig daz ewagelium in der alben und korkappen und mit der cronen of kiser Karls hupt. Und darnoch cronit man erste di konniginen. Die cronen achtit man als gut als seczigdusent gulden, und sal der alden keiserinen sin gewest. Darnoch als di messe geschehen waz biß of den gesen, da enpheing der konnig und konniginen daz sakerment von dem bischaf von Kollen. Darnach gab der bischaf den segen. Darnoch det man ein schone sermon vor dem konnige und konniginen.

Anschließend schlug der König etwa 40 Adlige zu Rittern und zog auf das Rathaus von Aachen, um die Lehen zu bestätigen und das Krönungsmahl zu begehen.

VII. Königserhebungen 1438–1486: „Wahlen" nach den Regelungen der Goldenen Bulle

1. Die Wahl Albrechts II. von Habsburg 1438

Kaiser Sigismund starb am 9. Dezember 1437 ohne einen männlichen Erben zu hinterlassen. Zu seinem Nachfolger in Ungarn und Böhmen hatte der Kaiser seinen Schwiegersohn, Herzog Albrecht V. von Habsburg, designiert. Damit war der Habsburger ebenfalls ein Kandidat für den deutschen Königsthron. Schon im Dezember 1437 war sich der Reichskanzler Kaspar Schlick sicher, dass Albrecht zum römisch-deutschen König gewählt werden würde. In den folgenden Monaten trat kein ernst zu nehmender weiterer Kandidat auf, auch wenn einige Kurfürsten andere Optionen verfolgten. So fühlte der Erzbischof von Köln, Dietrich von Moers, am Hof von Herzog Philipp dem Guten von Burgund vor, ob Philipp gegebenenfalls bereit sei, die römisch-deutsche Krone anzunehmen. In diesem Falle wollte sich der Erzbischof bei den anderen Wählern für ihn einsetzen. Aber der Herzog war Realist genug, um zu erkennen, dass dieses Vorhaben keine Erfolgsaussichten hatte. Vielleicht wusste das auch der Erzbischof, der vermutlich in erster Linie die Position der Grafen von Moers am burgundischen Hof stärken wollte, als er Philipp zu einer Kandidatur aufforderte. Der Chronist Eberhard Windecke berichtet, dass Markgraf Friedrich von Brandenburg als Gegenkandidat zu Herzog Albrecht aufgetreten sei. Allerdings gibt es vom Markgrafen keine eigene Aussage dazu und bei der Wahl gab es keine Partei für ihn. Windecke hat wohl die Aussagen von Angehörigen des markgräflichen Hofes wiedergegeben, die jedoch mehr allgemeine Absicht als echtes Wollen ihres Herrn artikuliert haben. Als sich am 10. März die Kurfürsten in Frankfurt einfanden, gab es jedenfalls außer Albrecht keinen weiteren Kandidaten. Es war bis dahin in Vorverhandlungen und Gesprächen geklärt worden, dass jeder Wähler dem Habsburger seine Stimme geben würde.

Streit um die sächsische Kurstimme

Schwierigkeiten vor der Wahl entwickelten sich dennoch, denn auf die sächsische Kurstimme machten zwei Fürsten einen Anspruch geltend: einmal der Wettiner Herzog Friedrich II. von Sachsen und zum anderen Herzog Bernhard von Sachsen-Lauenburg, der sich in Frankfurt von seinem Bruder, dem Bischof von Hildesheim vertreten ließ. König Sigismund hatte 1424, nach dem Aussterben der Herzöge und Kurfürsten von Sachsen-Wittenberg, das Kurfürstentum Sachsen und das damit verbundene Stimmrecht an die Markgrafen von Meißen aus dem Hause Wettin gegeben. Diese Übertragung haben die Herzöge aus dem Hause Sachsen-Lauenburg erbittert angefochten – jedoch ohne Erfolg. Der Rat von Frankfurt war sich nicht sicher, wie der Stand dieser Auseinandersetzung war, als der Bischof von Hildesheim verlangte, in die Stadt gelassen zu werden, weil er seinen Bruder bei der Wahl vertreten wolle. Deshalb erlaubte man ihm den Zutritt in die Stadt, wenngleich der Wettiner Kurfürst Friedrich II. umgehend forderte, den Bischof aus der Stadt zu verweisen. Am Abend des 10. März 1438 wollten sich die Ratsherren deshalb den Rat des Erzbischofs Dietrich von Mainz einholen, aber der hohe Herr war schon schlafen gegangen. So beschlossen die Ratsherren, am nächsten Morgen nur die Haupttür der Bartholomäuskirche zu öffnen und von Bewaffneten bewachen zu lassen, die die Begleiter der Fürsten genau kontrollieren sollten. Am 11. März erschien tatsächlich der Hildesheimer Bischof im Gefolge des Erzbischofs von Trier, aber die Frage der Wachen, ob er zu dem Trierer gehöre, wurde verneint. Deshalb durfte der Bischof die Kirche nicht betreten. Die Kurfürsten berieten sich über das weitere Vorgehen und erlaubten dem Bischof schließlich den Eintritt, wenn er keine Klage erheben oder sich in keinen der für die Wähler aufgestellten Stühle setzen würde. Das nahm der Hildesheimer an.

Aber nachdem die Heilig-Geist-Messe gesungen war, geriet der Ablauf ins Stocken, weil die Kurfürsten nicht den Wahleid am Altar leisteten, sondern sich in der *liberi* (Bücherei), der Wahlkapelle also, berieten. Anschließend verließen sie die Kirche und kehrten in ihre Quartiere zurück. Der Frankfurter Rat erklärte seine Bereitschaft, den Hildesheimer Bischof aus der Stadt zu weisen, wenn er von den Fürsten den klaren Auftrag dazu bekommen würde. Am Morgen des 12. März hatte der Rat die Entscheidung vorliegen. Eine Abordnung teilte dem Bischof mit, dass der Rat von den Fürsten aufgefordert worden sei, ihn aus der Stadt zu weisen, weil er die Wahl behindere und eigentlich nicht berechtigt sei, sich in der Stadt aufzuhalten. Der Bischof bestand jedoch auf der ihm von den Fürsten zugesagten Antwort auf seine Auslassungen zur Sache. Herzog Friedrich II. war damit einverstanden, den Bischof solange zu dulden, bis er seine Antwort erhalten habe. Der Rat sollte aber dafür sorgen, dass der Bischof nicht in der Kirche war, wenn der Wahleid geleistet wurde. Bis zum Mittag hatten die Fürsten ihren Wahleid entsprechend der Formel in der Goldenen Bulle geleistet und am Nachmittag teilten sie dem Bischof mit, dass er kein Recht zur Stimmabgabe habe; am 13. März verließ er Frankfurt. Die Kurfürsten einigten sich darauf, am 18. März die Wahl vorzunehmen. Bis dahin wollten sie sich auf ein Regierungsprogramm, das dem neuen König vorgelegt werden sollte, verständigen und sich auf eine gemeinsame Haltung zur Reichsreform und dem Konflikt von Papst Eugen IV. mit dem Konzil in Basel einigen.

Wahl Albrechts II.

Der Ablauf der Wahlhandlung am 18. März 1438 lässt sich so genau wie nie vorher nachvollziehen. Die Erhebung von Albrecht II. war zum ersten Mal eine exklusive Angelegenheit der Kurfürsten. Jeder Fürst durfte nur drei Begleiter mit in die Kirche nehmen; weiter waren noch Notare anwesend, die das Geschehen beglaubigen mussten und vier Ratsherren mit ihren Dienern. Niemand sonst sollte darüber hinaus anwesend sein. Auch auf den bis zu diesem Zeitpunkt üblichen Umstand, der von den anwesenden anderen Fürsten und Adeligen gebildet wurde, verzichtete man. Nur noch die Kurfürsten waren für die Erhebung des neuen Römischen Königs verantwortlich. Das in der Goldenen Bulle festgelegte Verfahren wurde bei dieser Gelegenheit durch den Ausschluss aller nicht unmittelbar an der Stimmabgabe beteiligen Personen in der Praxis demonstriert. Nachdem eine Marienmesse gelesen worden war, öffnete man zwar die Kirchentüren wieder, aber der Chor wurde von Bewaffneten abgesperrt. Der Erzbischof von Mainz, der die Aufgabe hatte, die einzelnen Stimmen abzufragen, begab sich mit den Notaren in die *liberi* (Bücherei) und ließ die fünf noch anwesenden Kurfürsten der Reihen nach zu ihm kommen, um ihre Stimmen entgegenzunehmen. Schließlich gingen die fünf anderen zusammen zum Mainzer, um dessen Stimme zu hören. Anschließend traten die Sechs auf den Lettner in der Kirche und baten das mittlerweile in die Kirche gekommene Volk um Ruhe. Der Graf Emicho von Leinigen teilte im Auftrag der Kurfürsten mit, dass sie durch die Gnade und Eingebung des Heiligen Geistes einmütig und ohne Zweifel zum Römischen König, weltlichen Haupt der Christenheit und zukünftigen Kaiser Albrecht, den König von Ungarn und Herzog von Österreich, gewählt hatten. Im Anschluss sang man das *Te deum*. Eine Altarsetzung konnte nicht vollzogen werden, weil weder der Kandidat noch ein Vertreter anwesend waren.

Am 20. März brach eine Gesandtschaft auf, um den Habsburger von der Wahl zu unterrichten. Anfang April trafen die Gesandten Albrecht in Wien. Der zögerte jedoch, die Wahl anzunehmen. Und das war nicht nur eine rituelle Demutsgeste, sondern hatte einen handfesten politischen Hintergrund. Am 18. Dezember 1437 konnte Albrecht problemlos die Nachfolge Sigismunds als König von Ungarn antreten und am 27. Dezember 1437 wählte ihn eine Mehrheit der böhmischen Stände ebenfalls zu Sigismunds Nachfolger in diesem Königreich. Aber die hussitisch-nationalböhmische Opposition wählte Kasimir, den Bruder des polnischen Königs Ladislaus III., ebenfalls zum böhmischen König. Um sich gegen seinen Gegner zu behaupten, war Albrecht in Böhmen gebunden. Die Kurfürsten erkannten die Notwendigkeit, erst die Probleme in Böhmen zu lösen, bevor Albrecht einen Krönungszug nach Aachen unternehmen konnte. Sie gewährten Albrecht deshalb zwei Jahre Aufschub für seine Krönung. Nach einigem Zögern nahm Herzog Albrecht schließlich am 29. April 1438 die Wahl zum römischen König an. Der neue König war jedoch auch ungekrönt voll regierungsfähig. Die Regierung im Reich erfolgte durch Beamte, Räte und Diplomaten, die in Albrechts Namen die Funktionen und Aufgaben des Königs wahrnahmen. Als sich im März 1439 sein Erfolg in Böhmen abzeichnete, tauchte eine neue Bedrohung seines Königreichs Ungarn auf: Türkische Truppen bedrohten das südliche Siebenbürgen. Im Sommer des Jahres sammelte Albrecht Truppen, um gegen die Türken ziehen zu können. Aber noch bevor sich alle Kontingente eingefunden hatten, erkrankte der König Mitte September an der Ruhr und musste das Heerlager bei Slankamen am 1. Oktober verlassen. König Albrecht II. starb am 27. Oktober 1439 in Langendorf an der Donau und wurde in Stuhlweißenburg beigesetzt. Noch auf dem Totenbett verfasste er ein Testament, in dem er jedoch keine Verfügungen über das römisch-deutsche Reich traf. Es war vielmehr geprägt von dem Wunsch, Böhmen und Ungarn für seinen noch ungeborenen Sohn – seine Frau Elisabeth war zu dem Zeitpunkt schwanger – zu sichern.

2. Die Wahl Friedrichs III. von Habsburg 1440

So standen die Kurfürsten schon nach gut eineinhalb Jahren wieder vor einer Königswahl, zu der der Mainzer Erzbischof einladen musste. Erzbischof Dietrich von Mainz hielt sich an die in der Goldenen Bulle festgelegten Fristen und schickte um den 15. November 1439 die Einladungsschreiben an seine Kurgenossen. Sie sollten sich bis zum 28. Januar 1440 in Frankfurt wegen der Wahlhandlung einfinden. Wie üblich, fanden schon vor der Wahl Verhandlungen über Kandidaten statt, um im günstigsten Fall schon im Vorfeld den Konsens für einen Kandidaten zu erreichen. Die Erzbischöfe von Köln, Mainz und Trier vereinbarten deshalb am 20. Dezember 1439 in Lahnstein, einen gemeinsamen Kandidaten aufzustellen und sich um die Stimmen der weltlichen Kurfürsten für ihren Kandidaten zu bemühen. Aussichtsreich erschien Herzog Friedrich von der Steiermark (*1415), ein Vetter des verstorbenen Habsburgers Albrecht II. Mit einer Mehrheit der Stimmen im Kurfürstengremium war zu rechnen, denn der sächsische Kurfürst Friedrich II. war mit einer Schwester Herzog Friedrichs verheiratet und würde für seinen Schwager stimmen.

Jedoch war, wie schon 1438, das Wahlrecht des Kurfürsten Friedrich von Wettin nicht unbestritten, denn noch immer bestand Herzog Bernhard von Sachsen-Lauenburg darauf, die Kurstimme führen zu dürfen. Vor der Wahl von Albrecht II. war zwar der Wettiner zugelassen worden, aber eine abschließende Regelung der Stimmführung war nicht erfolgt. Der neue König sollte entscheiden, wer die sächsische Kurstimme führen durfte. Aber Albrecht II. war gestorben, bevor er diese Entscheidung getroffen hatte und so wiederholten sich die strittigen Verhandlungen von 1438 vor der nächsten Königswahl Anfang Februar 1440. Denn Herzog Bernhard protestierte am 4. Januar 1440 dagegen, dass Friedrich II. von Sachsen und nicht er vom Mainzer Erzbischof zur Wahl eingeladen worden war. Die Kurfürsten mussten also noch vor der Wahl entscheiden, ob der Wettiner Friedrich wie 1438 oder Herzog Bernhard oder keiner von beiden die Stimme abgeben durfte. Aber nicht nur die sächsische Kurstimme war ein Problem, sondern auch die böhmische, denn mit König Albrecht II. war auch der König von Böhmen gestorben. Die Nachfolgefrage war kompliziert. König Albrechts II. Witwe Elisabeth war schwanger und hoffte, einen Sohn und damit Thronerben zu bekommen. Deshalb wollte sie die Entscheidung über die Nachfolge in Böhmen offen halten. Sie beauftragte am 22. Dezember 1439 Herzog Wilhelm III. von Sachsen, der mit ihrer Tochter Anna verheiratet und ein Bruder Herzog Friedrichs II. war, damit, die böhmische Stimme zu führen. Die böhmischen Stände jedoch, die sich als politisch ausschlaggebende Instanz in Böhmen bei Thronvakanz ansahen, beauftragten am 13. Januar 1440 den Burggrafen von Meißen, Heinrich von Plauen, mit der Stimmführung.

Wettiner haben das Kurrecht

Am 28. Januar 1440 trafen die Erzbischöfe von Trier, Mainz und Köln, der noch minderjährige Pfalzgraf Ludwig IV. bei Rhein, Herzog Friedrich II. von Sachsen mit seinem Bruder Herzog Wilhelm III., Markgraf Friedrich von Brandenburg und der Burggraf Heinrich von Plauen in Frankfurt ein. Am

29. Januar berieten die geistlichen Kurfürsten mit dem Brandenburger und dem Pfalzgrafen in der Wahlkapelle der Bartholomäuskirche über die strittigen Kurstimmen. Sie bestätigten schließlich dem Wettiner Friedrich II. das Kurrecht (*jus electionis, kure des heiligen Reiches*) auf Dauer und ließen Burggraf Heinrich von Plauen als Mandatsträger der böhmischen Stimme nicht zur Wahl zu. Der Burggraf protestierte gegen diese Entscheidung und fand Unterstützung beim Frankfurter Stadtrat. Am Abend des 1. Februar 1440 entschied das Kurkolleg dann doch, Heinrich von Plauen im Hinblick auf die Rechte und Freiheiten Böhmens zu dieser (und nur zu dieser) Wahl zuzulassen. Der Wettiner Herzog Wilhelm III. wurde zur Niederlegung seines Mandates bewegt.

Ludwig von Hessen – ein unterlegener Gegenkandidat

Als die Kurfürsten dann am 2. Februar 1440 zur Wahl in die Bartholomäuskirche kamen, gab es neben dem Habsburger Friedrich mit dem Landgrafen Ludwig von Hessen noch einen weiteren Kandidaten. Der Landgraf war von Markgraf Friedrich von Brandenburg vorgeschlagen worden und hielt seine Kandidatur aufrecht. Nach der Stimmabgabe, die nach dem bekannten Ablauf erfolgte, hatte Ludwig die Stimmen von Böhmen und Brandenburg erhalten, der Habsburger Friedrich die fünf der anderen Wähler. Die Minderheit schloss sich jedoch dann der Mehrheit an und so war die Wahl nun doch „einstimmig". Dem Volk in der Kirche wurde das Wahlergebnis vom Lettner aus verkündet, dann beschloss ein *Te deum* die Wahlhandlung. Eine Altarsetzung erfolgte nicht, denn der Gewählte war nicht anwesend und hatte auch keinen Vertreter geschickt. Am 9. Februar 1440 erhielt Friedrich die Nachricht von seiner Wahl, die er am 6. April 1440 in der Pfarrkirche von Wiener Neustadt feierlich annahm. Als der dritte Friedrich übersprang er das Königtum Friedrichs des Schönen und knüpfte unmittelbar an den Staufer Friedrich II. an.

3. Friedrichs III. Königskrönung 1442 und Kaiserkrönung 1452

Nachdem Friedrich die Wahl angenommen hatte, begannen die Planungen für die Krönungsreise nach Aachen. Allerdings verzögerte sich der Aufbruch ins Reich um fast zwei Jahre, weil Friedrich zuerst die politische Lage in seinen Erblanden, insbesondere dem Herzogtum Österreich, sowie in Böhmen und Ungarn stabilisieren wollte. Friedrichs jüngerer Bruder Albrecht VI. forderte eine Teilung der Erblande (Steiermark, Kärnten, Krain) und des Herzogtums Österreich, während er an dem Senioratsprinzip festhielt. Danach regierte der älteste Bruder das Herrschaftsgebiet ungeteilt, die jüngeren Brüder wurden abgefunden. Albrecht verbündete sich zeitweise mit Elisabeth, der Witwe von König Albrecht II., der sowohl römisch-deutscher als auch ungarischer und böhmischer König gewesen war. Elisabeth wollte für ihren nach dem Tod von Albrecht geborenen Sohn Ladislaus Postumus (*22. Februar 1440) die Rechte am ungarischen und böhmischen Thron sichern. In Ungarn favorisierte der einheimische Adel König Ladislaus von Polen als Nachfolger Albrechts II. Die Habsburger setzten dagegen das Erbrecht von Ladislaus Postumus. Nach Ansicht von Elisabeth verteidigte der als Vormund für ihren Sohn eingesetzte Friedrich III. diesen Anspruch nicht kraftvoll genug. Darum übertrug sie die Vormundschaft im April 1440 auf den Bruder Friedrichs III., Albrecht VI., musste jedoch im August widerrufen.

Lage in Ungarn

In Ungarn setzte sich zunächst der polnische König durch, auch wenn es Elisabeth gelungen war, ihren Sohn in Stuhlweißenburg zum König von Ungarn krönen zu lassen. Erst nachdem der polnische König gegen die Türken gefallen war, wurde Ladislaus auf einem Reichstag im Mai 1445 von den ungarischen Ständen anerkannt. In Böhmen gab es zwei miteinander verfeindete politische Richtungen: eine habsburgerfreundliche und eine national-hussitische. So wählte ein böhmischer Landtag Herzog Albrecht von Bayern-München als König, während Ladislaus in Schlesien, Teilen Mährens und den Lausitzen anerkannt wurde. Herzog Albrecht lehnte die Wahl ab und schließlich wurde die Krone 1443 von den böhmischen Ständen Friedrich III. angeboten, der aber ebenfalls ablehnte – mit dem Hinweis darauf, dass sie mit Ladislaus schon einen König hätten. Für die Zeit der Minderjährigkeit von Ladislaus Postumus sollten sie sich selbst eine Vormundschaftsregierung wählen.

Lage in Österreich

Erheblich Probleme hatte Friedrich III. auch als Vormund von Ladislaus mit den Ständen im Herzogtum Österreich. Es ging um die Begleichung von Schulden, die König Albrecht II. zur Finanzierung eines Kreuzzugs gegen die Türken gemacht hatte. Während sich Friedrich III. für nicht zuständig erklärte, verlangten die Stände von ihm die Rückzahlung der Gelder an die Gläubiger. Erst im Juli 1441 einigte man sich auf einen Kompromiss: Der Habsburger erklärte sich bereit, Sold vorzuschießen und stimmte der Bestellung eines Ratsgremiums der Stände zu, das an der Regierung des Landes mitwirken sollte. Keine Einigung hingegen erreichte er mit seinem Bruder Albrecht VI., der im Oktober 1441 ein Angebot zur Erhöhung seiner Einkünfte ablehnte. Er bestand auf der Teilung der Erblande Steiermark, Kärnten, Krain, Windischmark, Istrien, Karst und Portenau, die nach dem 1436 abgeschlossenen Familienvertrag im Jahr 1442 fällig war. Zudem forderte er die Beteiligung an den Vormundschaften für Ladislaus.

Krönungsreise Friedrichs III.

Alles in allem hielt Friedrich III. schließlich Ende März 1442 die politische Lage für so weit gefestigt, dass er zur Krönungsreise aufbrechen konnte. Am 14. April verließ er mit seinem Gefolge Graz und erreichte Ende April Nürnberg, wo er vier Wochen lang Station machte und auf weitere Fürsten wartete. Am Pfingstmontag (21. Mai) setzte der Zug seine Reise fort und erreichte am 27. Mai Frankfurt am Main. Für den 8. Juli 1442 lud der König zu einem Hoftag nach Frankfurt ein und setzte dann seine Krönungsreise fort. Über Mainz, Koblenz und Bonn gelangte der Zug schließlich am 15. Juni nach Aachen und ritt in die Stadt ein.

Am folgenden Sonntag, dem 17. Juni 1442 erfolgte die feierliche Weihe und Krönung in der Aachener Marienkirche. Die Beschaffung der Insignien für die Krönung war nicht unproblematisch. Nach längeren Verhandlungen erklärte sich der Nürnberger Rat, der die Insignien seit 1424 verwahrte, bereit, die Krönungszeichen unter der Voraussetzung nach Aachen zu senden, dass sie unmittelbar nach der Benutzung wieder an die begleitenden Nürnberger Ratsherren zurückgegeben wurden (vgl. auch Kapitel VIII.3).

Q

Aus einem Bericht über die Königskrönung Friedrichs III. am 17. Juni 1442
(in: RTA, Bd. 15,1, S. 205)

und man ließ die obgenannten zwen unser ratesfrunde (Karl Holzschuher, Berthold Volkmer) in den chor zunechst bei dem altar, dar die cronung geschach, also daz sie die clennet auß iren henden darreichden und, so man die genutz hatte, widder zu iren henden namen

Nach dem Ende der Krönungsfeierlichkeiten in der Kirche wurde Friedrich III. in das Aachener Stiftskapitel aufgenommen. Er schickte den beiden – neben Aachen – anderen Hauptorten im Reich (Frankfurt und Nürnberg) Krönungsanzeigen, um die vollzogene Weihe öffentlich zu machen. Am 21. Juni verließ der nunmehr gekrönte König Aachen wieder und traf am 8. Juli 1442 in Frankfurt am Main zum vorgesehenen Hoftag ein.

Der politische Alltag mit seinen schweren Problemen holte den frisch gekrönten König nach seiner Rückkehr nach Graz schnell wieder ein. Wegen der vielfältigen Konfliktfelder (mit seinem Bruder Albrecht VI., den Ständen, dem Kampf um Rechte an Böhmen und Ungarn) blieb Friedrich III. dem eigentlichen Binnenreich in der Zeit von 1444 bis 1471 fern. Er hat seine Erblande in diesen Jahren nur einmal verlassen, um in Rom die Kaiserweihe zu erhalten und eine Ehe zu schließen. Im Herbst 1451 bereitete man die Reise vor und trotz der innenpolitischen Schwierigkeiten brach der König mit seinem Bruder Albrecht VI. und seinem Mündel Ladislaus im Dezember nach Italien auf. In Siena traf er am 24. Februar 1452 mit seiner Braut Eleonore, einer Tochter König Eduards von Portugal, zusammen. Gemeinsam zogen sie nach Rom weiter, wo am 16. März ihre Trauung stattfand. Am 19. März weihte Papst Nikolaus V. (1447–1455) das Paar zu Kaiser und Kaiserin. Es sollte die letzte Kaiserkrönung eines römischen Königs in Rom sein.

4. Die Wahl und Krönung von Maximilian I. 1486

Konflikte um Ungarn und Böhmen

Die Wahl von Maximilian zum römisch-deutschen König im Jahr 1486 erfolgte als Bestandteil von Abwehrmaßnahmen Kaiser Friedrichs III. gegen Matthias Corvinus, den König von Ungarn und Böhmen (1458–1490), der ernsthafte Ambitionen auf die römisch-deutsche Krone hatte. Zudem war die Krone Böhmens, an der ja eine Kurstimme hing, umkämpft. Nach dem Tod des nachgeborenen Sohns von König Albrecht II., Ladislaus Postumus, im November 1457 hatten sich in den Königreichen Ungarn und Böhmen, die Ladislaus noch in Personalunion regiert hatte, zwei Niederadelige gegen habsburgische Ansprüche durchgesetzt: in Böhmen Georg Podiebrad (1420–1471) und in Ungarn Matthias Hunyadi (Corvinus). Kaiser Friedrich III. konnte deren faktische Etablierung nicht verhindern, ließ sich jedoch im März 1459 von westungarischen Adeligen zum König von Ungarn wählen und mit der Stefanskrone krönen. Mit Georg Podiebrad verständigte sich der Kaiser 1462, nachdem der Böhme Friedrich III. gegen seinen Bruder Albrecht

VI. militärische Hilfe geleistet hatte. Im Juli 1463 einigte sich Friedrich III. dann auch mit Matthias Corvinus. Der Corvine ließ sich von Friedrich adoptieren und wurde als König von Ungarn anerkannt. Der Kaiser erhielt dafür das Erbrecht am ungarischen Thron für den Fall, dass Matthias ohne einen Erben sterben würde. Damit wahrte er die habsburgischen Erbaussichten auf Ungarn, die schließlich im 16. Jahrhundert realisiert wurden.

Das Verhältnis der Habsburger zu Matthias Corvinus verschärfte sich in den Jahren 1468/71. Im Dezember 1466 war Georg Podiebrad von Papst Paul II. (1464–1471) als rückfälliger und meineidiger Ketzer gebannt und aller Würden ledig erklärt worden. Die Christen waren zu einem Kreuzzug aufgerufen. König Matthias Corvinus bot sich als Vollstrecker des päpstlichen Urteils an. Er marschierte im Frühjahr 1468 in Böhmen ein und wurde 1469 von einem Teil der böhmischen Adeligen als König anerkannt. Allerdings konnte sich Georg weiter halten. Der Kaiser wiederum war nicht bereit, Matthias zu unterstützen, weil dadurch seine eigenen Ansprüche auf die böhmische Krone gefährdet worden wären und König Matthias seine Ambitionen auf den römisch-deutschen Thron öffentlich gemacht hätte.

Friedrich III. im Konflikt mit dem ungarischen König

In Böhmen konnte sich der Ungar nicht durchsetzen, denn nach dem Tod von König Georg im Januar 1471 wählten die böhmischen Stände den polnischen Königssohn Ladislaus II. zum böhmischen König. Als Kaiser Friedrich III. im Jahr 1477 Ladislaus offiziell mit Böhmen belehnte, reagierte der Corvine mit einem Angriff auf die habsburgischen Erblande. Und als sich Ladislaus und Matthias im Juli 1478 in Olmütz auf eine Teilung ihrer Herrschaftsbereiche geeinigt hatten, konnte der König von Ungarn direkt gegen die Habsburger vorgehen. Im Jahr 1479 gelang seiner Diplomatie der Aufbau eines Bündnissystems, zu dem auch die Eidgenossen und die bayerischen Wittelsbacher gehörten. Zudem traf er Vereinbarungen mit den Osmanen, um in Richtung Reich den Rücken frei zu haben. Und die gute Vorbereitung machte sich bezahlt. In den Jahren 1480 und 1482 gelang es König Matthias, die Steiermark und Kärnten zu besetzen. Im Jahr 1484 marschierten seine Truppen auf Wien und Wiener Neustadt. Die Residenzstädte der Habsburger wurden im Herbst des Jahres mit einem Belagerungsring eingeschlossen. Die Verteidiger von Wien hielten aber noch bis zum 1. Juni 1485 stand. Dann übergaben sie die Stadt an Matthias Corvinus und am 24. Juni huldigten ihm die Landstände Österreichs unter der Enns. Ende des Jahres kehrte der König nach Ungarn zurück, dessen Regierung er vernachlässigt hatte. Es war ihm vorher jedoch nicht gelungen, den letzten Widerstand in Österreich zu zerschlagen und seinen militärischen Erfolg über den Kaiser in politischen Gewinn umzusetzen.

Kaiser Friedrich III. hatte sich schon im März 1483 nach Graz zurückgezogen und war dann weiter nach Linz ausgewichen. Schließlich ging er ins Reich, um die Rückeroberung seiner Erblande zu organisieren. Dazu benötigte er die militärische Hilfe der Reichsfürsten einerseits und die eindeutige Abwehr der Ansprüche des Corvinen auf den römisch-deutschen Thron andererseits. Die Nachfolgefrage sollte noch zu seinen Lebzeiten und nicht – wie in der Goldenen Bulle vorgesehen – erst durch Wahl nach seinem Tod entschieden werden. Kaiser Friedrich III. hatte für den 20. Januar 1486 die Kurfürsten und Fürsten zu einem Tag nach Frankfurt eingeladen. Er begann aber erst mit dem Eintreffen des Kaisers am 28. Januar 1486. Neben der Reichshilfe gegen König Matthias von Ungarn zur Rettung der erblichen Fürstentümer der Habsburger war ein wichtiger Tagesordnungspunkt die Wahl von Friedrichs Sohn Maximilian zum römischen König. Der Kaiser hielt sich offiziell in den Vorverhandlungen mit den Kurfürsten zurück und so entstand der Eindruck, dass Maximilian eher gegen den Willen seines Vaters gewählt worden sei. Maximilian selber warb dagegen seit 1485 offen bei den Kurfürsten bei Rhein und von Mainz für seine Wahl. Tatsächlich war Friedrich III. an der Wahl seines Sohnes durchaus gelegen, denn damit war die Nachfolgefrage im Reich im Sinne Habsburgs geklärt und die von König Matthias Corvinus von Ungarn offen gezeigten Ambitionen auf den Thron abgewehrt. Der hatte seine Absichten auf die Krone durch die Eroberung von Wien unterstrichen. Allerdings hat dieser Umstand die Kurfürsten motiviert, dem Werben der Habsburger für eine Wahl Maximilians *vivente imperatore* nachzugeben. Dass dazu die beiden Inhaber der böhmischen Kurstimme, Matthias Corvinus und Ladislaus von Böhmen, nicht eingeladen wurden, ist angesichts der politischen Situation nachvollziehbar.

Wahl Maximilians

Erzbischof Berthold von Mainz lud am 13. Februar 1486 die übrigen Kurfürsten für den 16. Februar zur Wahl eines römischen Königs in die Bartholomäuskirche nach Frankfurt ein. An diesem Tag war Kaiser Friedrich III. in der Kirche Zeuge der Wahl seines Sohnes zum römisch-deutschen König durch sechs Kurfürsten. Über den Ablauf der Wahl verfasste Johannes Kremer, Diener des Frankfurter Stadtschreibers ein Gedächtnisprotokoll, an dem sich die folgende Darstellung orientiert.

Um acht Uhr morgens betraten die Kurfürsten zusammen mit Vater und Sohn die Kirche. Deren Tore wurden geschlossen und bewacht. Der Kaiser und die Fürsten begaben sich in die Sakristei und zogen liturgische Gewänder an. Rechts und links vom Altar standen Sessel, auf denen die Herren Platz nahmen. Rechts vom Kaiser saß der Erzbischof von Mainz, dann Pfalzgraf Philipp, dann Maximilian. Links saßen der Bischof von Köln, Herzog Ernst von Sachsen, Markgraf Albrecht Achilles von Brandenburg. Der Erzbischof von Trier saß dem Kaiser gegenüber. Zunächst wurde eine Messe mit Abendmahl gefeiert, dann das bekannte *Veni sancte spiritus* gesungen. Daran anschließend kamen die Kurfürsten vor den Altar und schworen den Wahleid *nach lude der guldenen bullen.* Der Kaiser und die Kurfürsten begaben sich in die Wahlkapelle, *um eynen konig zu kiesen, des sie fore hin eyns waren.* Nach einer Weile rief der Markgraf Jakob von Baden weitere Fürsten und Grafen in die Kapelle. Und nach einer weiteren Weile wurde auch Maximilian, der bis dahin auf seinem Stuhl gesessen hatte, herein gebeten. Kurz darauf kamen alle Herren wieder heraus. Die Erzbischöfe von Köln und Mainz führten Maximilian direkt vor den Altar, die anderen Kurfürsten standen um ihn herum, der Kaiser direkt vor ihm *und erhuben ine uff den altar.* Dort blieb Maximilian sitzen, während ein *Te deum* gesungen wurde. Anschließend führte man ihn herunter und setzte ihn auf den Platz gegenüber dem Altar und dem Sessel des Kaisers. Pfeffer, der Kanzler des Erzbischofs von Mainz, stieg auf den Stuhl des Erzbischofs von Trier und rief Maximilian *zu eynem Romischen konige und zukunfftigen keyser* aus. Der Glöckner erhielt den obersten Rock des Königs und zum Abschluss der Zeremonie spielten die Musiker des Kaisers, des Königs, des Herzogs von Sachsen und des Pfalzgrafen, die alle auf dem Lettner standen schrill und laut durcheinander, sodass der Berichterstatter *halb dommelicht* geworden ist. Gegen halb eins am Mittag wurden die Kirchentore geöffnet und die hohen Herren verließen die Kirche.

Um ihr Ziel – die Wahl Maximilians – zu erreichen, verstießen die beiden Habsburger gegen einige Regeln der Goldenen Bulle – beziehungsweise Friedrich III. setzte sie aus kaiserlicher Machtvollkommenheit für dieses Mal außer Kraft. Von der Einladung zur Wahl bis zum Wahltag vergingen nur drei Tage – die Kurfürsten waren ja schon in Frankfurt. Ebenso wenig ist die Teilnahme des Kaisers am Wahlakt mit den Normen der Goldenen Bulle vereinbar. Er kontrollierte geradezu die Stimmabgabe. Er wollte wohl sicher gehen, dass tatsächlich sein Sohn gewählt wurde. Selbst Karl IV. hat an der Wahl seines Sohnes Wenzel 1376 nicht als Kaiser, sondern als Kurfürst von Böhmen teilgenommen.

Bündnis gegen König Matthias von Ungarn

Am 20. März 1486 erhielt der Kaiser die Zustimmung der Reichsfürsten zu einem Bündnis auf drei Jahre gegen die Expansionsabsichten des Corvinen; dafür wollten sie an Stelle von Truppen 153 400 Gulden bereitstellen. Damit hatten die Habsburger ihre wichtigsten Ziele erreicht und der Kaiser zog mit seinem Sohn und den Kurfürsten direkt von Frankfurt über Köln nach Aachen, wo am 9. April die Krönung Maximilians erfolgte (vgl. Kapitel VIII. 5). Damit sollte seine Erhebung weiter aufgewertet und rechtlich abgesichert werden. Es bestand ja durchaus die Möglichkeit, dass der König von Ungarn als Kurfürst von Böhmen die Wahl Maximilians wegen der Rechtsverstöße anfechten würde. Allerdings hatte der Corvine keine Chance, sie annullieren zu lassen. König Matthias Corvinus ist von der Wahl vermutlich völlig überrascht worden, denn es ist nichts bekannt, womit er die Wahl Maximilians hätte verhindern wollen. Er hätte etwa durch eine Gesandtschaft ein Veto einlegen können und darauf verweisen, dass er seit 1463 der Adoptivsohn des Kaisers war. Zudem waren seine Ambitionen auf die Nachfolge Friedrichs III. seit längerem bekannt und er war aktuell der mächtigste Reichsfürst. König Matthias konnte sich offensichtlich nicht vorstellen, dass er bei der Nachfolgeregelung im Reich einfach übergangen werden würde. Aber wie so oft schon waren die Kurfürsten nicht bereit, dem mächtigsten Prätendenten den Weg auf den Thron freizumachen. In den folgenden Jahren hat Matthias versucht, die Wahl praktisch wertlos zu machen, indem er die militärische Entscheidung suchte. Es gelang ihm zwar die Einnahme von Wiener Neustadt im Jahr 1487, jedoch kein durchschlagender, eindeutiger Erfolg. Er war nicht in der Lage, den Habsburgern einen Siegfrieden zu diktieren. Und nachdem sich im Frühjahr 1488 König Ladislaus von Böhmen mit dem Kaiser wegen seiner Nichtberücksichtigung bei der Wahl Maximilians verglichen hatte, blieb auch dem Ungarn keine andere Wahl, als einen Frieden mit dem Kaiser zu erlangen. Bei den Verhandlungen darüber ging es längst nicht mehr um die Krone für den Corvinen, sondern darum, dass der Habsburger auf den Erbanspruch am ungarischen Thron verzichtete und so König Matthias die Möglichkeit erhielt, seinen unehelichen Sohn Johann Corvin als seinen Nachfolger durchzusetzen. Doch die Verhandlungen scheiterten schließlich am Widerstand des Kaisers, der damit rechnete, dass der schwer kranke Matthias bald sterben würde. Tatsächlich starb der Corvine am 6. April 1490 an einem Schlaganfall in Wien. Für Friedrich III. und Maximilian I. schien die Gelegenheit gekommen, ihre im Vertrag von 1463 festgelegten Rechte am ungarischen Thron zu realisieren. Maximilian I. forderte am 19. April 1490 die ungarischen Stände auf, ihn als König anzuerkennen – aber die Magnaten waren nicht bereit, auf ihr Wahlrecht zu verzichten und wählten am 15. Juli 1490 Ladislaus von Böhmen auch zum König von Ungarn. Jetzt griff Maximilian zu den Waffen und fiel in Ungarn ein, musste jedoch, weil er seine Soldaten nicht bezahlen konnte, den Feldzug abbrechen. So wurden Friedensverhandlungen aufgenommen, die mit dem Friedensvertrag von Pressburg am 7. November 1491 endeten. Dieser Vertrag war im Kern eine Neuauflage des Vertrages von 1463: Ladislaus blieb ungarischer König und auch seine Söhne sollten als Könige anerkannt werden. Wenn er jedoch keinen Erben hätte, sollte das Königreich auf Maximilian I. oder dessen Nachkommen übergehen.

Mit einem Eid im Rahmen seiner Wahl im Februar 1486 hatte sich Maximilian verpflichtet, während der Lebzeit seines Vaters keine eigenständigen Regierungsbefugnisse wahrzunehmen. Er hielt sich bis zum Tod seines Vaters im Wesentlichen daran. Nach Friedrichs III. Tod am 19. August 1493 übernahm er die Herrschaft über das römisch-deutsche Reich.

VIII. Die Königskrönungen: Orte, Insignien, Liturgie und Rituale

1. Die Erzbischöfe von Mainz und Köln als Koronatoren

In rechtlicher Hinsicht war neben der Erhebung beziehungsweise Wahl für einen König wichtig, wo und vom wem er gekrönt wurde. Die Verwendung der „richtigen" Krönungsinsignien war dagegen nicht entscheidend, denn wenn Fürsten zu Königen erhoben wurden, hatten sie immer auch Herrschaftszeichen zur Hand, die bei ihrer Krönung eingesetzt werden konnten (Jürgen Petersohn). Aachen wurde zum „richtigen" Krönungsort und die Herrscher, die zunächst nicht dort gekrönt werden konnten, holten dieses Ritual nach, sobald sich die Gelegenheit dazu ergab.

Seit dem 12. Jahrhundert war der Erzbischof von Köln derjenige geistliche Fürst, der das Krönungsrecht unangefochten innehatte. Es beruhte auf dem Umstand, dass Aachen im Bistum Lüttich lag, das wiederum zur Kölner Kirchenprovinz gehörte. Der Kölner Erzbischof war aufgrund seiner Amtsstellung deshalb zur Salbung und Krönung der Könige berechtigt. Das war auch schon in der Zeit davor so, aber es gab durchaus Konkurrenten um das Amt des Koronators, weil diese besondere Würde ein Distinktionsmerkmal war. Derjenige der geistlichen Fürsten, der den König salbte, war dadurch von den anderen Erzbischöfen abgehoben; er konnte sich als der erste Fürst im Reich betrachten und darstellen.

Bei der Krönung und Salbung von Otto I. 936 reklamierte der Erzbischof Ruotbert von Trier das Recht zur Königsweihe, denn sein Bistum sei das älteste und würdigste. Dagegen hielt der Kölner Erzbischof den Hinweis auf die Lage Aachens in seiner Kirchenprovinz. Schließlich einigten sich die beiden auf den Mainzer Erzbischof Hildibert, der wegen seines persönlichen Ansehens als würdiger Koronator galt. So jedenfalls berichtet es Widukind von Corvey. Wichtig ist, dass der Erzbischof von Mainz außerhalb seiner Kirchenprovinz Weihehandlungen vornehmen durfte. In der zweiten Hälfte des 10. Jahrhunderts fühlten sich die Nachfolger von Erzbischof Hildibert offensichtlich für die Königsweihen zuständig, denn sie ließen 960/62 in dem vor der Stadt Mainz gelegenen Kloster St. Alban liturgische Texte zum so genannten *Pontificale Romano-Germanicum* zusammenstellen – darunter auch einen Krönungsordo für die Weihe des römisch-deutschen Königs.

Erzbischof Willigis von Mainz

Die Mainzer Erzbischöfe waren an allen Königssalbungen des 10. Jahrhunderts in Aachen aktiv beteiligt. So war es nur folgerichtig, dass sich der Erzbischof Willigis von Mainz im Jahr 975 vom Papst in einem Privileg, das ihn zum päpstlichen Vikar (Stellvertreter) im nordalpinen Teil des Reiches machte, das Recht bestätigen ließ, den König außerhalb seiner eigenen Kirchenprovinz liturgisch in sein Amt einführen zu dürfen. Zudem strebte der Mainzer an, nach dem Papst im Reich der zweite Mann zu sein. Allerdings war das Vorrecht des Mainzers nicht mit den kirchenrechtlichen Grundsätzen vereinbar, nach denen einem Bischof nur dann geistliche Handlungen in einer anderen Diözese erlaubt waren, wenn der zuständige Ortsbischof dem zustimmte. Diesen Umstand macht sich ab 997 Kaiser Otto III. zu Nutze, als er daran ging, Willigis aus seiner Spitzenposition im Reich zu verdrängen. Auf Bitte des Kaisers stellte Papst Gregor V. für das Aachener Marienstift ein Privileg aus, nach dem nur noch der Erzbischof von Köln, der Bischof von Lüttich (als zuständiger Ortsbischof) und die Mitglieder des Kapitels am Hauptaltar der Kirche die Messe lesen durften. Damit war der Mainzer Erzbischof von der Königsweihe ausgeschlossen, denn zur Königsweihe gehörte das Lesen der Messe am Altar durch den Koronator. Es war seitdem die Zustimmung des Kölners beziehungsweise Lüttichers notwendig, wenn der Mainzer aktiv werden wollte. In der Praxis bedeutete das dann den Verlust des Krönungsrechtes.

Erzbischof Willigis reagierte darauf mit Baumaßnahmen an seiner Bischofskirche in Mainz. Der Erzbischof stellte den Neubau seines Doms in die Karlstradition (ließ erstmals nach Karl dem Großen Bronzetüren gießen), um die Aachener Marienkirche daraus zu verdrängen und zukünftig in Mainz die Königskrönungen durchführen zu können. Tatsächlich hat Willigis 1002 in seiner Kirche Heinrich II. gekrönt und 1024 hat Erzbischof Aribo dem ersten Salier, Konrad II., die Krone aufgesetzt. Aus nicht bekannten Gründen verweigerte jedoch Aribo Konrads II. in Mainz anwesender Gattin Gisela Salbung und Krone. Das führte zum Bruch zwischen dem König und dem Erzbischof mit weitreichenden Konsequenzen. Denn Erzbischof Pilgrim von Köln fand sich bereit, die Königin zu weihen. Zwei Wochen nach der Krönung ihres Gatten wurde Gisela schließlich in Köln geweiht. Konrad II. ließ 1028 seinen Sohn Heinrich ebenfalls von Pilgrim in Aachen zum (Mit-)könig weihen. Dass der Kölner Erzbischof Gisela und damit auch Konrad II. das lieferte, was sein Mainzer Amtsbruder verweigerte, hatte politische Gründe. Pilgrim von Köln gehörte 1024 bei der Wahl in Kamba zur Opposition gegen den Salier Konrad und hatte den Wahlplatz vor dessen Erhebung verlassen. Somit war die Weihe von Gisela ein Zeichen der Anerkennung von Konrads Herrschaft und vielleicht auch Wiedergutmachung für seine oppositionelle Haltung. Doch darüber hinaus brachte Erzbischof Pilgrim wieder das Krönungsrecht des Kölners in Aachen in Erinnerung. Ein Recht, das zu Beginn des Jahrhunderts durch die Praxis der Mainzer Erzbischöfe weitgehend verdrängt worden war. Mit seinem geschickten politischen Verhalten gelang es Pilgrim, das Krönungsrecht wieder an sich zu ziehen und den Rangvorsprung des Mainzers, dem ja schon die erste Stimme bei der Wahl zustand, zu verringern. Papst Leo IX. verbriefte den Kölner Erzbischöfen 1054 das Recht, innerhalb ihrer Kirchenprovinz die Königsweihe vornehmen zu können. Die Kölner Erzbischöfe gaben dieses Recht bis zum Ende des Mittelalters nicht mehr aus der Hand. Der Erzbischof von Mainz weihte 1077 und 1081 die beiden Gegenkönige von Heinrich IV. in Mainz beziehungsweise auf dem Gebiet seiner Kirchenprovinz sowie 1215 in Aachen Friedrich II. Die letzte Krönung war möglich, weil der amtierende Kölner Erzbischof vom Papst abgesetzt worden war. Allerdings vollzog Erzbischof Siegfried II. von Mainz die Krönung und Weihe als Legat des Papstes, also in dessen Auftrag und nicht Kraft seines Amtes.

Im 13. Jahrhundert entwickelten die Erzbischöfe von Köln eine eigene Theorie über den Zusammenhang von Königsweihe und ihrer Position im

„Theorie" der Kölner Erzbischöfe über Königsweihe

Gefüge der Reichsfürsten. Danach machte erst die Krönung und Salbung den König zum wahren König, nicht die Wahl. Deshalb sahen sich die Kölner Erzbischöfe wegen ihrer Weihefunktion beim König in der Rolle, die die Päpste bei der Kaiserweihe hatten. Mit der Bulle „Venerabilem" (Kapitel IV.2) hatte Papst Innocenz III. sich das Prüfungsrecht vorbehalten und genauso vertraten die Kölner Erzbischöfe die Auffassung, bei den Königserhebungen ein besonderes Prüfungsrecht der Kandidaten zu haben. Sie reklamierten für sich, bei Doppelwahlen darüber entscheiden zu können, welcher König der rechtmäßige Herrscher war. Aufgrund dieser wesentlichen Aufgaben sahen sich die Kölner Erzbischöfe an der Spitze der Fürstenhierarchie im Reich. Allerdings war diese Auffassung nicht mehrheitsfähig und konkurrierte immer mit der Vorstellung, dass der König durch die Wahl der Fürsten „gemacht" wurde und der Kölner Erzbischof die vornehme Pflicht hatte, den Gewählten ohne weitere Einrede zu salben und zu krönen. Diese Ansicht haben vor allem die Mainzer Erzbischöfe als Leiter der Königswahl verfochten, denn sie luden zu den Wahlversammlungen ein und hatten bei der Königskur – seit 1158 unbestritten – die *prima vox*.

In der politischen Praxis hatten die Kölner Erzbischöfe bis zum Beginn des 14. Jahrhunderts tatsächlich sehr großen Einfluss auf die Königswahlen (zum Beispiel 1198 oder 1257) und konnten das an ihrem Krönungsrecht festmachen. Aber als sich immer deutlicher die Wahl als eigentlich die Herrschaft eines römisch-deutschen Königs begründender Akt herausgebildet hatte, wie 1338 im Rhenser Weistum festgehalten wurde, sank der Einfluss des Kölner Erzbischofs, weil die von ihm vorgenommene Salbung und Krönung nicht mehr als konstitutiv für die Herrschaftslegitimation angesehen wurde. Laut der Goldenen Bulle gab der Erzbischof von Köln nach dem Trierer seine Stimme ab und hatte das Krönungsrecht. Es war nunmehr eine Aufgabe ohne besondere rechtliche Konsequenzen und kein Indiz mehr für einen besonderen Vorrang ihres Inhabers gegenüber den anderen Kurfürsten.

2. Krönungs- und Weiheorte

Als fester Ort der Königswahl hat sich erst relativ spät Frankfurt am Main etabliert. Erst 1356 mit der Goldenen Bulle erhielt die Stadt dieses Privileg auf Dauer und seitdem fanden mit einer Ausnahme – Ruprecht von der Pfalz – alle Königswahlen in der Frankfurter Bartholomäuskirche statt. Dagegen stand schon früh fest, dass die Königskrönung und -salbung in Aachen stattfinden musste. Die meisten römisch-deutschen Könige wurden in Aachen gesalbt und gekrönt. Dieser Ort hatte mit seiner auf Karl den Großen zurückgeführten Tradition einen wesentlichen Vorteil gegenüber anderen Orten, jedoch gab es immer wieder politische Konstellationen, die eine Krönung in Aachen nicht erlaubten.

Die Könige Heinrich II. (1002) und Konrad II. (1024) sowie der Gegenkönig Rudolf von Rheinfelden (1077) wurden in Mainz gekrönt. Philipp von Schwaben (1198) und Friedrich II. (1212) wurden zuerst in Mainz gekrönt, legten aber beide großen Wert auf eine Wiederholung in Aachen, dem „echten" und richtigen Krönungsort. Auch Karl IV. ließ sich 1349 in Aachen noch einmal krönen, nachdem er als Gegenkönig zu Ludwig dem Bayern 1346 mit Bonn – so wie Friedrich der Schöne 1314 – Vorlieb nehmen musste. Ruprecht von der Pfalz musste sich 1401 in Köln krönen lassen, weil die Stadt Aachen weiter zu König Wenzel hielt. Der Gegenkönig Hermann von Salm schließlich erhielt seine Salbung und Krönung 1081 in Goslar.

Normalerweise jedoch endete eine Königserhebung mit der Salbung, Krönung und Thronsetzung des gewählten römisch-deutschen Königs in Aachen. Aachen lebte in der Tradition, der Hauptort von Karl dem Großen gewesen zu sein. Das Zentrum der karolingischen Pfalz war die Kirche, ein oktogonaler Zentralbau, den Karl zwischen 786/94 und 800 errichten ließ. Noch an seinem Todestag, dem 28. Januar 814, wurde Karl in der Kirche beigesetzt. In die Tradition des Königtums des großen Karls stellte sich Otto I. mit seiner Krönung zum *rex Romanorum* im Jahr 936. Seitdem strebten die Nachfolger Ottos danach, ebenfalls in diese Tradition einzutreten und sich als Nachfolger des ersten nachrömischen, die Völker Europas vereinenden Herrschers zu stellen. Otto III. ließ im Jahr 1000 das Grab Karls öffnen und bestimmte für sich eine Grablege in der Kirche nahe dem Karolinger.

Reiseherrschaft, Hauptorte des Königtums

Dennoch entwickelte sich Aachen nicht – wie etwa Paris für die französischen Könige – zu einer Residenz, denn bis in das 14. Jahrhundert praktizierten die römisch-deutschen Könige eine Reiseherrschaft. Sie waren im Reich unterwegs, um persönlich vor Ort Herrschaft auszuüben und ihren Willen durchzusetzen. Und dieses Reich war groß – es umfasste außer dem Deutschen Reich auch die zum Imperium gehörenden Regionen Oberitaliens und Burgunds. Zudem dehnte es sich seit dem 14. Jahrhundert nach Südostmitteleuropa aus und die Könige des späten Mittelalters hatten ihren Macht- und Herrschaftsschwerpunkt in Böhmen, wie Karl IV., oder wie die Habsburger später in Österreich, Böhmen und Ungarn. Deshalb waren für die römisch-deutschen Könige immer auch andere Orte und Städte wichtige Stationen in ihrem Itinerar. Otto I. interessierte Magdeburg sehr, Heinrich II. und Heinrich III. förderten Bamberg. Heinrich II. war zudem, wie auch Konrad II., gern in Paderborn. Die Staufer legten eigene Pfalzstädte, wie Kaiserswerth, Gelnhausen und Wimpfen, an, und im 14./15. Jahrhundert entwickelten sich die Hauptorte der jeweiligen Hausmacht eines Königs zu seinen Residenzen, so München unter Ludwig dem Bayern, Prag unter Karl IV. und Wenzel, Wien und Wiener Neustadt unter Friedrich III. Auch wenn Aachen nicht die Hauptstadt des Reiches war, so war den Zeitgenossen die Bedeutung des Ortes und der dort vollzogenen Handlungen, also Salbung, Krönung und Thronsetzung eines neuen Königs sehr bewusst. Der Chronist Wipo nannte um die Mitte des 11. Jahrhunderts den Thronsessel in Aachen „Erzstuhl des ganzen Reiches" (*totius regis archisolium*). Und im Sachsenspiegel aus dem ersten Drittel des 13. Jahrhunderts heißt es, dass der Gewählte erst, wenn er in Aachen von dem rechtmäßigen Koronator gesalbt wird und auf dem Thron sitzt, *konigleke gewalt unde koningleken namen* hat. Im Wortsinne nahm derjenige, der auf diesem Thron saß, das Reich rechtmäßig ein.

Reichsheilige

Der Bezug von Aachen zu Karl dem Großen wurde gefestigt, als am 29. Dezember 1165 Kaiser Friedrich I. persönlich die Gebeine seines Vorgängers aus dem Sarg nahm und in ein Reliquiar auf einem Altar legte. Im Auftrag des Gegenpapstes Paschalis III. nahm der Erzbischof von Köln, Rainald von Dassel, die Heiligsprechung Karls vor. Damit hatte das Reich einen heiligen Reichspatron und stand damit wieder auf einer Höhe mit England, wo 1163 Edward der Bekenner heilig gesprochen wurde und – besonders wichtig – Frankreich, wo König Ludwig VII. 1144 in der Kathedrale von St. Denis bei Paris persönlich den Märtyrer Dionysius erhoben hatte. Die politische Wirkung dieses Aktes im Reich und in Europa wurde nur unwesentlich dadurch gemindert, dass Papst Alexander III., der Konkurrent von Paschalis III. und Gegner Friedrichs I., ihn kirchenrechtlich nicht anerkannte. Im 13. Jahrhundert erhielten schließlich die Städte Aachen, Frankfurt am Main und Paderborn die Erlaubnis, Karl als Seligen zu verehren. Mit der Erhebung Karls in Aachen war zugleich die Abwehr des Anspruches der Kleriker von St. Denis verbunden, die für sich in Anspruch nahmen, das Haupterbe von Karl zu verwalten. Allerdings verfügten sie nicht über seine Gebeine. Auf jeden Fall wuchs damit die Bedeutung Aachens für das Königtum und Reich. Gleichsam in Anwesenheit von Karl dem Großen, vor dem Hauptaltar der Kirche, fanden die Königsweihen seitdem statt. Friedrich I. bezeichnete Aachen in einer mit der Erhebung im Zusammenhang stehenden Urkunde am 8. Januar 1166 als „Haupt und Sitz des Reiches" (*caput et sedes regni*). Die fromme Verehrung von Karl dem Großen konnte am Karlsschrein erfolgen. Bis 1215 war der letzte Schrein fertig gestellt. Zwei Tage nach seiner Krönung, am 27. Juli 1215, verschloss König Friedrich II. mit einem Hammer den Schrein.

Q

Mönch Reinerus von St. Jakob in Lüttich
(in: Maas/Siebigs, Aachener Dom, S. 59)

Am Montag ließ derselbe König nach einer feierlichen Messe die Gebeine des heiligen Karl, die sein Großvater, der Kaiser Friedrich, aus der Erde erhoben hatte, in einen sehr kostbaren Sarg legen, den die Aachener aus Gold und Silber angefertigt hatten. Er nahm einen Hammer, legte den Mantel ab, bestieg mit dem Werkmeister das Gerüst und verschloss vor aller Augen zusammen mit dem Meister den Schrein, indem er die Nägel fest einschlug.

Die Kirche des Aachener Marienstifts war ein achteckiger Zentralbau, in dessen östlichem Joch des Umgangs der Hauptaltar stand. An diesem Altar fanden während der Weiheliturgie wichtige Handlungen statt. Dem Altar gegenüber, jedoch im westlichen Joch des Obergeschosses, stand (und steht), sicher belegt seit dem 12. Jahrhundert, der aus einem Kalksteinsockel und Marmorplatten zusammengesetzte Thron, der bei Krönungsfeierlichkeiten mit Teppichen bedeckt und mit Kissen versehen war.

Nach fast 550 Jahren ohne größere Baumaßnahmen entschlossen sich die Kanoniker des Marienstiftes Anfang der 1350er Jahre dazu, den vorhandenen kleinen rechteckigen Altarraum abzubrechen und durch eine große gotische Halle ersetzen zu lassen. Es dauerte von 1355 bis 1414, ehe der Anbau fertig war. König Wenzel erhielt 1376 noch im Oktogon am Hauptaltar die Königweihen. Sigismund war im Jahr 1414 wohl der erste König, der von der gotischen Chorhalle aus an dem Altar geweiht wurde.

Reliquien in Aachen

Der Anstoß für die Erweiterung der Kirche waren vermutlich die Erfahrungen der Kanoniker bei Krönungen – der vorhandene Kirchenraum war zu klein, um allen hohen Gästen und den einfachen Zuschauern Platz zu bieten. Es gab aber noch einen weiteren Grund: Aachen wurde zu einem Zentrum der Pilgerfahrten, seit 1312 zum ersten Mal die Reliquien des Domschatzes, insbesondere die vier großen Heiligtümer (die Windeln Jesu, das Kleid, das Maria bei dessen Geburt trug, das Enthauptungstuch Johannes des Täufers, das Lendentuch Christi) öffentlich gezeigt wurden. Seit 1349 werden die Weisungen alle sieben Jahre durchgeführt – bis in unsere Gegenwart. Im Jahr 1349 waren wegen der Pest so viele Pilger und Büßer in Aachen und nach Aachen unterwegs, dass Karl IV. seine Krönung wegen Überfüllung der Stadt verschieben musste. Möglicherweise hat Karl den Anbau der gotischen Chorhalle unterstützt. Er hatte lange in Paris gelebt und kannte recht gut die Saint Chapelle, die Ludwig IX. in den Jahren 1243/48 als Kirche für „seine" Reliquien, unter anderem die Dornenkrone Christi, hatte bauen lassen. Das architektonische Vorbild für den Aachener Chor ist jedenfalls diese Pariser Kirche. Und auch in der Funktion folgte Aachen Paris. Denn in der Chorhalle sollten der Karlschrein und der Marienschrein (um 1220/38 entstanden), in dem die vier großen Heiligtümer verwahrt werden, angemessen aufbewahrt werden und gegebenenfalls die Zugänglichkeit zu den Reliquien leichter möglich sein.

Als Karl IV. 1349 zur Krönung nach Aachen kam, befanden sich die Reichsinsignien noch im Besitz der Erben König Ludwigs des Bayern. Deshalb verwendete man bei der Krönung unter anderem eine Ersatzkrone, die der König anschließend der Marienkirche geschenkt habe könnte. Sigismund wurde 1414 mit dieser Krone gekrönt. Zwischen den Krönungen befand sich diese Krone auf einem Kopfreliquiar, der so genannten Karlsbüste (mit Schädelplatte Karls des Großen), das von Karl IV. gestiftet worden sein soll.

3. Reichsinsignien (Herrschaftszeichen), Reliquien, Krönungsornat

König als Mittler zwischen Klerus und Volk

Für die Einweisung in die Herrschaft während der Krönungen verwendete man Insignien, die bestimmte Bedeutungen hatten. Die Übergabe der Herrschaftszeichen an den König im Rahmen der Weiheliturgie durch Erzbischöfe oder Bischöfe galt bis in das 14. Jahrhundert hinein als eigentlicher Herrschaftsbeginn, wenn sie den Gekrönten auch nicht unmittelbar zum Herrscher machte. Aber die Insignien machten gemeinsam mit der Salbung gleichsam sichtbar, was eigentlich unsichtbar war: Der König war Teil der göttlichen Herrschaftsordnung. Seine Herrschaft war von Gott legitimiert, sie beruhte auf seinem Willen und der König war Gott für sein Handeln rechenschaftspflichtig. So wie Christus der Mittler zwischen Gott und den Menschen war, so war der gesalbte König Mittler zwischen dem Klerus und dem Volk. Der Inhaber der Herrschaftszeichen präsentierte sich zudem in der Tradition Karls des Großen, dessen Herrschaft das *regnum christianum* umfasste.

Art und Umfang der Insignien

Die Zusammenstellung der Insignien und des Krönungsornates blieb während des Hoch- und Spätmittelalters nicht unverändert. Eine feststehende Objektgruppe wurden die Insignien erst im 12. Jahrhundert und sie wurden in den folgenden Jahrhunderten nochmals ergänzt. Zu dieser Gruppe gehörten eine Krone (datiert von der 2. Hälfte des 10. Jahrhunderts bis zur 1. Hälfte des 12. Jahrhunderts), das Reichsschwert (2. Hälfte 11. Jahrhundert), die Lanze (Mitte 10. Jahrhundert), das Reichskreuz (während der Regierung von Konrad II.), das Zepter (seit dem 14. Jahrhundert), der Reichsapfel (um 1200) sowie Kleidung, nämlich der Krönungsornat (hauptsächlich aus dem Besitz von Friedrich II. und Ludwig dem Bayern). Einblick in den Bestand und Umfang der Herrschaftszeichen, die noch zu unterscheiden sind in die eigentlichen Königs- und Kaiserinsignien einerseits und die Reichsinsignien andererseits, ermöglichen Inventare (Verzeichnisse, Aufstellungen). Aus dem Jahr 1246 ist ein Inventar der Insignien auf der Burg Trifels überliefert, aus dem Jahr 1350 eine Aufstellung, die angefertigt wurde, als die Insignien von den Erben Ludwigs des Bayern an König Karl IV. übergeben wurden. Als schließlich König Sigismund im Jahr 1423 den Reichsschatz an Nürnberg zur Verwahrung übergab, wurde wiederum ein Inventar erstellt. In Nürnberg wurde der Bestand nicht mehr ergänzt oder verändert. In den Jahrhunderten davor jedoch waren sein Umfang und seine Bedeutung Veränderungen unterworfen: Einzelne Insignien verloren beziehungsweise gewannen an Bedeutung oder durchliefen Bedeutungsänderungen, wie etwa die heilige Lanze. Die Lanze, an der sich Metallpartikel von Nägeln, mit denen Jesus an das Kreuz genagelt worden sein soll, befunden haben sollen, übergab König Rudolf von Burgund 926 an König Heinrich I. Die ersten Ottonen sahen diese Lanze bis 939 als Lanze des Longinus an, also als die Lanze, mit der die Seite Jesu durchbohrt worden sein soll. Bis in die Mitte des 13. Jahrhunderts galt sie als Waffe des heiligen Mauritius (ottonischer Schlachtenheiliger), danach dominierte bis zur Reformation wieder der Bezug auf Longinus. Schon Mitte des 11. Jahrhunderts wurde die Lanze von der Krone als vornehmste Insignie abgelöst und zu einer der Hauptreliquien des Reiches.

Sakralisierung der Insignien

Eine weitere wesentliche Entwicklung vollzog sich mit der Sakralisierung der Insignien, das heißt, aus dem ursprünglichen Bestand an Herrschaftszeichen wurde ein Ensemble von Insignien und Reliquien, die im späten Mittelalter als Reichsschatz bezeichnet wurden. Eine wichtige Etappe dieser Entwicklung war die Heiligsprechung von Karl dem Großen im Dezember 1165. Im 13. Jahrhundert wurden einzelne Herrschaftszeichen (Schwert) Karl zugewiesen; sie galten als geheiligte Insignien, waren jedoch keine Reliquien im engeren Sinne.

Karl IV. war ein leidenschaftlicher Reliquiensammler und bemühte sich seit seinem Herrschaftsantritt Mitte des 14. Jahrhunderts um einen neuen Einsatz der Reichsinsignien und der Reliquien. Dieses Bemühen fand vor dem Hintergrund statt, dass die sakrale Dimension der Königsherrschaft im Reich zunehmend verblasste. Karl IV. selbst hatte mit der Goldenen Bulle rechtlich festgestellt, dass allein durch die Wahl und nicht durch die Salbung und Krönung der König bestimmt wurde. Die „Wahlheiligkeit" war jedoch kaum nach außen zu vermitteln und zudem war es auch die Pflicht des Königs, sich um die Seelen seiner Untertanen zu kümmern. Dieser Aufgabe kam der König nach, indem er die Insignien und Reliquien gemeinsam öffentlich zeigen ließ (Weisung) und den Betrachtern dieser Zeichen die Möglichkeit zum Erwerb von Ablass (Minderung der Sündenstrafen) eröffnet wurde. So wurde die Verbindung des Sakralen mit dem Königtum sichtbar gemacht. Die Reliquien traten an die erste Stelle in dem Ensemble und die Zeitgenossen sprachen von des „Reiches Heiligtum und Kleinodien".

Aufbewahrungsorte der Insignien

Für das hohe Mittelalter gibt es nur wenige Nachrichten über die Orte, an denen die Insignien aufbewahrt wurden. Vermutlich haben sie die Könige auf ihren Reisen durch das Reich mitgeführt. Nach dem Tod Ottos III. gelangten die Insignien nach Aachen, wo sie Heinrich II. übernahm. Nach seinem Tod brachte seine Witwe Kunigunde die Herrschaftszeichen von Bamberg nach Mainz, wo sie für die Krönung von Konrad II. verwendet wurden. Die frühen Salier haben die Insignien wohl im Kloster Limburg und im Dom von Speyer aufbewahrt. König Heinrich IV. führte sie meistens mit sich. Im Jahr 1125 brachte der Herzog Friedrich von Schwaben in seiner Funktion als Reichsverweser die Insignien auf die Burg Trifels (bei Annweiler in der Pfalz). Während der Stauferherrschaft blieben sie dort, wurden zeitweise (zwischen 1153 und 1208) aber auch in der Pfalz Hagenau gesichert. Nach dem Tod von Kaiser Otto IV., der die Herrschaftszeichen vermutlich auf der Harzburg verwahrte, übergaben dessen Erben sie im Jahr 1219 in Goslar an Friedrich II. Seit 1221 wurden sie dann auf der Waldenburg bei Ravensburg vor unbefugtem Zugriff geschützt und lagen 1246 wieder auf dem Trifels. Richard von Cornwall brachte 1257 aus England eigene Insignien mit ins Reich. Zu seiner Krönung am 17. Mai 1257 stand dann aber doch die von der Burg Trifels herbeigeschaffte Krone zur Verfügung. König Richard stiftete während eines weiteren Aufenthaltes in Aachen einen Krönungsornat mit Krone, Gewändern, Zepter und Reichsapfel, der im Marienstift verwahrt und bei zukünftigen Krönungen benutzt werden sollte. Diese Stiftung ist ein Indiz dafür, dass Richard der Ansicht war, dass mit ihm das römisch-deutsche Königtum neu begründet worden war und durch seine Erben (Söhne) fortgeführt werden sollte.

König Rudolf von Habsburg erhielt die Insignien 1273 in Boppard von Richard von Hohenecken, dem Kämmerer auf Trifels. Der Hauptverwahrungsort unter den ersten Habsburgern wurde die Kyburg bei Winterthur – unterbrochen wohl nur während der Herrschaft König Adolfs von Nassau, der im Juni 1292 in dem von Richard von Cornwall gestifteten Ornat gekrönt wurde. Wo Adolfs erfolgreicher Gegner, Albrecht I. von Habsburg, die Insignien verwahrte – auf dem Trifels oder auf der Kyburg – ist nicht bekannt. Sehr wahrscheinlich blieben sie unter Aufsicht der Habsburger auch nach Albrechts I. Tod, denn es ist nicht bekannt, ob sie für die Krönung von Heinrich VII. im Januar 1309 verwendet wurden. Sicher ist hingegen, dass Friedrich der Schöne sie 1314 bei seiner Krönung einsetzen konnte.

Burg Karlstein

Nach der Niederlage bei Mühldorf 1322 lieferte Friedrich der Schöne die Herrschaftszeichen an seinen Kontrahenten Ludwig von Bayern aus. Der ließ sie in seine Residenz in München bringen. Ludwigs Erben übergaben sie 1350 an Karl IV., der zunächst zusagte, die Insignien und Reliquien entweder in Nürnberg oder Frankfurt am Main zu deponieren. Allerdings verfolgte König Karl tatsächlich andere Pläne. Einerseits ließ er die Reliquien in Nürnberg öffentlich weisen (1361) und regte die Feier des Tages der heiligen

Lanze an (1354), andererseits aber ließ er auf der Burg Karlstein in Böhmen eine Kreuzkapelle bauen, in die 1365 der Reichsschatz, verpackt in 21 Kästen, gebracht wurde. Die Kapelle wurde durch vier Türen mit insgesamt neunzehn Schlössern gesichert, ihre Wände mit 25000 Edel- und Halbedelsteinen geschmückt. Täglich brannten dort 1330 Kerzen.

Nürnberg

Unter König Wenzel kehrten die Schätze nach Prag zurück, wo sie in der 1398 fertig gestellten Fronleichnamskapelle aufbewahrt wurden. Seit 1399 ließ sie Wenzel an dieser Kapelle öffentlich zeigen. König Sigismund ordnete 1410 die Rückkehr der Heiltümer auf die Burg Karlstein an, ließ sie aber zu den Weisungen regelmäßig nach Prag bringen. Dort wurden sie jedoch von den Hussiten, die den zur Weisung im Jahr 1420 erschienenen Personen die Absetzung von Sigismund als böhmischen König und Kurfürsten verkündeten, bedroht. Der König brachte den Reichsschatz daraufhin für zwei Jahre auf die Burg Visegrád, um sie schließlich mit einem auf den 29. September 1423 datierten Privileg *auf ewige zeiten* dem Rat der Reichsstadt Nürnberg zur Verwahrung zu übergeben. König Sigismund wählte Nürnberg zum Aufbewahrungsort als Gegenleistung für die politischen Dienste (insbesondere Unterstützung gegen die Fürsten und Ritter), die ihm die Stadt über Jahre hindurch erwiesen hatte. Dort trafen sie unter größter Geheimhaltung im März 1424 ein.

Die Kleinodien wurden im neuen Spital, das der Aufsicht des Stadtrates unterstand, verwahrt. Die Reliquien wurden in einen 1438 eigens dafür angefertigten Schrein gelegt, der im Chorraum der Spitalskirche unter der Decke hing und bei Bedarf mit Hilfe einer Winde herabgelassen wurde. Die Reichsinsignien und der Krönungsornat (Reichskrone, Reichsapfel, Reichsschwert, Zeremonienschwert, zwei Zepter) wurden in einem kapellenartigen Gewölbe über der Sakristei in einem viertürigen Wandschrank, der mittels einer quer gelegten Eisenstange verschlossen wurde, aufbewahrt. Über diesen Raum erhielt man außerdem Zugang zum Dachboden, auf dem sich eine Winde befand, mit der man den Reliquienschrein von der Decke herablassen konnte. Um die *Versperr* dieses Raumes zu öffnen, mussten mehrere Herren des Rates und der Spitalmeister gemeinsam ihre Schlüssel einsetzten. Die drei obersten Hauptleute (Ratsmitglieder) hatten die Schlüssel zunächst in Verwahrung. Der Rat Nürnbergs hütete den Schatz und sorgte für dessen größtmögliche Sicherheit im Heilig-Geist-Spital. Doch einmal im Jahr musste er seine Sicherheitsanstrengungen noch verstärken, nämlich dann, wenn der Schatz bei der Heiltumsweisung vierzehn Tage nach Karfreitag öffentlich gezeigt wurde. Dazu waren die Nürnberger als Gegenleistung dafür verpflichtet, dass sie den Reichsschatz von König Sigismund *unwiderruflich ewiclichen* erhalten hatten.

Friedrich III. und Nürnberg streiten um die Insignien

Allerdings hat König Friedrich III. versucht, die Insignien wieder unter seine Obhut zu nehmen. Dadurch fühlten sich die Nürnberger jedoch brüskiert und herausgefordert und bestanden auf der Einhaltung von Sigismunds Regelung. Erste Spannungen entstanden Anfang Mai 1442, als der neue König Friedrich III. auf dem Weg zur Krönung nach Aachen in Nürnberg Station machte. Zunächst war die fürstliche Begleitung des Königs nicht sonderlich groß, erst in der zweiten Maiwoche erschienen nach und nach weitere Fürsten, die sich dem Zug nach Aachen anschließen wollten. Friedrich wollte den Reichsschatz sehen und der Rat gewährte ihm am 3. Mai eine gleichsam private Weisung in der Spitalkirche, an der auch einige Fürsten und Grafen teilnehmen durften, aber unter Ausschluss der städtischen Öffentlichkeit. Nur Ratsherren und die notwendigen Diener waren dabei. Doch damit war der hohe Gast nicht zufrieden. Er verlangte eine öffentliche Heiltumsweisung. Der Stadtrat kam diesem Wunsch, wenn auch nur widerwillig, nach und so kam es am Himmelfahrtstag des Jahres 1442 zu einer außerordentlichen Heiltumsweisung für die fürstlichen Gäste.

Friedrich III. vertrat die Ansicht, dass die Herrschaftszeichen des Reiches wieder in die Obhut des Königs übergehen sollten, aber die Ratsherren stellten nach der Weisung klar, dass sie den Schatz nicht aus der Hand geben würden. Der König reagierte verschnupft und ließ – zur Verwunderung des Rates – am 17. Mai erklären, welche Gerechtigkeiten er als König in und an Nürnberg hatte. Nachdem dies erfolgt war, erwarteten die Ratsherren, dass der König den Bürgern und der Stadt die Reichslehen genauso bestätigen würde wie das würdige Heiligtum. Doch Friedrich war nicht bereit, diese Erwartungen zu erfüllen. Wegen der Lehen sollte ein neues, teureres und kompliziertes Verfahren zur Anwendung kommen, und von einer Bestätigung des Privileges, den Reichsschatz mitsamt den Insignien verwahren zu dürfen, war gar keine Rede. Insgesamt war Friedrich III. mit den Vorgängen in Nürnberg nicht zufrieden und fühlte sich vom Rat nicht korrekt behandelt, wenn der auch formal einwandfrei auf die Wünsche des Königs, insbesondere was das Heiltum betraf, eingegangen war.

So ist es kaum verwunderlich, dass im Zusammenhang mit den Vorbereitungen zur Krönung Friedrichs in Aachen am 17. Juni 1442 wieder Reibereien wegen der Insignien, die der Rat eigentlich nicht zur Verfügung stellen wollte, entstanden. Friedrich III. bat zwei Nürnberger Ratsherren (Karl Holzschucher, Berthold Volkmer), die ihn begleitet hatten, ihm die *klennett, die zu zirheit eines romischen kungs gehoren, so er in seiner maiestat sitzet* (Krone, Dalmatica, Alben, Stolen, Sandalen, Schuhe, Schwert, Zepter, Apfel) nach Aachen zu schicken. Dieses Ansinnen schlugen die beiden Ratsherren rundweg ab. Doch der König gab nicht auf und schrieb an den Rat nach Nürnberg. In dem Brief verpflichtete er sich, die Insignien und Kleidungsstücke nach der Krönung alsbald wieder den Ratsherren zu übergeben. Schließlich beschlossen die Mitglieder des Kleinen Rates, weil sie sich davon Nutzen für ihre Stadt versprachen, allerdings mit den größten Bedenken, die angeforderten Gegenstände mit einem Ratsschreiber nach Aachen zu schicken, wo sie von den beiden vor Ort anwesenden Ratsherren übernommen wurden. Die Fürsten, in deren Begleitung sich der Ratsschreiber befand, wussten nicht, dass sie den Reichsinsignien das Geleit gaben. Bei der Krönung standen die beiden Nürnberger Ratsherren mit den Insignien im Chor der Marienkirche nahe beim Altar und übergaben sie an den Koronator *und so man sie genützt hatte* übernahmen sie sie wieder. Und auch als Friedrich in Aachen und Köln im vollen Ornat und unter der Krone die Fahnenlehen bestätigte, stellten die Nürnberger die Stücke zur Verfügung. Aber: *so wald als er die zu sollichen eren genützet hatte, gab er von stund an unsern frunden die stuck widerumb, also daz sie nye ubernacht in seinen henden belieben.*

Die Nürnberger hatten gehofft, dass ihnen der König dieses „Entgegenkommen“ mit der Bestätigung der Lehen und des Verwahrungsprivilegs für den Reichsschatz belohnen würde, jedoch: Nichts dergleichen geschah. Als Anfang des Jahres erneut eine Gesandtschaft den König im Juni 1443 in Wien wegen der Lehensangelegenheit aufsuchte, überraschte sie Friedrich mit der Forderung, die Insignien an ihn auszuliefern, denn er sei nun zum König gewählt und gekrönt und seine Vorgänger hätten die Heiligtümer und Kleinodien immer in Verwahrung gehabt. Von diesem Ansinnen waren die Nürnberger völlig überrascht. Eine solche Zumutung war bis dahin nicht an den Rat gelangt. Die Ratsherren konnten sich also gar nicht vorstellen, dass die Kleinodien und Reliquien noch einmal Nürnberg verlassen würden, wenngleich sie bis dahin an verschiedenen Orten (unter anderem Burg Kyburg, Residenz in München, Burg Karlstein) verwahrt worden waren. Dementsprechend ging der Rat nicht auf die Forderung ein, weshalb Friedrich ihn zwei Monate später aufforderte, den Schatz nach Regensburg zu bringen. Von dort wollte er ihn dann nach Wiener Neustadt transportieren lassen. Der Rat versuchte zunächst, Zeit zu gewinnen, um sich von verschiedenen Seiten Unterstützung zu verschaffen.

Er holte ein Rechtsgutachten der Universität Padua ein, das ganz im Sinne des Rates ausfiel. Die Juristen in Padua gingen auf die Reichsinsignien nicht ein, sondern betonten den Reliquiencharakter der Sammlung. Aus diesem Grunde war für ihre Argumentation auch ausschließlich die päpstliche Bestätigung der dauerhaften Verwahrung der Reliquien in Nürnberg durch Martin V. vom 31. Dezember 1424 wichtig. Die Bestätigung durch Könige und Kaiser hatte dem gegenüber weniger Gewicht, weil diese im Rang unter dem Papst standen. Die Tendenz der Gutachten ging dahin, in der päpstlichen Bestätigung die eigentliche Rechtsgrundlage für Übertragung der Reliquien und Insignien nach Nürnberg zu sehen und somit war die Schlussfolgerung: Nur der päpstliche Widerruf, aber nicht der des königlichen Nachfolgers könnte rechtswirksam werden. In dieser Perspektive war der Reichsbezug des Schatzes aufgehoben, ein Argument, dass die Nürnberger gut gegen den König verwenden konnten. Der betonte jedoch nach wie vor den Insigniencharakter und die Repräsentationsfunktion der Kleinodien für das Reich und der Rat musste am Januar 1444 erneut Gesandte schicken, um dem König zu erläutern, warum er den Schatz nicht erhalten werde.

Geschickt schalteten die Ratsherren schließlich auch die Kurfürsten ein und fragten an, wie sie sich gegen die Forderung des Königs verhalten sollten. Und wie erwartet fiel auch deren Antwort aus. Sie unterstützten die Nürnberger Position, weil sie befürchteten, dass der Reichsschatz dann nach Österreich oder in die Steiermark, Friedrichs III. Hausmachtterritorium, gebracht und dem Reich so entfremdet würde. Möglicherweise hat diese Stellungnahme der Kurfürsten Friedrich III. veranlasst, auf die Herausgabe der Kleinodien zu verzichten – aber er hat den Nürnbergern das Recht zur Verwahrung nie bestätigt. Gleichwohl blieben die Insignien bis zur Reformation in Nürnberg.

4. Liturgische Grundlagen: Die Königskrönung und -weihe nach den Krönungsordines von 962/980 und 1309

Die Königskrönung und -salbung fand im Rahmen eines Gottesdienstes statt. Während der Messe wurde der zuvor von den Fürsten wie auch immer zum König erhobene Fürst von einem Laien zu einem „Gesalbten des Herrn" (*christus domini*). Durch die Salbung wurde der König in eine dem Bischofsamt vergleichbare Position gebracht. Thietmar von Merseburg sprach Anfang des 11. Jahrhunderts davon, dass der König zum „Mitpriester" erhoben werde. Es war also die Königskrönung und -weihe an der Form der Bischofsweihe orientiert und deshalb wurden für diese Krönungsmessen ähnliche Ordnungen erarbeitet, die den reibungslosen Ablauf sicherstellen sollten, die aber vor allem garantieren sollten, dass das Krönungsritual in allen Teilen korrekt vollzogen wurde, denn nur dann war es auch wirksam. Deshalb ließen die Erzbischöfe von Mainz um 960 im Kloster St. Alban (Mainz) aus mehreren Vorlagen eine Krönungsordnung zusammenstellen, die um 980 noch einmal bearbeitet wurde und bis zum Beginn des 14. Jahrhunderts im Wesentlichen die Grundlage für die feierliche Krönung und Salbung eines römisch-deutschen Königs war.

Krönungsliturgie

Danach begann die Krönungsliturgie mit der Einholung des Königs. Er wurde aus seinem Gemach geholt und von zwei Bischöfen in einer Prozession in die Kirche geführt. Der Prozession wurden das heilige Evangelium, zwei Kreuze und Weihrauch voran getragen. Vor der Kirchentür hielt der Zug an, damit ein Bischof ein Gebet sprechen konnte. Beim Einzug in die Kirche wurde eine Antiphon (Wechselgesang zwischen Priester und Gemeinde) gesungen (PS. 19, 10: „Die Furcht des Herren ist rein, sie besteht für immer, Die Urteile des Herren sind wahr, gerecht sind sie alle".) Dann sprach der Koronator ein Gebet.

Während der Litanei legte der König seine Waffen und seinen Mantel ab, trat vor den Altar und warf sich in Kreuzform mit der Geistlichkeit zu Boden. Dort blieb er bis zum Ende der Gebete (Namen der 12 Apostel, ebenso viele Märtyrer, Bekenner, Jungfrauen) liegen. Nachdem er sich wieder erhoben hatte, erfolgte die Befragung des Königs. Der leitende Erzbischof fragte ihn, ob er die Kirche, ihre Leiter und das ganze Volk wie seine Vorgänger gerecht und fromm verteidigen und regieren wolle. Darauf antwortete der König *volo*, ich will. Es schloss sich die Befragung des in der Kirche anwesenden Volkes durch den Erzbischof an. Das Volk erklärte seine Bereitschaft, sich dem Herrscher in Treue zu unterwerfen, in Form eines Heilrufes: *Fiat* (So sei es) oder *Vivat rex in aeternum* (Ewig lebe der König). Daraufhin beteten die hohen Geistlichen für den Herrscher und seine Herrschaft, während der König vor dem Altar an Kopf und Brust, zwischen den Schultern sowie an beiden Achseln gesalbt wurde. Mit der Salbung wurde die Wirkung des Heiligen Geistes übertragen. So wie der König äußerlich mit dem Salböl bestrichen wurde, sollte innerlich eine unsichtbare geistliche Salbung erfolgen, die den Gesalbten zu einem anderen Menschen machte. Das Vorbild für diese Vorstellung war die im Alten Testament beschriebene Salbung von Saul (I. Samuel 10, 6). Samuel salbt Saul mit dem

Öl und küsst ihn: „Dann wird der Geist des Herren über dich kommen und du wirst in […] einen anderen Menschen verwandelt werden".

Insignienübergabe, Thronsetzung

Nach der Salbung wurden dem König die Insignien, seine Herrschaftszeichen, überreicht. Das Schwert erhielt er mit den Worten: „Empfange das Schwert, das dir durch die wenngleich unwürdigen, so doch an Stelle und durch Autorität der heiligen Apostel geweihten Hände der Bischöfe königlich angetan und kraft unserer Weihe von Gott zur Verteidigung von Gottes heiliger Kirche zugeordnet ist" – und er wurde aufgefordert, mit dem Schwert die Kirchen, Witwen und Waisen zu schützen. Zudem folgten je nach Situation und Zeitpunkt weitere Insignien und Kleidungsstücke: Ring, Mantel, Spangen, Zepter, Stab (ab Mitte des 11. Jahrhunderts Reichsapfel). Die heilige Lanze erwähnten die Redaktoren des Mainzer Ordos vermutlich deshalb nicht, weil sie einen Text schaffen wollten, der auch außerhalb des Deutschen Reiches (zum Beispiel für Kaiserkrönungen) verwendet werden konnte. Der Höhepunkt der Insignienübergabe ist das Aufsetzen der Krone auf den Kopf des Königs durch den Erzbischof von Mainz, seit der Mitte des 11. Jahrhunderts durch den Erzbischof von Köln mit den Worten: „Empfange die Krone des Königreiches […] und erkenne sie als Zeichen der heiligen Glorie und der rechtmäßigen Ehre und des Werkes der Kraft und wisse dich durch sie als Teilhaber unseres Dienstes, so dass du dich immerdar – wie wir uns als Hirten und Lenker der Seelen im Inneren verstehen – auch im Äußeren als ein wahrer Pfleger Gottes und Verteidiger gegen alle Widersacher der Kirche Christi und für das dir von Gott gegebene und durch das Amt unserer Weihe an der Stelle der Apostel und aller Heiligen deiner Herrschaft übertragene Reich als ein nutzenbringender Vollstrecker und erfolgreicher Lenker erzeigest…". Nach der Krönung sprach der Erzbischof fünf Segensformeln und dann wurde der König zur Thronsetzung geführt – wenn das Krönungsritual in Aachen stattfand, zum Thron Karls des Großen. Während der König auf dem Thron saß, wurden im hohen Mittelalter die folgenden Worte gesprochen: „Stehe fest und behaupte nunmehr den Platz, den du bislang aus väterlicher Erbfolge innehattest und der dir in erblichem Recht durch die Machtvollkommenheit des allmächtigen Gottes und unserer, nämlich aller Bischöfe und übrigen Knechte Gottes, gegenwärtigen Übergabe übertragen ist, […] auf dass der Mittler zwischen Gott und den Menschen dich als Mittler zwischen Klerus und Volk auf diesem Thron des Königreiches bestärke und im ewigen Reich mit sich herrschen lasse …". Den Abschluss der Krönungsmesse läuteten Glocken ein, während der Gekrönte den Friedenskuss austeilte und ein *Te deum* gesungen wurde. Dann erfolgte der Auszug aus der Kirche zum Krönungsmahl.

Dieser Ablauf der Königskrönung nach dem im Ordo von 962/80 beschriebenen Muster, die mehrere Stunden dauerte, blieb im Großen und Ganzen während des Mittelalters unverändert. Gleichwohl ist die Krönungsordnung während dieser Jahre aber erweitert und modifiziert worden. Im 12. Jahrhundert wurde die Leistung eines Krönungseides, den der König auf das Evangeliar Karls des Großen leisten musste, erweitert. Auf Deutsch leistete diesen Eid Friedrich III. während seiner Krönung im Juni 1442.

Q

Krönungseid von 1442
(in: Reichtagsakten 15,1, Nr. 100, Absatz 20):

Ich vergich und gelob vor got und seinem ewangeli, das ich nun hinfur die gesetz, die gerechtigkait und den frid der heiligen gotteskirchen halten und meinen undertenigem volk frumen, die gerechtigkait thun und reichsgerechtigkait behalten will, weheltikleich wirdige ansehung der götlichen parmherzigkait, wie ich das mit rat der fursten und getrewen des reichs und der meinen am pesten vinden mag, dem allerheiligsten vatter dem Römischen bischof und der kirchen zu Rom und anderen bischoven und den kirchen gottes wirdige und gaistliche eer erzaigen und, was den kirchen von kaisern und kungen und andern gasitlichen personen verlihen und gegeben ist, unzerprochenlich halten und gehalten werden schaffen, den abten, orden und des kungreichs lehenmanen zimbliche eer ertragen und beweisen will. Darzu mir unser her Ihesus Christus helf zierhait und sterk zu verleihen geruch.

Der alte Krönungsordo aus dem 10. Jahrhundert wurde in der Zeit des ausgehenden 13. und beginnenden 14. Jahrhunderts überarbeitet, jedoch gibt es keine eindeutigen Anhaltspunkte für den genauen Zeitpunkt. Die Forschung war zunächst (das heißt im 19. Jahrhundert) der Ansicht, dass für die Krönung von Rudolf von Habsburg 1273 ein neuer Ordo benutzt worden sei. Zu Beginn des 20. Jahrhunderts hat man die Bearbeitung mit der Weihe von Albrecht I. 1298 in Verbindung gebracht. In der neueren Forschung geht man jedoch davon aus, dass die Bearbeitung erst im Zuge der Vorbereitung der Krönung von Heinrich VII., die am 6. Januar 1309 erfolgte, in Köln vorgenommen worden war. Für diese Annahme spricht, dass die Messgebete in der Krönungsordnung der Liturgie des Dreikönigstages entsprechen, also dem 6. Januar, Heinrichs VII. Krönungstag.

Krönungsordo von 1309

Die hauptsächlichen Unterschiede der neuen Ordnung im Vergleich mit der älteren bestehen darin, dass sechs Fragen an den König gerichtet werden (siehe unten S. 107 zur Beschreibung der Krönung von Maximilian I.), bevor die Salbung und Übergabe der Insignien erfolgte. Daran schloss sich die Eidleistung vor dem Altar auf das Evangelium Karls des Großen an. Nach der Thronsetzung des Königs auf dem Karlsthron folgte im Ordo von 1309 die Krönung und Salbung der Königin. Dieser Akt ist damit – anders als zuvor – in den Gesamtablauf der Messe einbezogen. Das *Te deum* stand denn auch am Ende der Königinnenkrönung, anschließend wurde das Hochamt mit dem Evangelium fortgesetzt. Vom Friedenskuss durch den Gekrönten am Ende der Messe ist keine Rede mehr.

Im Krönungsritual wurde der sakrale Charakter der Königsherrschaft zum Ausdruck gebracht. Durch die Vermittlung der Bischöfe wird dem König die Herrschaft auf der Erde gleichsam in Stellvertretung von Gott und Christus übertragen. Für die Kirche war dieser Teil der Erhebung wichtiger und ausschlaggebender als die vorherige Wahl durch Herzöge oder Fürstenversammlung, zumal wenn der Sohn direkt auf den Vater folgte.

5. Die Praxis der Königskrönung nach Berichten in erzählenden Quellen

Der Ablauf von Königskrönungen lässt sich allein anhand der Krönungsordnungen (*Ordines*) nicht vollständig beschreiben. Zum einen waren im Einzelfall Abweichungen von der vorgegebenen Norm möglich, weil die Rahmenbedingungen eine genaue Umsetzung nicht erlaubten, wenn zum Beispiel eine Krönung nicht in Aachen stattgefunden hat. Zum anderen entwickelte sich die Königskrönung im Laufe des Mittelalters zu einem Ritual, dessen Liturgie durch weitere Elemente ergänzt wurde. Und weil diese Ergänzungen in der Regel ihren Ursprung nicht im kirchlichen Bereich hatten, wurden sie in den *Ordines* nicht erwähnt. Deshalb ist es naheliegend, Königserhebungen, die von Zeitgenossen oder gar Augenzeugen beschrieben wurden, genauer zu betrachten, um die Praxis des Rituals erfassen zu können. Dazu folgen zwei ausführliche Beschreibungen von Krönungen in Aachen: diejenige von Otto I. 936 beziehungsweise Otto II. 961 in der Schilderung des Widukind von Corvey (siehe auch Kapitel II. 4) und die Krönung von Maximilian I. 1486.

Q

Widukind von Corvey, Sachsengeschichte Buch II, Cap. 1
(Übersetzung in Rotter/Schneidmüller, Sachsengeschichte, S. 107)

Nachdem der König in die Kirche getreten war und ihm das Volk akklamiert hatte (vgl. Kapitel II. 4) begann die eigentliche Liturgie. „Dann schritt der Erzbischof mit dem König, der nach fränkischer Sitte mit einem eng anliegenden Gewand bekleidet war, hinter den Altar, auf dem die königlichen Insignien lagen: das Schwert mit dem Wehrgehänge, der Mantel mit den Spangen, der Stab mit dem Zepter und das Diadem". (Dann erzählt Widukind vom Streit der Erzbischöfe um das Recht, den König zu weihen und der Einigung auf den Mainzer). „Derselbe (Erzbischof Hildibert) aber ging zum Altar, nahm von dort das Schwert mit dem Wehrgehänge auf, wandte sich an den König und sprach: ‚Nimm dieses Schwert, auf dass du alle Feinde Christi verjagst, die Heiden und schlechten Christen, da durch Gottes Willen dir alle Macht im Frankenreich übertragen ist, zum unerschütterlichen Frieden für alle Christen'. Dann nahm er die Spangen, legte den Mantel um und sagte: ‚Durch die bis auf den Boden herabreichenden Zipfel (deines Gewandes) seist du daran erinnert, mit welchem Eifer du im Glauben entbrennen und bis zum Tod für die Sicherung des Friedens eintreten sollst'. Darauf nahm er Zepter und Stab und sprach: ‚Durch diese Abzeichen bist du aufgefordert, mit väterlicher Zucht deine Untertanen zu leiten und in erster Linie den Dienern Gottes, den Witwen und Waisen die Hand des Erbarmens zu reichen; und niemals möge dein Haupt ohne das Öl der Barmherzigkeit sein, auf das du jetzt und in Zukunft mit ewigem Lohn gekrönt werdest'. Auf der Stelle wurde er mit dem heiligen Öl gesalbt und mit dem Goldenen Diadem gekrönt von eben den Bischöfen Hildebert und Wigfried, und nachdem die rechtmäßige Weihe vollzogen war, wurde er von denselben Bischöfen zum Thron geführt, zu dem man über eine Wendeltreppe hinaufstieg, und er war zwischen zwei Marmorsäulen von wunderbarer Schönheit so aufgestellt, dass er von da aus alle sehen und selbst von allen gesehen werden konnte." Nach dem Ende des Gottesdienstes setzte sich der König mit den Bischöfen in der Pfalz an eine geschmückte Marmortafel und hielt das Krönungsmahl.

Der auffallendste Unterschied im Ablauf des Krönungsrituals im Vergleich zum Ordo von 962 ist, dass Widukind die Insignienübergabe vor der Salbung schildert und sich die Krönung an diese Salbung angeschlossen hat. Wenn man annimmt, dass Widukind die Krönung von Otto II. 961 selbst gesehen hat und sie als Vorlage für die Beschreibung derjenigen von Otto I. 936 genommen hat, und weiter voraussetzt, dass er sich nicht in der Reihenfolge geirrt hat, dann ist es nicht unwahrscheinlich, dass erst nach diesen Krönungen eine verbindliche Krönungsordnung, die ihren Niederschlag im Mainzer Ordo gefunden hat, erarbeitet wurde.

Die Grundlage für den Ablauf der Krönungsmessen im späten Mittelalter war der Krönungsordo von 1309. Im Vergleich mit einem Bericht über die Königskrönung von Maximilian I. 1486 in Aachen lässt sich feststellen, welche Elemente zusätzlich zur Gestaltung der Krönungsfeier eingesetzt wurden.

Q

Anonymer Bericht über die Königskrönung Maximilians I. am 9. April 1486
(Übersetzung in: Wiesflecker-Friedhuber, Quellen, S. 43–47, Auszug)

„Am 9. April morgens um die dritte Stunde wurde vor dem Hause des Königs ein ganzer Ochse im Wert von sieben Gulden zum Braten hergerichtet. Im Ochsen wurde ein Schwein und im Schwein eine Gans und in der eine Henne mit gebraten, wie dies bei der Krönung eines Römischen Königs Brauch und Sitte ist. Nachher kam zur angesetzten Stunde ein Stellvertreter des Königs, der ein gutes Stück des gebratenen Ochsen für den König abschnitt. Daraufhin drängten alle Leute beiderlei Geschlechtes heran und zerteilten den gebratenen Ochsen mit Schwertern und Keulen, wobei sich jeder nahm, was möglich war". (Gegen sechs Uhr zogen der Kaiser Friedrich, sein Sohn Maximilian mit Kurfürsten und Bischöfen zur Krönungskirche. Dort erwarteten sie die Erzbischöfe von Köln, Mainz und Trier). „Beim Empfang sprach der Erzbischof von Köln, der den Gottesdienst feiern sollte, ein Gebet (...). Nach diesem Gebet nahmen die Erzbischöfe von Mainz und Trier den Römischen König in ihre Mitte und führten ihn in die Kirche. Der Erzbischof von Köln schritt voran, ihm folgte die Prozession und man sang eine Antiphon (...). Nachdem sie beendet war, warf sich der König vor den Stufen des Altars in ganzer Länge auf den Boden, und der Erzbischof von Köln las über dem also Liegenden Gebete. Hierauf nahm der König auf einem schön geschmückten Betstuhl vor dem Marienaltar Platz, und etwas dahinter auf einer kleinen Sitzbank saß rechts vom König der Erzbischof von Mainz, links der Erzbischof von Trier; hinter ihm standen der Erzbischof von Gran, der Herzog von Jülich, Herzog Albrecht von Sachsen, der Herzog von Kleve und Herzog Kaspar von Bayern und Graf in Veldenz. Zur Rechten des Altars saß die kaiserliche Majestät auf einem reich geschmückten Thron, zu dem drei Stufen empor führten. Links von ihm waren Kurfürst Philipp bei Rhein und Kurfürst Herzog Ernst von Sachsen.
(Dann begann der Gottesdienst. Die Erzbischöfe von Mainz und Trier nahmen dem König sein Oberkleid ab und führten ihn vor den Altar, wo er sich in Form eines Kreuzes niederwarf. Dann wurde die Litanei gesungen). „Nach der Litanei

erhob sich der König, und der Erzbischof von Köln, der mit dem Hirtenstab in der Hand vor dem Altar stand, richtete an den König folgende sechs Fragen: ‚Willst du den überlieferten katholischen Glauben bewahren und mit gerechten Mitteln schützen? Willst du der heiligen Kirche und ihren Dienern ein getreuer Beschützer und Verteidiger sein? Willst du das Reich, das Gott dir anvertraut hat, nach der Gerechtigkeit deiner Vorgänger regieren und wirksam verteidigen? Willst du die Rechte des Reiches und des Kaisertums wahren und deren zu Unrecht verloren gegangene Güter zurückgewinnen und getreulich dem Nutzen des Reiches und des Imperiums überlassen? Willst du Armen und Reichen, Witwen und Waisen ein gerechter Richter und ein rechtschaffener Verteidiger sein? Willst du dem allerheiligsten Vater und Herrn, dem Römischen Papst, und der heiligen Römischen Kirche in Ehrfurcht schuldigen Gehorsam und Treue erweisen?‘ Auf alle Fragen antwortete der König: ‚Ich will‘. Hierauf wurde der König durch die Erzbischöfe von Mainz und Trier vor den Altar geführt. Er legte die zwei Finger seiner rechten Hand auf den Altar und sprach: ‚Mit Hilfe Gottes und unterstützt von den Gebeten der Christgläubigen will ich, so weit ich kann, alles getreu halten, so wahr mir Gott helfe und alle seine Heiligen‘. (Maximilian wurde wieder an seinen Platz geführt und der Erzbischof von Köln fragte die versammelten Fürsten und das Volk, ob sie ihn als König anerkennen und ihm Gehorsam leisten wollten. Dreimal riefen sie: So soll es geschehen. Darauf warf sich der König wiederum der Länge nach vor dem Altar auf den Boden und der Erzbischof von Köln sprach über ihn Segensgebete). „Nach den Segensgebeten richteten sie den König auf die Knie auf, entblößten seine Schulter, die Brust und die Armbeugen. Der König saß andächtig und mit gefalteten Händen da. Der Erzbischof von Köln salbte ihn auf dem Haupt, auf der Brust, zwischen den Schulterblättern und an den beiden Schulterbeugen mit Katchumenenöl; dann salbte er auch noch die Innenseite der Hände, wobei er Gebete sprach (…) Der Klerus sang inzwischen: ‚Der Herr hat dich gesalbt‘. Hierauf wurde der König von den Erzbischöfen sofort in die Sakristei geführt, und die Ältesten des Domkapitels wischten ihm mit reinster Wolle die gesalbten Stellen ab. Hierauf zogen ihm die Herren des Domkapitels die Schuhe und die Alba an, ebenso die Stola kreuzweise über die Brust.“ Dann warf sich der König wiederum vor dem Altar auf den Boden, der Erzbischof von Köln sprach Segensgebete. Daran schloss sich die Übergabe der Insignien an.

„Nach diesen Segensgebeten wurde der Römische König durch die Erzbischöfe von Mainz, Trier und Köln mit dem Mantel bekleidet; sie überreichten ihm zugleich das bloße Schwert des heiligen Karl, wobei der Erzbischof von Köln ein Gebet sprach. (…) Hierauf steckten sie das bloße Schwert in die Scheide und umgürteten den König damit. Dann übergab ihm der Erzbischof von Köln die Armspangen, das Pallium und den Königsring, (…) hierauf das Zepter und den Reichsapfel (…). Nachdem dies geschehen war, setzten alle drei Erzbischöfe, der Kölner, der Mainzer und der Trierer, dem König zugleich die Krone des heiligen Karl auf das Haupt, wobei sie ein Gebet sprachen.“ (Maximilian legte beide Hände auf den Altar und leistete den Krönungseid in der Volkssprache [wie sein Vater 1442 siehe oben]. Anschließend führten ihn die Erzbischöfe von Mainz und Trier zum Thron auf der Empore der Pfalzkapelle im Dom. Der Erzbischof von Köln mit seinem Gefolge und mit den anderen Fürsten folgte dem König. Sie setzten ihn auf den steinernen Königsstuhl des heiligen Karl. Der König ließ nun diejenigen herantreten, die zum Ritter geschlagen werden wollten. Mit dem Schwerte erteilte

Maximilian etwa 200 Fürsten und Adligen den Ritterschlag. Dann stieg man wieder herab und nahm die Plätze im Chor wieder ein; darauf folgte das *Te deum.*)
„Dann kamen die Domkapitulare der Aachener Kirche und nahmen den Römischen König als ihren Kanoniker auf; er leistete ihnen den Eid für die zugehörige Kirchenpfründe. Sie wiesen ihm einen Platz im Chor zu. Er übergab die Statuten und den Zulassungswein entsprechend dem Brauch dieser Kirche. Er unterhält zwei Vikare an diesem Ort, welche die ganze Pfründe innehaben und seinen Platz in der Kirche ausfüllen. So ging die Königskrönung zu Ende."

Die wesentlichen neuen Aspekte in dieser Beschreibung sind die Erteilung des Ritterschlages durch den König nach der Thronsetzung und seine Aufnahme in das Aachener Stiftskapitel sowie die damit zusammenhängenden Verpflichtungen.

IX. Die Bedeutung der Wahlen und Krönungen für die Legitimation der Königsherrschaft

Es ist schwer zu entscheiden, ob die an den Königserhebungen und Königswahlen beteiligten Akteure vor dem Hintergrund von Verfassungsvorstellungen handelten, ob sie also eine wie auch immer gedachte Reichsverfassung mit Leben füllen wollten. Erkennbar und durch die Überlieferung gesichert sind Handlungsmuster, die sich verdichteten, wenn sie sich in der Praxis bewährten und schließlich im 13. Jahrhundert auch rechtlich fixiert wurden. Jedenfalls hatten die an den Erhebungen und Wahlen beteiligten Akteure eine Vorstellung von ihrer Stellung im Verhältnis zum König und ihrer Verantwortung für das Reich. Diese Vorstellungen entwickelten und differenzierten sich im Übergang vom hohen zum späten Mittelalter – wenn man die Zunahme der schriftlichen Zeugnisse über die Erhebungen der Könige als Indiz dafür gelten lässt. Im Hochmittelalter wird unser Blick auf die Königserhebungen von Autoren wie Widukind von Corvey oder Wipo gelenkt, die mit ihren Schriften die Verankerung der Königswürde in der jeweils regierenden Dynastie rückblickend legitimieren. Seit etwa 1200 treten neben die mehr oder weniger komponierten Erzählungen über die Wahlen solche Quellen, die aus dem Erhebungsverfahren unmittelbar hervorgegangen sind, wie die Wahlanzeigen, Briefe, besiegelte Wahlabsprachen und Willenserklärungen sowie schließlich normative Referenzschriften wie die Goldene Bulle von 1356, an der sich die darauf folgende Praxis „messen" lässt.

Bis in das 13. Jahrhundert gehörten zwei wesentliche Faktoren zu einer rechtmäßigen Königserhebung: erstens die Wahl durch weltliche Fürsten beziehungsweise dann der Kurfürsten und die Akklamation des Volkes und zweitens die Salbung und Krönung durch die Erzbischöfe von Mainz oder Köln in Aachen. Wir haben gesehen, dass in der politischen Praxis je nach den Umständen, der eine oder der andere Faktor bei der Legitimation einer Erhebung und Herrschaftsbegründung dominieren konnte. Bei zwiespältigen Wahlen bestand immer die Möglichkeit, dass ein Thronbewerber, um einen aktuellen Vorteil zu erlangen, die eine Legitimationsquelle gegenüber der anderen stärkte, das heißt konkret die sakrale Komponente über die Wahlentscheidung stellte.

Deshalb sollte jeder König wenigstens ein Mal in Aachen gewesen sein: zur Krönung und zur Thronsetzung auf dem Karlsthron. Bis in das 14. Jahrhundert war dies der Ausweis seiner rechtmäßigen Herrschaft in der Nachfolge des Karolingers Karls des Großen, ja dieser Akt wurde als herrschaftsbegründend verstanden. Als sich jedoch die Überzeugung durchsetze, dass ein römisch-deutscher König schon mit der Wahl die ausreichende Legitimation zur Herrschaft erworben hatte, verlor die Königsweihe und Krönung in Aachen ihre konstitutive Bedeutung. So lagen zwischen der Wahl (1411) und Krönung (1414) von Sigismund über drei Jahre; bei Friedrich III. waren es zwei Jahre. Die Könige zogen im 15. Jahrhundert erst zur Krönung nach Aachen, wenn sie die politische Lage in ihren Erblanden als stabil einschätzten.

Aber schon seit dem Beginn des 14. Jahrhunderts ist erkennbar, dass die Bedeutung der Krönung für die rechtmäßige Herrschaftsbegründung schwindet. Wesentliche Etappen dieses Bedeutungsverlustes markierten die Dokumente der Kurfürsten und Kaiser Ludwigs aus dem Jahre 1338, in denen die Wahl als allein ausschlaggebender Faktor für die Herrschaftsübertragung und -einweisung herausgestellt wurde. In der Goldenen Bulle erhielt diese Auffassung dann ihre abschließende Form.

Die Relativierung des Krönungsrituals in Aachen findet einen weiteren, auch liturgischen Ausdruck darin, dass seit der Wahl von Heinrich VII. 1308 in Frankfurt eine feierliche Altarsetzung des frisch Erhobenen noch in der Wahlkirche vorgenommen wurde. Möglicherweise sollte diese Altarsetzung die Einweisung des Königs in die Herrschaft, die ja eigentlich mit der Thronsetzung in Aachen erfolgte, substituieren. Die Wahl begründete zwar die Herrschaft des Königs, aber gleichwohl blieb der Bedarf, diese Wahl in Form eines liturgischen Investituraktes zu unterstreichen. Auf diese Weise blieb der Abstand zwischen Wahl und Investitur minimal; der König verließ Frankfurt als vollgültiger Herrscher. Ludwig der Bayer und Wenzel wurden durch die geistlichen Kurfürsten auf den Altar gesetzt. Als Albrecht II. 1438 in Abwesenheit gewählt wurde, gab es keine Altarsetzung, weil niemand in seinem Auftrag anwesend war. Der Gewählte konnte sich jedoch, wenn er nicht persönlich bei der Wahl in Frankfurt anwesend war, vertreten lassen, wie zum Beispiel Sigismund bei der Wahl 1410 durch Burggraf Friedrich VI. von Nürnberg. Gleichwohl waren es nicht nur Traditionsgründe, aus denen die Könige sich in Aachen auch nach 1356 krönen und salben ließen. Die Funktion der Krönungsrituale bestand weiter darin, den neuen Herrscher öffentlich als würdigen Nachfolger seines Vorgängers zu präsentieren und ihn durch die Salbung in die Lage zu versetzen, seine Pflichten mit Hilfe Gottes besser erfüllen zu können. Die Krönung blieb insofern ein politisch-religiöser Akt, der dem gekrönten König einen Autoritätsgewinn brachte, der zur Stabilisierung seiner Herrschaft beitrug (F.-R. Erkens).

Mit der grundsätzlichen Bedeutungsverschiebung der Krönung hin zu einem feierlichen, aber nicht mehr die Herrschaft konstituierenden Akt, veränderte sich auch die Symbolik der Reichsinsignien. Während sie im frühen und hohen Mittelalter einen direkten Bezug zur Person, die sie benutzte, hatten, setzte man sie im späten Mittelalter in Bezug zum Reich als einen abstrakten Begriff. Die Insignien manifestierten dieses Reich, auch ohne dass sie ein König trug. Sie wurden gleichsam zu einem Symbol für den Dualismus von Königtum und Reich im späten Mittelalter.

X. Chronologische Übersicht der Königserhebungen von 911–1486

Konrad I. (911–918)
Wahl/Erhebung: 10. November 911 in Forcheim
Wähler: Gesandte der Franken, Sachsen, Schwaben, Bayern
Vermutlich Weihe, d. h. Salbung zum König

Heinrich I. (919–936)
Erhebung/Wahl: Designation durch Konrad I.; Ausrufung zum König in Fritzlar im Mai 919
Wähler: fränkische und sächsische Große und Akklamation durch die Versammelten
Königsweihe: nein

Otto I. (936–973)
Erhebung/Wahl: Designation durch Vater in „Hausordnung" von 929; Erhebung und Akklamation 936
Wähler: Sachsen und Franken
Weihe/Krönung: 7. August 936 in Aachen
Kaiserweihe: 2. Februar 962

Otto II. (973–983)
Erhebung/Wahl: Designation durch Vater, Erhebung zum Mitkönig
Weihe/Krönung: Mai 961 in Aachen
Wähler: die in Mainz versammelten Großen; nach Tod Ottos I. 973 Huldigung durch Fürsten in Merseburg am 8. Mai 973
Kaiserweihe: Krönung zum Mitkaiser am 25. Dezember 967

Otto III. (983–1002)
Erhebung/Wahl: Juni 983 Erhebung zum Mitkönig in Verona
Weihe/Krönung: Weihnachten 983 in Aachen
Wähler: deutsche und italienische Fürsten
Kaiserweihe: 21. Mai 996

Heinrich II. (1002–1024)
Erhebung: am 7. Juni 1002 in Mainz
Wähler: Vertreter der Bayern, Franken und Oberlothringer
Weihe/Krönung: 7. Juni 1002 in Mainz
sukzessive Anerkennung während seines Krönungsumritts nach der Weihe; am 25. Juli 1002 in Merseburg Anerkennung durch die Sachsen
Kaiserweihe: 14. Februar 1014

Konrad II. (1024–1039)
Erhebung/Wahl: 2. oder 4. September 1024 in Kamba
Wähler: Fürstenversammlung
Weihe/Krönung: 8. September 1024 in Mainz
Kaiserweihe: 26. März 1027

Heinrich III. (1039–1056)
Erhebung/Wahl: 14. April 1028, nach Designation durch seinen Vater Konrad II. im Februar 1026
Wähler: geistliche und weltliche Große; Akklamation durch „Volk"
Weihe/Krönung: 14. April 1028
Kaiserweihe: 25. Dezember 1046

Heinrich IV. (1056–1106)
Erhebung/Wahl: 1053 in Tribur nach Designation durch Vater
Wähler: in Tribur durch geistliche und weltliche Fürsten, aber mit dem Vorbehalt, dem künftigen König nur zu gehorchen, wenn er sich als gerechter Herrscher erweise
Weihe/Krönung: 17. Juli 1054 in Aachen
Kaiserweihe: Ostern 1084 durch den Gegenpapst Clemens III.

Graf Rudolf von Schwaben (Gegenkönig 1077–1080),
Wahl am 15. März 1077 in Forchheim
Wähler: sächsische und schwäbische Fürsten
Weihe/Krönung: 26. März 1077 in Mainz

Graf Hermann von Salm (Gegenkönig 1081–1088)
Wahl: 6. August 1081 in Ochsenfurt
Wähler: sächsische und schwäbische Fürsten
Weihe/Krönung: 26. Dezember 1081 in Goslar

Heinrich V. (1106–1125)
Erhebung/Wahl: Designation durch Vater, Wahl 10. Mai 1098 in Mainz, nach Absetzung von *Konrad* (seit 1087 deutscher König), der sich gegen seinen Vater aufgelehnt hatte
Wähler: Fürsten der Versammlung in Mainz 1098; am 5. Januar 1106 Huldigung der Fürsten
Weihe/Krönung: 6. Januar 1099 in Aachen
Kaiserweihe: 13. April 1111

Lothar III. von Süpplingenburg (1125–1137)
Erhebung/Wahl: 30. August 1125 in Mainz
Wähler: geistliche und weltliche Fürsten
eine *electio per compromissum* durch einen Wahlausschuss (je 10 Vertreter der Schwaben, Bayern, Sachsen, Franken) misslingt
Weihe/Krönung: 13. September 1125 in Aachen
Kaiserweihe: 4. Juni 1133

Konrad III. (1138–1152)
Erhebung/Wahl: 7. März 1138 in Koblenz unter bewusster Umgehung des für Pfingsten 1138 in Mainz angesetzten Wahltages
Wähler: Gruppe von Fürsten um Erzbischof Albero von Trier
Weihe/Krönung: 13. März 1138 in Aachen
Kaiserweihe: nein

Friedrich I. Barbarossa (1152–1190)
Erhebung/Wahl: 4. März 1152 in Frankfurt
Wähler: Fürstenversammlung, nach Designation durch Konrad III., der ihm die Reichsinsignien übergab
Weihe/Krönung: 9. März 1152 in Aachen
Kaiserweihe: 18. Juni 1155

Heinrich VI. (1190–1197)
Erhebung/Wahl: Juni 1169 in Bamberg
Wähler: Fürstenversammlung nach Designation durch Vater
Weihe/Krönung: 15. August 1169 in Aachen
Kaiserweihe: 15. April 1191

Erbreichsplan (Februar/März 1196): Reich sollte Erbmonarchie werden, die Fürsten sollten auf ihr Wahlrecht verzichten, dafür aber die uneingeschränkte Erblichkeit ihrer Herrschaftsgebiete erhalten

Doppelwahl 1198: Philipp von Schwaben und Otto IV.

Philipp von Schwaben (1198–1208)
Erhebung/Wahl: 6. März (Ichtershausen), 8. März (Mühlhausen) 1198
Wähler: Fürstengruppe um die Erzbischöfe von Magdeburg und Salzburg, Herzog Ludwig von Bayern und Herzog Bernhard von Sachsen
Weihe/Krönung: 8. September 1198 in Mainz
Weihe/Krönung erneut: 6. Januar 1205 in Aachen
Kaiserweihe: nein

Otto IV. (1198–1214)
Erhebung/Wahl: 9. Juni 1198 in Köln
Wähler: Erzbischof von Köln, Bischöfe von Minden und Paderborn, rheinische Grafen
Weihe/Krönung: 12. Juli 1198 in Aachen
Erhebung/Wahl erneut: 10./11. November 1208 in Frankfurt
Wähler: ca. fünfzig Fürsten
Kaiserweihe: 4. Oktober 1209
Bann durch Papst: 18. November 1210, Bestätigung Ostern 1211

Friedrich II. (1211–1250)
Erhebung/Wahl: Ende 1196 in Frankfurt
Erhebung/Wahl erneut: Erhebung zum künftigen Kaiser im Herbst 1211 in Nürnberg
Wähler: Fürstengruppe um Erzbischöfe von Mainz und Magdeburg, Landgraf von Thüringen
Erhebung/Wahl erneut: 5. Dezember 1212 in Frankfurt als Gegenkönig zu Otto IV.
Wähler: Fürstenversammlung
Weihe/Krönung: 9. Dezember 1212 in Mainz
Weihe/Krönung erneut: 25. Juli 1215 in Aachen
Kaiserweihe: 22. November 1220
Absetzung: 17. Juli 1245 durch Papst Innocenz IV. auf dem Konzil von Lyon

Heinrich (VII) (Regent im Reich 1229–1235)
Wahl: zum König 23. April 1220 in Frankfurt
Wähler: Fürstenversammlung
Weihe/Krönung: 8. Mai 1222 in Aachen
Absetzung: Juli 1235 durch Kaiser Friedrich II.

Konrad IV. (1237–1254)
Erhebung/Wahl: Februar 1237 nach Designation durch Kaiser Friedrich II. in Wien
Wähler: u. a. Erzbischöfe von Mainz, Trier, Salzburg, Pfalzgraf bei Rhein, König von Böhmen
Weihe/Krönung: nein

> **Landgraf Heinrich Raspe von Thüringen** (1246–1247 Gegenkönig)
> Erhebung/Wahl: 22. Mai 1246 in Veitshöchheim (bei Würzburg)
> Wähler: Erzbischöfe von Mainz, Köln und Trier sowie Bischöfe des Rhein/Main-Gebietes

Wilhelm von Holland (1247–1256)
Erhebung/Wahl: 3. Oktober 1247 bei Worringen
Wähler: hauptsächlich Gruppe geistlicher Fürsten
Weihe/Krönung: 1. November 1248 in Aachen
Ostern 1251 von Innocenz IV. feierlich als König bestätigt
25. März 1252: Wahl durch Markgraf von Brandenburg, Herzog von Sachsen in Braunschweig
Kaiserweihe: nein

Doppelwahl 1257: Richard von Cornwall, Alfons X. von Kastillien

Richard von Cornwall (1257–1272)
Erhebung/Wahl: 13. Januar 1257 vor Frankfurt
Wähler: Erzbischöfe von Köln und Mainz, Pfalzgrafen bei Rhein, König von Böhmen
Weihe/Krönung: 17. Mai 1257 in Aachen

Alfons X. von Kastillien (1252–1284)
Erhebung/Wahl: 1. April 1257
Wähler: Erzbischof von Trier (auch für Sachsen und Brandenburg)
Weihe/Krönung: nein

Rudolf von Habsburg (1273–1291)
Wahl/Erhebung: 1. Oktober1273 in Frankfurt
Weihe/Krönung: 24. Oktober 1273 in Aachen
Wähler: sieben Königswähler
Kaiserweihe: nein

Adolf von Nassau (1292–1298)
Wahl/Erhebung: 5. Mai 1292 in Frankfurt
Wähler: Erzbischöfe von Köln und Mainz (auch für Böhmen, Sachsen, Brandenburg)
Erhebung/Weihe: 24. Juni 1292 in Aachen
Absetzung: 23. Juni 1298 durch Erzbischof von Mainz (im Auftrag von Köln und Böhmen), Sachsen und Brandenburg, König Adolf stirbt am 2. Juli 1298 in der Schlacht bei Göllheim (Pfalz)
Kaiserweihe: nein

Albrecht I. von Habsburg (1298–1308)
Wahl 1: 24. Juni 1298,
Wähler: Mainz, Sachsen, Brandenburg
Wahl 2: 27. Juli 1298 in Frankfurt
Wähler: alle Kurfürsten
Krönung/Weihe: 24. August 1298 in Aachen
Kaiserweihe: nein

Heinrich VII. (1308–1313)
Wahl/Erhebung: 27. November 1308 in Frankfurt
Wähler: Erzbischöfe von Mainz, Köln, Trier, Pfalzgraf bei Rhein, Herzog von Sachsen, Markgraf von Brandenburg
Weihe/Krönung: 6. Januar 1309 Aachen
Kaiserweihe: 29. Juni 1312 durch drei Kardinäle

Doppelwahl 1314: Ludwig der Bayer, Friedrich von Habsburg (der Schöne)

Ludwig der Bayer (1314–1347)
Wahl: 20. Oktober 1314 vor Frankfurt
Wähler: Erzbischof Peter von Mainz, Erzbischof Balduin von Trier, König Johann von Böhmen, Markgraf Woldemar von Brandenburg, Herzog Johann von Sachsen-Lauenburg
Weihe/Krönung: 25. November 1314 in Aachen
Kaiserweihe: 17. Januar 1328

Friedrich der Schöne (1314–1330)
Wahl: 19. Oktober 1314 in Sachsenhausen
Wähler: Rudolf, Pfalzgraf bei Rhein (auch für Köln), Herzog Rudolf von Sachsen-Wittenberg, Herzog Heinrich von Kärnten (böhmische Stimme)
Weihe/Krönung: 25. November 1314 in Bonn

Karl IV. (1346–1378)
Wahl: 11. Juli 1346 in Rhens
Wähler: Erzbischöfe von Mainz, Köln, Trier, Herzog von Sachsen, König von Böhmen
Weihe/Krönung: 26. November 1346 in Bonn
Wahl erneut: 17. Juni 1349 in Frankfurt
Wähler: alle sieben Kurfürsten
Weihe/Krönung erneut: 25. Juli 1349 in Aachen
Kaiserweihe: Ostern 1355

> **Günther von Schwarzburg** (1349 Gegenkönig)
> Wahl/Erhebung: 30. Januar 1349
> Wähler: Erzbischof von Mainz, Pfalzgraf bei Rhein, Markgraf von Brandenburg, Herzog von Sachsen-Lauenburg
> Thronverzicht 26. Mai 1349

Wenzel IV. (1378–1400)
Wahl: 10. Juni 1376 in Frankfurt
Wähler: alle sieben Kurfürsten
Weihe/Krönung: 6. Juli1376 in Aachen
Kaiserweihe: nein
Absetzung: 20. August 1400 in Oberlahnstein

Ruprecht von der Pfalz (1400–1410)
Wahl: 21. August 1400 in Rhens
Wähler: vier rheinische Kurfürsten; die Kurfürsten von Sachsen, Brandenburg und Böhmen erkennen die Wahl nicht an
Weihe/Krönung: 6. Januar 1401 in Köln
Kaiserweihe: nein

Sigismund von Luxemburg (1410–1437)
Wahl: 20. September 1410 in Frankfurt
Wähler: Erzbischof Werner von Trier, Pfalzgraf Ludwig bei Rhein, Burggraf Friedrich von Nürnberg (für Brandenburg)

> 1. Oktober 1410: Markgraf ***Jobst von Mähren*** wird in Frankfurt von den Erzbischöfen von Köln, Mainz, dem König von Böhmen, Markgrafen von Brandenburg, zum König gewählt (stirbt am 18. Januar 1411)

Wahl erneut: 21. Juli 1411 in Frankfurt
Wähler: Kurfürsten, die am 20. September 1410 Sigismund nicht gewählt hatten
Krönung: 8. November 1414 in Aachen
Kaiserweihe: 31. Mai 1433

Albrecht II. von Habsburg (1438/39)
Wahl: 18. März 1438 in Frankfurt
Wähler: sechs Kurfürsten, ohne Böhmen
Annahme der Wahl: am 29. April 1438
Weihe/Krönung: nein
Kaiserweihe: nein

Friedrich III. von Habsburg (1440–1493)
Wahl: 2. Februar 1440 in Frankfurt
Wähler: sieben Kurfürsten
Annahme der Wahl: 6. April 1440
Krönung/Weihe: 17. Juni 1442 in Aachen
Kaiserweihe: 19. März 1452

Maximilian I. (1486, 1493–1519)
Erhebung/Wahl: 16. Februar 1486 in Frankfurt
Wähler: Kurfürsten ohne König von Böhmen
Krönung/Weihe: 9. April 1486 in Aachen
Regierungsantritt: 19. August 1493 nach Tod seines Vaters
Kaiserweihe: nein

Auswahlbibliographie

Editionen, Quellensammlungen, Übersetzungen

Die Chronik Ottos von St. Blasien und die Marbacher Annalen, hrsg. von Franz-Josef Schmale, Darmstadt 1998 (FSGA, A, 18a)

Deutsche Geschichte in Quellen und Darstellung Bd. 1: Frühes und hohes Mittelalter 750–1250, hrsg. von Wilfried Hartmann, Stuttgart 1995
Darin unter anderem eine Übersetzung der ,Narratio de electione Lotharii Saxoniae ducis in regem Romanorum', in der die Erhebung Herzog Lothars von Sachsen zum König im Jahr 1125 geschildert wird.

Deutsche Geschichte in Quellen und Darstellung Bd. 2: Spätmittelalter 1250–1495, hrsg. von Jean Pierre Moeglin, Rainer A. Müller, Stuttgart 2000
Darin unter anderem Dokumente in Übersetzung zu den Doppelwahlen von 1257 und von 1314, der Erhebung von Rudolf von Habsburg 1273, der Schlacht bei Mühldorf 1322, der Wahl Karls IV. 1346 sowie der Absetzung von König Wenzel 1400

Deutsche Reichstagsakten, hrsg. durch die Historische Kommission bei der Bayerischen Akademie der Wissenschaften
In dieser Edition sind die wichtigsten Quellen zu den Königserhebungen seit 1376 in Originalsprache veröffentlicht.

Ältere Reihe

Bd. 1 u. Bd. 3 (König Wenzel), hrsg. von Julius Weizäcker, Berlin 1868, ND Göttingen 1956

Bd. 4 (König Ruprecht), hrsg. von Julius Weizsäcker, Berlin 1886, ND Göttingen 1956

Bd. 7,1 (König Sigmund), hrsg. von Dietrich Kerler, Berlin 1877, ND Göttingen 1956

Bd. 13 (König Albrecht II.), hrsg. von Gustav Beckmann, Berlin 1925, ND Göttingen 1957

Bd. 15,1 (Kaiser Friedrich III.), hrsg. von Hermann Herre, Gohta 1914, ND Göttingen 1957

Bd. 15,2 (Kaiser Friedrich III.), hrsg. von Ludwig Quidde, Gohta 1928, ND Göttingen 1957

Mittlere Reihe

Bd. 1,1 (Maximilian I.), bearb. von Heinz Angermeier, Göttingen 1989

Eberhart Windecke, Denkwürdigkeiten zur Geschichte des Zeitalters Kaiser Sigmunds, hrsg. von Wilhelm Altmann, Berlin 1893

Eike von Repgow, Der Sachsenspiegel, hrsg. von Clausdieter Schott, Zürich 1984, 1992

Kaemmerer, Walter (Hg.), Die Aachener Königs-Krönungen (Quellentexte zur Aachener Geschichte, Heft 3), Aachen 1961
Eine Zusammenstellung von Quellenauszügen (zum Teil mit Übersetzung) über den Einzug, die Krönung und das Krönungsmahl von Königen und Königinnen in Aachen für die Zeit von 936 bis 1531.

Monumenta Germaniae Historica

Constitutiones et acta publica imeratorum et regum

Bd. 1 (911–1197), hrsg. von Ludwig Wieland, Hannover 1893

Bd. 2 (1198–1272), hrsg. von Ludwig Wieland, Hannover 1896

Bd. 3 (1273–1298), hrsg. von Jakob Schwalm, Hannover, Leipzig 1904–1906

Bd. 4 (1298–1313), hrsg. von Jakob Schwalm, Hannover 1906–1911

Bd. 5 (1313–1324), hrsg. von Jakob Schwalm, Hannover 1909–1911

Bd. 6,1 (1325–1330), hrsg. von Jakob Schwalm, Hannover, 1914–1927

Bd. 6,1 (1331–1335), bearb. von Ruth Bork und Wolfgang Eggert, Berlin 1989–2003

Bd. 8 (1345–1348), hrsg. von Karl Zeumer und Richard Salomon, Hannover 1910–1926

Scriptores rerum germanicarum in usum scholarum

Bd. 18: Chronica regia Colonensis, hrsg. von Georg Waitz
(*Die Kölner Königschronik.* Übersetzung in: Die Geschichtsschreiber der deutschen Vorzeit 70, hrsg. von Wilhelm Wattenbach, Leipzig ^{5}1941)

Bd. 42: Monumenta Erphesfurtensia saec. XII XIII. XIV., hrsg. von Oswald Holder-Egger, Hannover 1899 (darin die *Erfurter Peterschronik 1100–1215*; Übersetzung in: Die Geschichtsschreiber der Deutschen Vorzeit 99, hrsg. von Georg Grandauer, Leipzig ^{2}1941)

Fontes iuris germanici antiqui in usum scholarum

Bd. 11: Die Goldene Bulle Kaiser Karls IV. vom Jahre 1356, beab. von Wolfgang D. Fritz, Weimar 1972

Otto von Freising und Rahewin, Die Taten Friedrichs oder richtiger Cronica, hrsg. von Franz-Josef Schmale, Darmstadt 1965 (FSGA, A, 17)

Quellen zur Geschichte Kaiser Heinrichs IV., hrsg. von Frans-Josef Schmale, Darmstadt 1968 (FSGA, A, 12)
Darin zentrale Werke zur Geschichte Kaiser Heinrichs IV. und der Gegenkönige, u. a. Brunos ,Buch vom Sachsenkrieg'

Quellen des 9. und 11. Jahrhunderts zur Geschichte der Hamburgischen Kirche und des Reiches, hrsg. von Werner Trillmich, Darmstadt 1961 (FSGA, A, 11)
Darin für unseren Zusammenhang wichtig Wipo, Gesta Chunradi (Taten Kaiser Konrads II.)
Thietmar von Merseburg, Chronik, hrsg. von Werner Trillmich, Darmstadt 1992 (FSGA, A, 9)
Widukind von Corvey, Res gestae Saxonicae – Die Sachengeschichte. Lateinisch/Deutsch, hrsg. von Ekkehart Rotter, Bernd Schneidmüller, Stuttgart 1992
Weinrich, Lorenz (Hrsg.), Quellen zur deutschen Verfassungs-, Wirtschafts- und Sozialgeschichte bis 1250, Darmstadt 1977 (FSGA, A, 32)
Weinrich, Lorenz (Hrsg.), Quellen zur Verfassungsgeschichte des römisch-deutschen Reiches im Spätmittelalter (1250–1500), Darmstadt 1983 (FSGA, A, 33)
Darin unter anderem eine Ausgabe der Goldenen Bulle von 1356.
Wiesflecker-Friedhuber, Inge (Hrsg.), Quellen zur Geschichte Maximilians I. und seiner Zeit, Darmstadt 1996 (FSGA, B, 14)
Wolf, Armin (Hrsg.), Die Entstehung des Kurfürstenkollegs 1198–1298. Zur 700-jährigen Wiederkehr der ersten Vereinigung der sieben Kurfürsten, Idstein 1998 (Historisches Seminar N.F. 11)
Kommentierte Quellensammlung und Thesen der Forschung zur Ausbildung des Kurfürstengremiums.

Gesamtdarstellungen der Königsdynastien, Herrscherbiographien und Königinnen

a) Dynastien

Althoff, Gerd, Die Ottonen. Königsherrschaft ohne Staat, Stuttgart 2000
Boshof, Egon, Die Salier, Stuttgart 1997 u. ö.
Der Griff nach der Krone. Die Pfalzgrafschaft bei Rhein im Mittelalter, Regensburg 2000
Engels, Odilo, Die Staufer, Stuttgart 1994 u. ö.
Hoensch, Jörg K., Die Luxemburger. Eine spätmittelalterliche Dynastie gesamteuropäischer Bedeutung 1308–1437, Stuttgart 2000
Körntgen, Ludgar, Ottonen und Salier, Darmstadt 2002 (Geschichte Kompakt, Mittelalter)
Krieger, Karl-Friedrich, Die Habsburger im Mittelalter. Von Rudolf I. bis Friedrich III., Stuttgart 1994

b) Herrscherbiographien, Sammelbände

Althoff, Gert, Otto III., Darmstadt 1996
Die deutschen Herrscher des Mittelalters. Historische Portraits von Heinrich I. bis Maximilian I. (919–1519), hrsg. von Bernd Schneidmüller und Stefan Weinfurter, München 2003
Kurze biographische Darstellungen der Könige auf dem neuesten Stand der Forschung.
Erkens, Franz-Reiner, Konrad II. (um 990–1039). Herrschaft und Reich des ersten Salierkaisers, Regensburg 1998
Krieger, Karl-Friedrich, Rudolf von Habsburg, Darmstadt 2004
Heinig, Paul-Joachim, Kaiser Friedrich III. (1440–1493). Hof, Regierung und Politik, Köln/Weimar/Wien 1997 (Forschungen zur Kaiser- und Papstgeschichte des Mittelalters 17)
Hödl, Günther, Albrecht II. Königtum, Reichsregierung und Reichsreform 1438–1439, Wien, Köln, Graz 1978 (Forschungen zur Kaiser- und Papstgeschichte des Mittelalters 3)
Hoensch, Jörg K., Kaiser Sigismund. Herrscher an der Schwelle zur Neuzeit 1368–1437, München 1996
Hucker, Bernd Ulrich, Kaiser Otto IV., Hannover 1990 (MGH Schriften, 34)
Laudage, Johannes, Otto der Große (912–973). Eine Biographie, Regensburg 2001
Nehlsen, Hermann, Hans-Georg Hermann (Hgg.), Kaiser Ludwig der Bayer. Konflikte, Weichenstellungen und Wahrnehmung seiner Herrschaft, Paderborn 2002
Opll, Ferdinand, Friedrich Barbarossa, Darmstadt 1998 (Neuauflagen)
Seibt, Ferdinand, Karl IV. Ein Kaiser in Europa 1346 bis 1378, ND München 2000
Stürner, Wolfgang, Friedrich II. 2 Teile, Darmstadt 2003
Thomas, Heinz, Ludwig der Bayer (1282–1347). Kaiser und Ketzer, Regensburg 1993
Weinfurter, Stefan, Heinrich II. (1102–1024). Herrscher am Ende der Zeiten, Regensburg 1999
Wiesflecker, Hermann, Kaiser Maximilian I., Das Reich, Österreich und Europa an der Wende zur Neuzeit 5 Bde., Wien 1971–1986

c) Königinnen

Baumgärtner, Ingrid (Hg.), Kunigunde – eine Kaiserin an der Jahrtausendwende, Kassel 1997
Fössel, Amalie, Die Königin im mittelalterlichen Reich. Herrschaftsausübung, Herrschaftsrechte, Handlungsspielräume, Stuttgart 2000

Jäschke, Kurt-Ulrich, Notwendige Gefährtinnen. Die Königinnen der Salierzeit als Herrscherinnen und Ehefrauen im römisch-deutschen Reich des 11. und beginnenden 12. Jahrhunderts, Saarbrücken 1991 (Historie und Politik 1)

Untersuchungen zu den Königserhebungen: Verfahren, Formen, Rechtsgrundlage

Begert, Alexander, Böhmen, die böhmische Kur und das Reich vom Hochmittelalter bis zum Ende des Alten Reiches. Studien zur Kurwürde und zur staatsrechtlichen Stellung Böhmens, Husum 2003 (Historische Studien, 475)

Boshof, Egon, Königtum und Königsherrschaft im 10. und 11. Jahrhundert (EDG 27), München [2]1997
Der Band bietet unter anderem eine nützliche Zusammenstellung und Diskussion der Forschung zur Thronerhebung des deutschen Königs für das 10./11. Jahrhundert.

Dick, Stefanie, Die Königserhebung Friedrich Barbarossas im Spiegel der Quellen – Kritische Anmerkungen zu den „Gesta Friderici" Ottos von Freising, in: Zeitschrift für Rechtsgeschichte (Germanistische Abteilung) 120, 2004, S. 200–237

Dürschner, Kerstin, Der wackelige Thron. Politische Opposition im Reich von 1378 bis 1438, Frankfurt/M 2003 (Europäische Hochschulschriften III, 959)

Erkens, Franz-Reiner, Der Erzbischof von Köln und die deutsche Königswahl. Studien zur Kölner Kirchengeschichte, zum Krönungsrecht und zur Verfassung des Reiches (Mitte 12. Jahrhundert bis 1806), Siegburg 1987 (Studien zur Kölner Kirchengeschichte, 21)

Erkens, Franz-Reiner, Kurfürsten und Königswahl. Zu neuen Theorien über den Königswahlparagraphen im Sachsenspiegel und die Entstehung des Kurfürstenkollegiums, Hannover 2002 (MGH Studien und Texte 30)

Heckmann, Marie-Luise, Das Doppelkönigtum Friedrichs des Schönen und Ludwigs des Bayern (1325–1327). Vertrag, Vollzug und Deutung im 14. Jahrhundert, in: Mitteilungen des Institutes für Österreichische Geschichtsforschung 109, 2001, S. 53–81

Hergemöller, Bernd-Ulrich, Fürsten, Herren und Städte zu Nürnberg 1355/56. Die Entstehung der „Goldenen Bulle" Karls IV. (Städteforschung A/13), Köln, Wien 1983

Kaufhold, Martin, Interregnum, Darmstadt 2002 (Geschichte Kompakt, Mittelalter)

Keller, Hagen, Schwäbische Herzöge als Thronbewerber: Hermann II. (1002), Rudolf von Rheinfelden (1077), Friedrich von Staufen (1125). Zur Entwicklung von Reichsidee und Fürstenverantwortung, Wahlverständnis und Wahlverfahren im 11. und 12. Jahrhundert, in: Zeitschrift für die Geschichte des Oberrheins 131, 1983, S.123–162

Klare, Wilhelm, Die Wahl Wenzels von Luxemburg zum Römischen König 1376, Münster 1990 (Geschichte 5)

Königliche Tochterstämme, Königswähler und Kurfürsten, hrsg. von Armin Wolf, Frankfurt/M. 2002 (Studien zur europäischen Rechtsgeschichte 152)

Kramer, Mario, Wahl und Einsetzung des deutschen Königs im Verhältnis zueinander, Weimar 1905

Lenz, Martin, Konsens und Dissens. Deutsche Königswahl (1273–1349) und zeitgenössische Geschichtsschreibung, Göttingen 2002 (Formen der Erinnerung 5)

Leuschner, Joachim, Zur Wahlpolitik im Jahre 1410, in: Deutsches Archiv 11, 1954/55, S. 506–553

Lubich, Gerhard, Beobachtungen zur Wahl Konrads III. und ihrem Umfeld, in: Historisches Jahrbuch 117, 1997, S. 311–339

Mitteis Heinrich, Die deutsche Königswahl, ihre Rechtsgrundlagen bis zur Goldenen Bulle München, Wien 1944, ND Darmstadt 1965
Die klassische verfassungsgeschichtliche Darstellung des Themas.

Reisinger, Roswitha, Die römisch-deutschen Könige und ihre Wähler 1198–1273, Aalen 1977 (Untersuchungen zur deutschen Staats- und Rechtsgeschichte N.F. 21)

Reuling, Ulrich, Die Kur in Deutschland und Frankreich. Untersuchungen zur Entwicklung des rechtsförmlichen Wahlaktes bei der Königserhebung im 11. und 12. Jahrhundert, Göttingen 1979 (Veröffentlichungen des Max-Planck-Instituts für Geschichte 64)

Rogge, Jörg, Attentate und Schlachten. Beobachtungen zum Verhältnis von Königtum und Gewalt im deutschen Reich während des 13. und 14. Jahrhunderts, in: Königliche Gewalt – Gewalt gegen Könige. Macht und Mord im spätmittelalterlichen Europa, hrsg. von Martin Kintzinger und Jörg Rogge, Berlin 2004, S. 7–50 (Zeitschrift für Historische Forschung, Beihefte 33)

Rexroth, Frank, Tyrannen und Taugenichtse. Beobachtungen zur Ritualität europäischer Königsabsetzungen im späten Mittelalter, in: Historische Zeitschrift 278, 2004, S. 27–53

Schlesinger, Walter, Die sogenannte Nachwahl Heinrichs II. in Merseburg, in: Ausgewählte Aufsätze von Walter Schlesinger 1965–1979, hrsg. von Hans Patze und Fred Schwind, Sigmaringen 1987 (Vorträge und Forschungen 34)

Schlick, Jutta, König, Fürsten und Reich (1056–1159). Herrschaftsverständnis im Wandel, Stuttgart 2001 (Mittelalter-Forschungen 7)

Schmidt, Ulrich, Königswahl und Thronfolge im 12. Jahrhundert (1125–1190), Köln, Wien 1987 (Forschungen zur Kaiser- und Papstgeschichte des Mittelalters 7).

Schubert, Ernst, Die Stellung der Kurfürsten in der spätmittelalterlichen Reichsverfassung, in: Jahrbuch für westdeutsche Landesgeschichte 1, 1975, S. 95–128

Schubert, Ernst, Königswahl und Königtum im spätmittelalterlichen Reich, in: Zeitschrift für Historische Forschung 4, 1977, S. 257–338

Schubert, Ernst, Die Absetzung König Adolfs von Nassau, in: Studien zur Geschichte des Mittelalters. Jürgen Petersohn zum 65. Geburtstag, hg. von Matthias Thumser u. a., Stuttgart 2000, S. 271 – 301

Schubert, Ernst, Königsabsetzungen im deutschen Mittelalter. Eine Studie zum Werden der Reichsverfassung, Göttingen 2005

Speer, Lothar, Kaiser Lothar III. und Erzbischof Adalbert I. von Mainz. Eine Untersuchung zur Geschichte des deutschen Reiches im frühen 12. Jahrhundert, Köln, Wien 1983 (Dissertationen zur mittelalterlichen Geschichte 3)

Wahlen und Wählen im Mittelalter, hrsg. von Reinhard Schneider und Harald Zimmermann, Sigmaringen 1990 (Vorträge und Forschungen 37)
In diesem Band sind Beiträge zu Wahlen in verschiedenen Kontexten, auch zu Königswahlen, enthalten.

Erhebungs- und Krönungsorte, Krönungsliturgie und Insignien, Kurfürstendarstellungen

Ennen, Edith, Aachen im Mittelalter. Sitz des Reiches – Ziel der Wallfahrt – Werk der Bürger, in: Zeitschrift des Aachener Geschichtsvereins 86/87, 1979/80, S. 457–487

Die Reichskleinodien. Herrschaftszeichen des Heiligen Römischen Reiches, Göppingen 1997

Goldinger, Walter, Das Zeremoniell der deutschen Königskrönung seit dem späten Mittelalter, in: Staat und Land. Festgabe zum 60-jährigen Bestehen des Oberösterreichischen Landesarchives Linz 1957, S. 91–111

Hoffmann, Paul, Die bildlichen Darstellungen des Kurfürstenkollegiums von den Anfängen bis zum Ende des Hl. Römischen Reiches (13.–18. Jahrhundert), Bonn 1982 (Bonner Historische Studien 47)

Kramp, Mario (Hrsg.) Krönungen. Könige in Aachen – Geschichte und Mythos, Ausstellungskatalog 2 Bde., Mainz 2000
Die Aufsätze und Bilder in den beiden Bänden bieten eine Bestandsaufnahme der Forschung zu Bedeutung, Ablauf und Entwicklung der Königskrönungen in Aachen.

Maas, Walter, Pit Siebigs, Der Aachener Dom, Köln 2001

Petersohn, Jürgen, Saint-Denis – Westminster – Aachen. Die Karls-Translatio von 1165 und ihre Vorbilder, in: Deutsches Archiv 31, 1975, S. 420–454

Petersohn, Jürgen, Über monarchische Insignien und ihre Funktion im mittelalterlichen Reich, in: Historische Zeitschrift 266, 1998, S. 47–96

Pleticha, Heinrich, Des Reiches Glanz. Die Reichskleinodien und ihre Geschichte, Freiburg i. Br. 1989

Schramm, Percy Ernst, Der Ablauf der deutschen Königsweihe nach dem „Mainzer Ordo" (um 960), in: Kaiser Könige und Päpste 3, Stuttgart 1969

Schramm, Percy Ernst, u. a., Denkmale der deutschen Könige und Kaiser II: Ein Beitrag zur Herrschergeschichte von Rudolf I. bis Maximilian I.: 1273–1519, München 1978

Schramm, Percy Ernst, Herrschaftszeichen und Staatssymbolik. Beiträge zu ihrer Geschichte vom dritten bis zum sechzehnten Jahrhundert 3 Bde., Stuttgart 1954–1956
Eine Zusammenstellung von immer noch grundlegenden Aufsätzen zum Bereich Insignien, nicht nur für das römisch-deutsche Reich, sondern in europäischer Perspektive.

Schulte, Aloys, Die Kaiser- und Königskrönungen zu Aachen 813–1531, Bonn, Leipzig 1924

Volk, Otto, Von Grenzen ungestört – auf dem Weg nach Aachen. Die Krönungsfahrten der deutschen Könige im späten Mittelalter, in: Grenzen erkennen – Begrenzungen überwinden. Festschrift für Reinhard Schneider zur Vollendung seines 65. Lebensjahres, hrsg. von Wolfgang Haubrichs u. a., Sigmaringen 1999, S. 263–297

Die Päpste und die römisch-deutschen Könige

Das Papsttum in der Welt des 12. Jahrhunderts, hrsg. von Ernst-Dieter Hehl u.a, Stuttgart 2002

Goez, Werner, Kirchenreform und Investiturstreit 910–1122, Stuttgart/Berlin/Köln 2000

Golinelli, Paolo, Mathilde und der Gang nach Canossa, Darmstadt 1998

Laudage, Johannes, Alexander III. und Friedrich Barbarossa, Köln, Weimar, Wien 1997 (Forschungen zur Kaiser- und Papstgeschichte des Mittelalters 16)

Miethke, Jürgen, Bühler Arnold, Kaiser und Papst im Konflikt. Zum Verhältnis von Staat und Kirche im

späten Mittelalter, Düsseldorf 1988 (Historisches Seminar 8)
Einführung in das Thema mit wichtigen Quellen in Übersetzung.

Miethke, Jürgen, Kaiser und Papst im Spätmittelalter. Zu den Ausgleichsverhandlungen zwischen Ludwig dem Bayern und der Kurie in Avignon, in: Zeitschrift für Historische Forschung 10, 1983, S. 421–446.

Minninger, Monika, Von Clermont zum Wormser Konkordat. Die Auseinandersetzung um den Lehnsnexus zwischen König und Episkopat, Köln, Wien 1978 (Forschungen zur Kaiser- und Papstgeschichte des Mittelalters 2)

Schimmelpfennig, Bernhard, Könige und Fürsten, Kaiser und Papst nach dem Wormser Konkordat (Enzyklopädie Deutscher Geschichte 37), München 1996

Unverhau, Dagmar, Approbatio – Reprobatio. Studien zum päpstlichen Mitspracherecht bei Kaiserkrönung und Königswahl. Vom Investiturstreit bis zum ersten Prozess gegen Ludwig IV., Lübeck 1973

Register

Personen

Nicht aufgenommen wurden die deutschen Könige/ Kaiser, die Gegenkönige und ihre Familienmitglieder

Orte